Annelore und Hubert Bruns / Gerhard Schmidt

Freude am Leben – Biogarten

Über den Inhalt:

Dieses Buch zeigt in anschaulicher Weise durch Wort und Bild umweltschonende Methoden im Gemüse-, Obst- und Freizeitgarten und leistet damit einen wichtigen Beitrag zur Erhaltung unserer Natur.
Die Kapitel vom Boden sowie von Düngung und Humus-Kompost-Hügelbeet beschreiben die gravierensten Unterschiede zwischen biologischer und konventioneller Anbauweise. Von Gartentechnik, Kräutern, Zeigerpflanzen, Fruchtfolgen, Mischkultur, biologisch-dynamischer Anbauweise und gesunder Ernährung wird berichtet.
Ausgiebig werden Gemüse- und Obstbau behandelt, und auch über Schädlinge und Nützlinge wird erschöpfend Auskunft gegeben.

Die Autoren:

Annelore Bruns, geb. 1928, in der Erwachsenenbildung und als Biogärtnerin tätig, dachte sich das Konzept des Buches aus und verfaßte den größten Teil der Texte.

Hubert Bruns, geb. 1925, Hobbygärtner, -zeichner und -bastler, ließ sich die Gestaltung des Buches einfallen und stellte die vielen Zeichnungen und handschriftlichen Texte her.

Gerhard Schmidt, geb. 1926, als Biogärtner bekannt durch Funk und Fernsehen, hatte die Idee zu diesem Buch, lieferte viele Anregungen und einen Teil der Manuskripte. Er ist der Herausgeber dieses Buches.

Prof. Vogtmann sah freundlicherweise den gesamten Buchinhalt durch und schrieb das Vorwort zu diesem Buch.

Annelore und Hubert Bruns / Gerhard Schmidt

Freude am Leben
Biogarten

Handbuch für den naturgemäßen Gartenbau

Kösel-Verlag München

Für unsere Kinder,
die das Leben lieben.

CIP-Kurztitelaufnahme der Deutschen Bibliothek

Bruns, Annelore:
Freude am Leben – Biogarten: Handbuch für d. naturgemäßen Gartenbau / Annelore u. Hubert Bruns, Gerhard Schmidt. – München: Kösel, 1985.
ISBN 3-466-11055-6

NE: Bruns, Hubert:; Schmidt, Gerhard:

Graphiken, Layout und Umschlag: Hubert Bruns
Gesamtherstellung: Kösel, Kempten
Printed in Germany
ISBN 3-466-11055-6

Inhalt

Gemüse 133

Hier kann sich der Leser aus Tabellen über die Anbaubedingungen **134**, Saat-, Pflanz- und Erntezeiten **136** der verschiedensten Gemüsearten informieren.
Die wichtigsten Gemüsesorten, ihre Schädlinge und Krankheiten werden einzeln behandelt **140-180**.

Heil- und Küchenkräuter – unsere Hausapotheke 181

Wir beschreiben die bekanntesten Küchenkräuter, ihre Kultur und Wirkung **181**, außerdem nennen wir einige Kräuterteerezepte **196**.

Beerenobst 197

Hier wird alles über die Erdbeeren **198**, Himbeeren **202**, Stachelbeeren **207**, Johannisbeeren **213** und Brombeeren **219** gesagt.

Baumobst 221

Dieses Kapitel behandelt Bodenvorbereitung **222**, Pflanzung **223**, Baumschnitt **224**, Pflege- und Düngemaßnahmen der Obstbäume und -büsche **241** sowie die wichtigsten Schädlinge **248** und Krankheiten des Baumobstes.

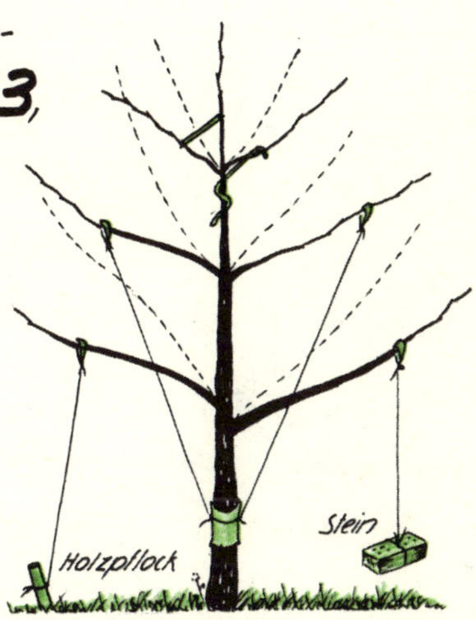

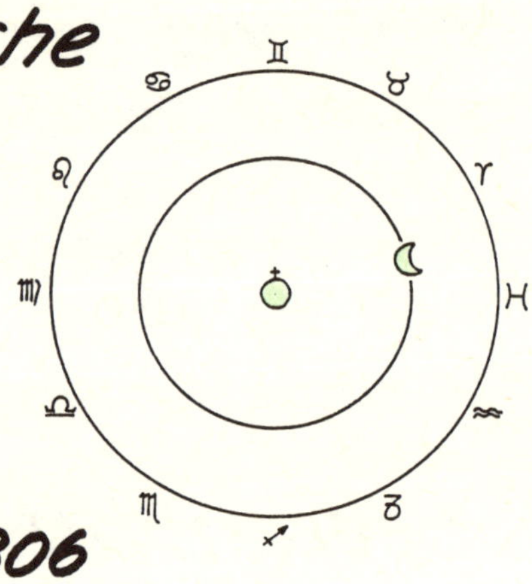

Vorwort

Die Sorge um die Natur hat weite Kreise unserer Bevölkerung erfaßt; sie ist für 77% der Bundesbürger zum Problem Nr. 1 geworden, wie bei einer Umfrage der EG-Kommission im Jahre 1982 ermittelt wurde. Zu einer solchen Entwicklung hat sicherlich die Tatsache beigetragen, daß die Nachrichten über weitreichende negative Folgen, welche die vielfältigen menschlichen Eingriffe in die verschiedensten Ökosysteme verursacht haben, nicht abreißen. Im Bericht „Global 2000" an den Präsidenten der Vereinigten Staaten von Amerika wird der Stand der heutigen Umweltsituation weltweit zusammenfassend dargelegt, und damit wird deutlich gemacht, daß weitreichende Veränderungen in allen Lebensbereichen notwendig sein werden, um die sich abzeichnende negative Entwicklung aufzuhalten oder sogar eine Trendwende zu bewirken.

Hierzu muß jeder Mensch einen Beitrag leisten. Für viele bietet sich die beste Gelegenheit dazu im eigenen Garten, durch die persönliche Hege und Pflege eines Stücks Erde. Durch die Berücksichtigung umweltschonender Verfahren beim Anbau von Gemüse und bei der Pflege von Obst- oder auch Ziersträucheranlagen kann ein wichtiger Beitrag zur Erhaltung unserer Umwelt geleistet werden. Ein Garten muß nicht mit vollem Einsatz aller chemischen Mittel auf „Hochglanz" gebracht werden – ein Versuch mit naturgemäßen, biologischen Anbauverfahren lohnt sich.

Im vorliegenden Buch haben die Autoren in klarer und sehr anschaulicher Weise das Vorgehen

beim biologischen Gartenbau von der Bodenbearbeitung und Kompostierung über Mischkulturanbau und biologischen Pflanzenschutz bis hin zur Lagerung und Verarbeitung der Ernteprodukte dargestellt.
Der Inhalt ist für Beginner sowie auch für Fortgeschrittene auf diesem Gebiet empfehlenswert, da nicht nur theoretische Anregungen gegeben werden, sondern auch die praktische Durchführung Schritt für Schritt erläutert wird.
Die Gelegenheit zum „Umweltschutz im Garten" steht damit allen Menschen offen und wir sollten zugreifen; denn wie die „Amish People" zu sagen pflegen:
„Wir haben die Erde nicht von unseren Vätern geerbt – wir haben sie von unseren Kindern geliehen."

Witzenhausen, im August 1984

Hartmut Vogtmann
Professor für alternative Landbaumethoden
Universität/Gesamthochschule Kassel

Einleitung

Die biologische Anbauweise bringt nicht nur viel Appetitliches auf den Tisch; sie führt uns an die Wurzeln unserer Existenz und läßt uns auf diese Weise ganz unmittelbar Lebens-Sinn erfahren. Denn im Biogarten ist unsere Tätigkeit ja am Leben orientiert. Diese Arbeit öffnet uns die Augen über so manchen Zusammenhang zwischen Pflanzen- und Tierwelt, Erde, Kosmos und Mensch. Hier brauchen sich Arbeit und Vergnügen nicht unversöhnlich gegenüber zu stehen.
Biologische Gartenarbeit fordert auch ihren Schweiß, aber es ist nicht der Schweiß entfremdeter, fremdbestimmter Arbeit.

Das Keimen und Wachsen der Pflanzen zu beobachten und daran mitzuwirken, das ständig wechselnde Spiel des Naturgeschehens zu erleben, das sinnvolle Werkeln unter freiem Himmel ruft in uns Gefühle hervor, die wir als Kinder empfanden: reine Lebensfreude – Freude am Leben.

Das Wissen um die vielen Möglichkeiten, den eigenen Biogarten mit Froh- und Lebenssinn auszustatten und das Erkennen in die Notwendigkeit einer radikalen Verabschiedung von unserer (Natur-) Ausbeutungsmentalität liegt diesem Buch als Motiv zugrunde.

Immer mehr Menschen dringt zunehmend ins Bewußtsein: Natur – das sind doch wir selbst und unsere Umwelt. Und unsere Nahrung vor allem soll es sein; das wollen wir riechen und schmecken, fühlen und sicher wissen.

Indem wir das eigene Stückchen Land in einen Biogarten verwandeln, verhelfen wir dort der Natur zu ihrem Recht auf Leben und uns zu wohlschmeckender, mannigfaltiger und gesunder Nahrung.

Stellen wir uns doch einmal vor: Alle Gärten in der Bundesrepublik zusammengenommen ergeben eine größere Fläche, als die offiziellen Naturschutzgebiete insgesamt gesehen ausmachen. Laßt uns die eigenen Gärten zu inoffiziellen, weitgehend entgifteten Naturschutzinseln aufbauen; laßt uns endlich Verantwortung für die alles Leben spendende Natur übernehmen!

Die Basis für dieses Buch erwarben wir, das Autorenteam, in langjähriger Erfahrung mit biologischem Gartenbau unter Berücksichtigung neuester Forschungsergebnisse auf diesem Gebiet.
Wir bringen außerdem noch unsere Erfahrung als Kursleiter bei zahlreichen Kursen an Erwachsenen-Bildungsstätten ein. Fragen, die von vielen Hörern immer wieder gestellt werden, wurden aufgenommen und ergiebig beantwortet. Besonders stark interessierte die biologische Behandlung des Schädlingsproblems, deswegen sind wir auf diesen Gesichtspunkt ausführlich eingegangen. Wichtig erscheint uns auch das Kapitel „Ernährung" in einem Buch über biologischen Gartenbau, denn wie sich zeigte haben 90% der Kursteilnehmer ein steigendes Bedürfnis nach gesunder Nahrung.

Den größten Teil des Buches können wir als organisch-biologischen Gartenbau bezeichnen. Für die Anhänger der biologisch-dynamischen Richtung sind die Hauptunterschiede, die diese Anbauweise auszeichnet, im Kapitel 14 und bei der Kompostherstellung und den Fruchtfolgen beschrieben.

Zur Herstellung des Buches standen uns zwei Grundfarben zur Verfügung. Wir haben uns deshalb bei der Farbgestaltung dazu entschlossen, die jeweils entscheidende Information des betreffenden Bildes durch entsprechende Farbstärke zu kennzeichnen. Dabei haben wir uns um die Entstehung sinnvoller Kontraste bemüht; es konnte also nicht eine Farbzusammenstellung wie sie in der Natur vorkommt gewählt werden.

Besonderer Dank gilt Prof. Dr. Hartmut Vogtmann, dem Lehrstuhlinhaber für „Methoden des alternativen Landbaus" an der G.H. Kassel, der uns beratend zur Seite stand und die Manuskripte kritisch durchgesehen hat.

Ernährung

In diesem Kapitel erfährt der Leser einiges über gesund erhaltende Ernährung, Inhaltsstoffe verschiedener Gemüse- und Obstarten, die Qualität biologisch angebauter Produkte und die Nitratanreicherung im Wintergemüse.

Gesund erhaltende Ernährung

Viel zu wenig beschäftigen wir Zivilisationsmenschen uns mit den Funktionen unseres Körpers. Wir wissen zwar genau, wie unsere Maschinen gepflegt und gewartet werden müssen, welche Benzin- und Ölgemische unsere Autos benötigen,

wie aber unser ungleich komplizierterer Körper funktioniert und wie zuzuführende Nahrung zusammengesetzt sein sollte, interessiert wenig.

Der Gemüseverzehr ging in den letzten 100 Jahren auf ein Viertel zurück und davon ist noch ein Teil mineralstoffarme Konservenkost. Zucker-, Weißmehl-, Fleisch- und Fettkonsum stieg dagegen gewaltig an.

Die schrecklichen Folgen dieser Fehlernährung erleben wir in den vielen Zivilisationskrankheiten, die den Menschen sehr viel Leid bescheren.

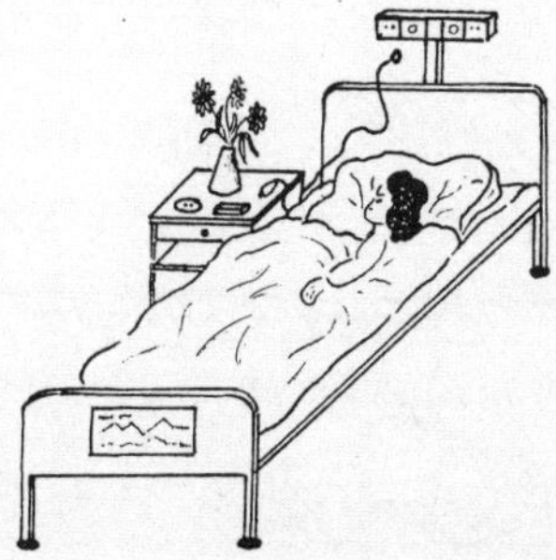

Die tägliche Arbeitsstundenzahl ist gesunken. Wir nehmen uns jedoch weniger Zeit denn je, weder für die Zubereitung noch für das Verzehren der Mahlzeiten.

Dabei ist das lange Kauen und Einspeicheln für die Bekömmlichkeit und Auswertung unserer Nahrung wichtig.

Bei Weißbrot, Kuchen, zerkochtem Gemüse, Obst und Kartoffeln gibt es allerdings wenig zu kauen. (Darum ist wohl auch der Fleischkonsum so stark gestiegen, weil die Menschen wenigstens etwas zum Beißen haben wollen).

Versuche mit ausreichendem Kauen von Obst, Rohgemüse, Körnern, Nüssen und Vollkornbrot erschließen uns ganz neue Geschmacksnuancen.

Wer bei der Nahrungsumstellung auf Vollwertkost anfangs Gewohnheits- und Geschmaksprobleme hat, wird erstaunt feststellen, wie rasch sich mit verändertem Bewußtsein der Geschmack ändert.

Als Vollwertkost wird eine überwiegend naturbelassene Nahrung bezeichnet. Das sind nicht oder wenig bearbeitete und nicht mit Konservierungsstoffen versehene Lebensmittel.

In unserer Ernährung sollten alle Stoffe in ausreichender Menge enthalten sein, die der Körper zum Aufbau und zur Erhaltung braucht.

Unser Körper benötigt außer Eiweiß, Fetten und Kohlenhydraten die verschiedensten Vitamine und Mineralstoffe.

Vitamine sind kompliziert aufgebaute organische Substanzen, die beim Reaktionsablauf alles Lebensgeschehens wichtige Aufgaben zu erfüllen haben.

Jedem einzelnen Vitamin kommt eine spezielle Funktion zu, die von einem anderen nicht ausgeführt werden kann. Weil sie unsere Abwehrkräfte mobilisieren, Gesundheit und Leistungsfähigkeit erhalten, bezeichnet man sie als Schutzstoffe.

Es gibt die fettlöslichen Vitamine

Vitamin	Provitamin	Tagesbedarf für Erwachsene
A	A (Karotin)	1,8 mg
D	D	0,01 mg
E		12,0 mg
K		4,0 mg

und die wasserlöslichen Vitamine

Vitamin		Tagesbedarf für Erwachsene	
B1	Thiamin	12,0	mg
B2	Riboflavin	2,0	mg
	Niacin	11,0	mg
B6		1,0	mg
	Pantothensäure	10,0	mg
B12	Kobalamin	0,003	mg
C	Ascorbinsäure	75,0	mg

Alle B-Vitamine sind besonders reichlich in Hefe, Vollkorngetreide und grünem Gemüse vorhanden. Eine Ausnahme bildet das Vitamin B12, das nur in Lebensmitteln tierischer Herkunft vorkommt.

Direkte Vitaminmangelkrankheiten sind selten geworden, jedoch findet sich häufig eine Unterversorgung mit Vitaminen. Das führt zu Leistungsabfall und labiler Gesundheit.

Außer der reichlichen Zufuhr von Vitaminen sollten wir noch auf die richtige Küchentechnik achten, da viele Vitamine empfindlich auf Licht, Luft, Wärme und Wasser reagieren. Schonende Zubereitung ist darum am Platze.

Vitamine, Mineralstoffe und Gaumengenüsse werden uns in Hülle und Fülle geboten, wenn wir Obst und Gemüse frisch aus dem eigenen Garten ernten und verzehren.

Mineralstoffe sind in Form von Salzen unerläßlich zum Aufbau von Knochen und Zähnen, zur Regulierung des osmotischen

Drucks der Körperzellen und des Säure-Basen-Haushaltes.

Das Säure-Basen-Gleichgewicht

Bei den chemischen Elementen unterscheidet man Metalle und Nichtmetalle. Metalle bilden mit Sauerstoff und Wasser Basen, die Nichtmetalle unter den gleichen Umständen Säuren.

Unser Blut braucht zur Erfüllung seiner Funktionen einen pH-Wert von 7,33, und dieser sollte durch Nahrungs- und Flüssigkeitszufuhr aufrecht erhalten werden.

Die heutige Zivilisationskost mit Fisch, Fleisch, Wurst, Eiern, Käse, Hülsenfrüchten, Salzkartoffeln und Gemüsekonserven ist stark säureüberschüssig.

Der Erwachsene benötigt täglich an Mineralstoffen:

Magnesium	1g
Natrium	2-3g
Kalium	2-3g
Calzium	0,8g
Phosphor	0,8g
Eisen	15mg

Außer den Säuren aus eiweißreicher Nahrung gibt es noch Säurebildner oder Basenräuber.

Man nennt sie so, weil die Art ihrer Verarbeitung alle ihre Basen zerstört hat und sie stark übersäuernd wirken.
Dazu gehören vor allem weißer Zucker, Weißmehl, gehärtete Fette und Genußmittel wie Schwarztee, Bohnenkaffe, Schokolade und Alkohol.

Nur durch die neutralisierende Verbindung mit Mineralbasen können die für den Körper nicht verwertbaren Säuren in Form von Harnsalzen ausgeschieden werden.

Als Mineralbasen bezeichnen wir die Sauerstoffverbindungen verschiedener Elemente.
Aluminium, Eisen, Kalium, Kalzium (Kalk), Kupfer, Magnesium und Natrium sind die wichtigsten.

Basen sind reichlich in roher Milch, Honig, Obst, Kartoffeln, Gemüse, Kräutern und Sojabohnen enthalten.

Schnittlauch Brennessel Bohnenkraut Borretsch

Überschüssige Basen werden vom Körper ausgeschieden, überschüssige Säuren dagegen lagern sich im Körper ab und führen zur Übersäuerung des Blutes und mit den Jahren zu allerlei Stoffwechselkrankheiten wie Arthrosen, Nieren- und Herzleiden, Zucker- und Zahnkrankheiten, Bluthochdruck, Kreislaufstörungen und Steinbildungen.

Die Milch- und Fruchtsäuren schmecken nur sauer, führen aber zu keinerlei Blutübersäuerung.

Um zu den lebenswichtigen Vitaminen und Mineralstoffen zu gelangen, sollten wir Obst, Gemüse (siehe Wertstofftabellen), Kräuter, Pellkartoffeln, Vollkorngetreide, Hefe, Milchprodukte und Nüsse in ausreichender Menge zu uns nehmen.

Ein Teil der Nahrung sollte roh gegessen werden, weil manche Vitamine und die für die Stoffwechselvorgänge nötigen Fermente Temperaturen über 50°C nicht überleben.

Damit Vitamine und Mineralstoffe vom Körper gut ausgewertet werden können, gehört die Rohkost an den Beginn jeder Mahlzeit.

Da wir uns mit konventionell angebautem Obst und Gemüse zuviel Nitrat- und Spritzmittelrückstände zuführen würden, sollten wir biologisch angebaute Nahrung essen und trinken (siehe: Die Qualität biologisch angebauter Produkte).

Vitamin- und Mineralstoffgehalt der wichtigsten Gemüsearten

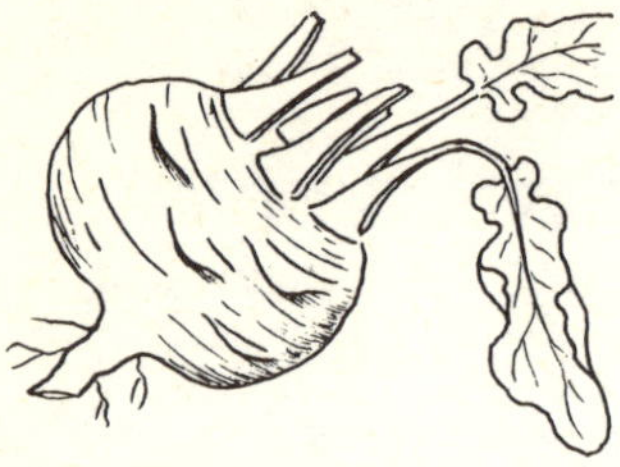
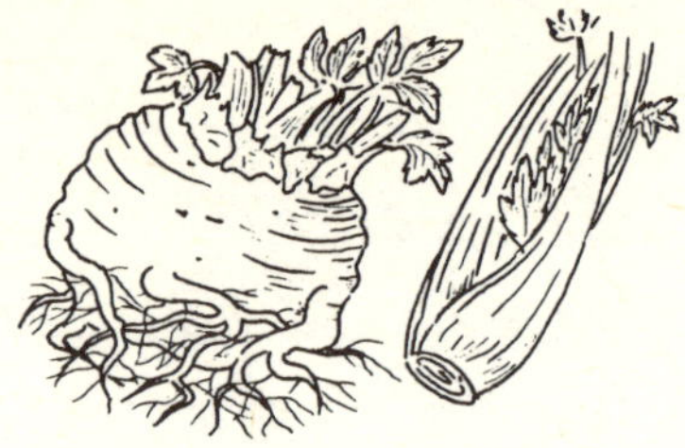

	100 g rohes Gemüse enthalten: **gekocht	Blumenkohl	Bohnen	Chicorée	Chinakohl	Endivien	Erbsen (grün)	Feldsalat	Grünkohl	Gurken	Kartoffeln **	Knoblauch	Knollensellerie	Kohl (weiß)	Kohlrabi
* µg	A*	21	60	216	13	333	63	650	833	28	2	—	3	10	2
Vitamine in mg	E	0,1	0,1	—	—	—	3,0	—	4,0	—	—	—	2,6	—	—
	B1	0.10	0.08	0.05	0.03	0.06	0.35	0.07	0.20	0.02	0.08	0.20	0.06	0.05	0.06
	B2	0,11	0,11	0,03	0,04	0,10	0,14	0,08	0,20	0,03	0,01	0,08	0,06	0,05	0,04
	Niazin	0,6	0,5	0,2	0,4	0,4	2,9	0,4	2,1	0,2	0,4	0,6	0,7	0,3	0,3
	C	69	19	10	36	10	27	26	140	7,5	20	14	10	47	66
Mineralstoffe in mg	Natrium	16	2	4	7	53	2	4	44	8	—	—	77	13	10
	Kalium	311	243	192	202	320	316	420	436	141	400	—	310	233	372
	Kalzium	22	56	26	40	68	26	32	230	15	12	38	55	49	41
	Phosphor	72	44	26	30	54	116	49	90	23	45	134	105	29	51
	Magnesium	7	26	13	11	13	33	13	34	8	—	—	9	20	16
	Eisen	1,1	0,8	0,7	0,6	1,6	1,9	2,0	2,7	0,5	0,8	1,4	0,5	0,4	0,5

— = keine Daten vorhanden

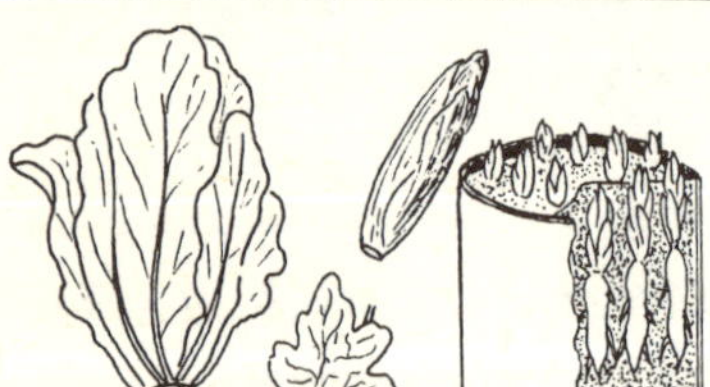

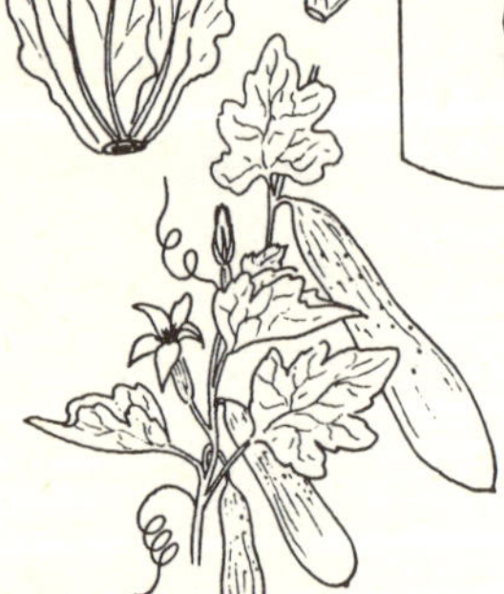

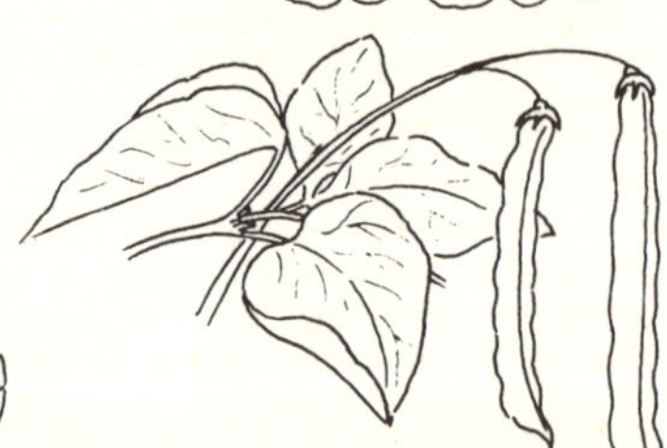

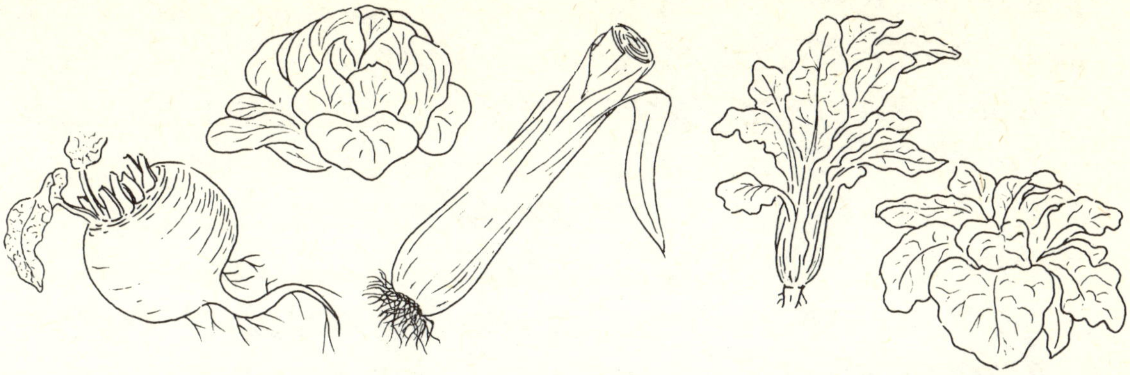

100g rohes Gemüse enthalten:		Mangold	Möhren	Petersilienblatt	Porree	Radies/Rettich	Rosenkohl	Rote Rüben	Rotkohl	Salat	Spinat	Tomaten	Topinambur	Zwiebeln	Zucchini
Vitamine in mg / µg*	A*	583	1100	1207	—	4	55	2	5	150	816	133	2	33	—
	E	—	0,6	—	2,0	—	—	—	—	0,4	1,8	—	—	0,2	—
	B1	0,10	0,06	0,14	0,10	0,04	0,10	0,03	0,07	0,06	0,10	0,06	0,20	0,03	0,5
	B2	0,20	0,05	0,30	0,06	0,04	0,16	0,05	0,05	0,08	0,20	0,04	0,06	0,04	0,09
	Niazin	0,6	0,6	1,4	0,5	0,3	0,9	0,4	0,4	0,4	0,6	0,6	1,3	0,2	0,4
	C	39	8	166	30	28	102	10	50	10	51	24	4	10	16
Mineralstoffe in mg	Natrium	90	45	33	5	15	7	62	4	10	54	6	—	9	—
	Kalium	376	341	1000	200	300	390	335	267	194	470	270	478	157	—
	Kalzium	103	37	245	60	33	36	16	38	23	93	13	10	27	30
	Phosphor	39	36	128	54	29	80	33	32	31	51	27	78	36	23
	Magnesium	—	17	41	15	12	22	1	16	11	58	20	20	—	—
	Eisen	2,7	0,7	8,0	1,1	1,1	1,5	0,7	0,5	0,7	3,1	0,5	3,7	0,5	1,5

— = keine Daten vorhanden

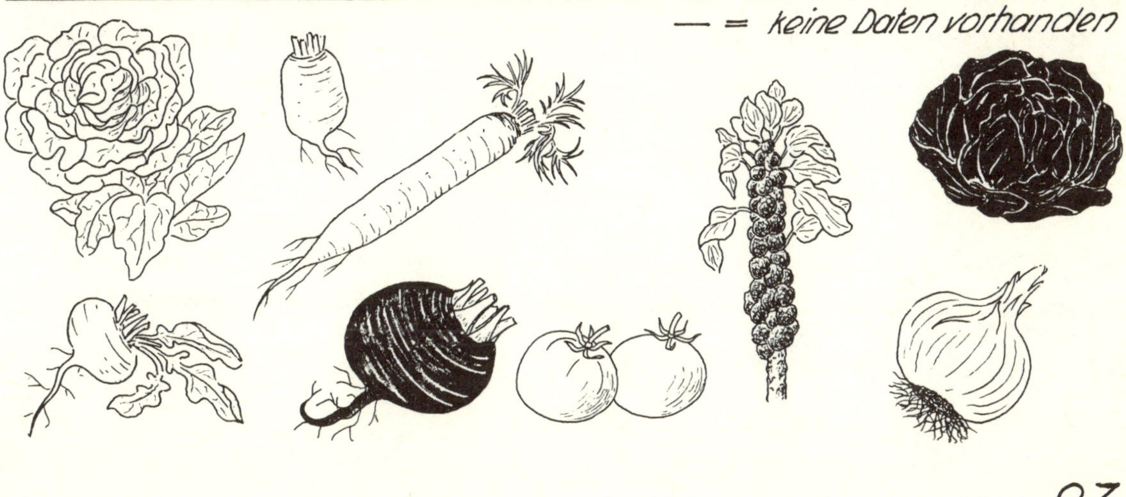

Die Angaben in den Tabellen beziehen sich, außer bei Kartoffeln, auf rohe Ware. Bei gekochtem Gemüse liegen die Mineralstoff- und Vitamingehalte deutlich niedriger als bei rohem Gemüse. Besonders hohe Verluste erleidet Vitamin-C und Kalium. Den meistens viel zu hohen Natriumgehalt in unserem Körper, bedingt durch übermäßigen Kochsalzverbrauch, können wir durch kaliumreiche Nahrung ausgleichen.

<u>Blumenkohl</u>: Bekömmliche Kranken- und Kleinkinderkost.

<u>Bohnen</u>: Blutzuckerspiegel senkend, wasserregulierend. Da sie Phasine enthalten, nicht roh essen. Durch Kochen werden diese Gifte zerstört.

<u>Chicoree</u>: Die Bitterstoffe regen die Tätigkeit von Leber, Galle, Magen und Bauchspeicheldrüse an.

<u>Chinakohl</u>: Enthält hochwertiges Blatteiweiß.

<u>Endivie</u>: Ihre Bitterstoffe regen Blutbildung, Kreislauf, Stoffwechsel- und Verdauungstätigkeit an.

<u>Erbsen</u>: Eiweiß- und Vitamin B-reiches Gemüse.

<u>Feldsalat</u>: Der einzige Salat, der uns ab Dezember zur Verfügung steht.

<u>Grünkohl</u>: Hoher Nährstoff-, Chlorophyll-, Spurenelement- und Vitaminreichtum.

<u>Gurken</u>: Wassertreibend, entschlackend, harnsäurelösend.

<u>Kartoffeln</u>: Hoher Sättigungswert; biologisch hochwertiges Eiweiß; als Pellkartoffel wassertreibend und stoffwechselregulierend.

<u>Knoblauch</u>: Schwefelhaltiges Öl, Jod und Fermentgehalt bringt eine desinfizierende, herztätigkeits- und verdauungsanregende Wirkung.

<u>Knollensellerie</u>: Entwässernd, gut für Diabetiker, Gicht- und Rheumakranke. Blätter noch wertvoller als die Knolle.

<u>Kohl</u>: (Weiß- und Rot-) Ballaststoffreich, verdauungsregulierend. Antibiotische Wirkung durch Senföl und schwefelhaltige Aminosäuren. Sauerkraut ist ein wertvolles Vitamin-C-reiches Wintergemüse.

<u>Kohlrabi</u>: Noch höherwertigere Inhaltsstoffe als die Knollen besitzen die Blätter.

<u>Mangold</u>: Hoher Karotingehalt.

Möhren: Gekochte Möhren haben einen hohen Ausnutzungsgrad der meisten Inhaltsstoffe.

Petersilie: Wassertreibend, günstig bei Rheuma, Nieren- und Blasenleiden.

Porree: Blutreinigend; erhöht Nieren-, Leber- und Gallenblasentätigkeit.

Radieschen/Rettich: Die schwefelhaltigen Öle haben antibiotische Wirkung.

Rosenkohl: Hochwertiges, leicht resorbierbares Eiweiß.

Rote Rübe: Die kapillaraktiven Faktoren des Farbstoffes Betanin helfen bei Grippe, Kreislauf- und Stoffwechselkrankheiten.

Salat: Das Erfrischende kommt von der Zitronensäure, wasserregulierend.

Spinat: Wirkt wassertreibend und blutbildend. Wegen hohem Oxalgehalt nur 1× wöchentlich essen.

Tomaten: Die Säuren regen die Verdauung an. Wirkt bakterienhemmend im Darm.

Zwiebeln: Desinfizierend, verdauungsregulierend.

Möhre

„Lange, rote, stumpfe ohne Herz"

(In 100g Frischsubstanz)

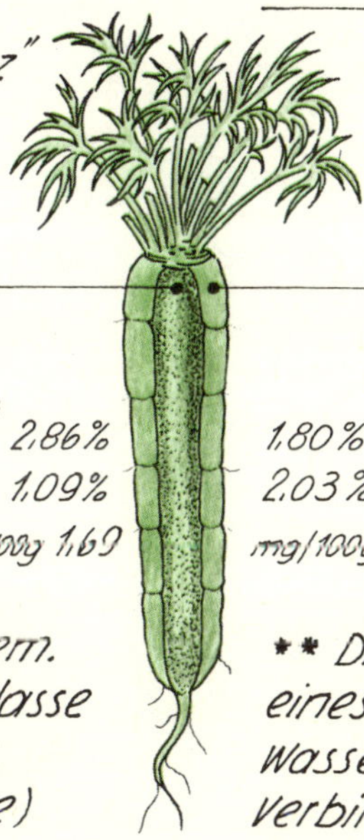

	Kernteil	Rindenteil
Monosacharide*	2,86%	1,80%
Disacharide**	1,09%	2,03%
Karotin	mg/100g 1,69	mg/100g 11,10

* Monosacharide = organ.-chem. Verbindungen, die zur Stoffklasse der Kohlenhydraten zählen, z.B. Traubenzucker, (Glukose) Fruchtzucker (Fruktose).

** Disacharide = aus 2 Molekülen eines Monosachariden unter Wasserabspaltung entstandene Verbindung; z.B. Rohrzucker, Malzzucker, Milchzucker.

Innerhalb der gleichen Sorte ist der Karotingehalt

niedrig	wenn	hoch
niedrig	Temperatur	hoch
hoch	Niederschlag	gering
geringer	Pflanzenabstand	größer
kurz	Vegetationzeit	lang
klein u. dünn	Wurzelform	groß u. dick

sind

Vitamin- und Mineralstoffgehalt der Obstarten, die in unseren Gärten heimisch sind.

100 g rohes Obst enthalten:		Apfel	Aprikose	Birne	Brombeere	Erdbeere	Himbeere	Johannisbeeren rot	Johannisbeeren schwarz	Kirschen süß	Kirschen sauer	Pfirsich	Pflaume	Stachelbeere	Weintraube
Vitamine in mg *µg	A*	8	298	6	53	13	7	7	23	13	5	73	35	35	5
	E	0,6	0,5	0,4	—	0,2	—	0,2	1,0	0,3	—	0,6	0,8	—	—
	B1	0,03	0,04	0,03	0,03	0,03	0,03	0,04	0,05	0,05	0,05	0,02	0,08	0,02	0,02
	B2	0,03	0,05	0,04	0,04	0,06	0,07	0,03	0,05	0,05	0,06	0,05	0,04	0,02	0,03
	Niazin	0,2	0,3	0,2	0,3	0,6	0,6	0,2	0,3	0,4	0,4	0,9	0,5	0,3	0,3
	C	7-20	42	4	19	62	25	36	189	13	11	8	5	34	4
Mineralstoffe in mg	Natrium	2	2	2	2	2	1	1	3	3	2	1	2	1	3
	Kalium	127	280	128	180	156	169	238	341	210	153	204	260	179	183
	Kalzium	7	17	9	31	24	31	29	53	20	15	8	16	24	15
	Phosphor	11	22	13	25	25	33	27	40	20	13	21	18	23	20
	Magnesium	6	9	8	—	15	36	13	17	15	8	9	10	15	9
	Eisen	0,4	0,6	0,3	0,9	1,0	1,0	0,9	1,2	0,4	0,5	0,5	0,5	0,6	0,5

— = keine Daten vorhanden

Gesunde Nahrung, Wasser, Luft und gesunder Boden sollte unser tägliches Anliegen sein.

Darum:

- Vorsicht auch vor organischer Überdüngung
- Niemals chemisch düngen und spritzen
- Protesten gegen Umweltschädigungen anschließen
- Eigenes einsichtiges und umfassendes „Naturschutzverhalten" einüben

Bedenke:

Zuerst sterben die Wälder, dann unsere Äcker und Gärten, und als Folge erkrankt und stirbt der Mensch.

Vitamin-C-Gehalt der Apfelsorten

Den Tagesbedarf eines Erwachsenen an Vitamin C, etwa 50 mg Ascorbinsäure, enthalten:

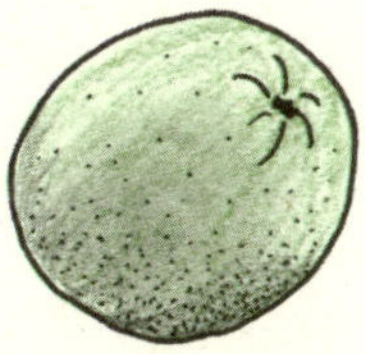

1 Apfelsine (161g)

29% Abfall

65 mg Vit. C

1¼ Zitrone (122g)

28% Abfall

50 mg Vit. C

11 Bananen (710g)

43% Abfall

51 mg Vit. C

„Ontario"

1 Apfel (310g)

3% Abfall

62 mg Vit. C

„Freiherr v. Berlepsch"

1 Apfel (230g)

4% Abfall

52 mg Vit. C

„Golden Delicious"

6 Äpfel (710g)

10% Abfall

52 mg Vit. C

Vitaminreiche Sorten	mg Vit. C	Vitaminarme Sorten	mg Vit. C
Apfel aus Croncels	26,4	Jonathan	8,8
Gelber Edelapfel	25,1	Golden Delicious	8,0
Freiherr von Berlepsch	23,5	Gravensteiner	7,8
Ananasrenette	21,1	James Grieve	6,8
Ontario	20,6	Minister v. Hammerstein	5,1
Wintergoldparmäne	18,1	Landsberger Renette	4,7
Schöner aus Boskoop	16,4	Prinzenapfel	4,5
Baumanns Renette	16,2	Kalterer Böhmer	4,3
Weißer Klarapfel	15,3	Abbondanza	3,7
Echter Altländer	14,2	Morgenduft	3,6
Zuccalmaglios Renette	14,0	Geheimrat Oldenburg	3,1

Die Qualität biologisch angebauter Produkte

Prof. Schuphan hat im Jahr 1976 die Nahrungsmittelqualität in folgende 3 Gesichtspunkte aufgegliedert:

1. Äußere Beschaffenheit
   (Größe, Form, Farbe, Fehlerfreiheit)

2. Gebrauchswert
   (Technische Verarbeitbarkeit und Lagerfähigkeit)

3. Biologischer Wert
   (Wertgebende Inhaltsstoffe wie Eiweiß, Fett, Kohlehydrate, Vitamine, Mineralstoffe und wertmindernde Stoffe wie Nitrat, freie Aminosäuren, Pestizidrückstände)

Als viertes, in der heutigen Zeit recht wesentliches Gebiet kommt die umweltfreundliche Produktion hinzu. Das bedeutet, daß die Umwelt durch Anbaumethoden und Verarbeitung nicht zusätzlich mit Schadstoffen belastet wird.

Die ersten beiden Gesichtspunkte interessieren Nahrungsmittelerzeuger und -vertreiber.
Wir Verbraucher sollten jedoch den größeren Wert auf den 3. und 4. Punkt legen.

Rückstandsfreie Lebensmittel gibt es kaum noch, weil die Schadstoffe, die aus Luft und Niederschlägen stammen, vor natürlich angelegten Gärten und Bio-Betrieben nicht halt machen.
Schließlich können wir keinen großen Schirm über unseren Garten spannen.

Außer saurem Regen und Schwermetalleintrag können auch Pestizide von Feldern und Nachbargärten abdriften.

Es zeigt sich jedoch ein beträchtlicher Unterschied zwischen biologisch oder konventionell angebautem Obst und Gemüse.

Untersuchungen des Kant. Labor Basel Stadt sagen ganz deutlich aus, wieviel % der gezogenen Proben Spritzmittelrückstände enthalten.

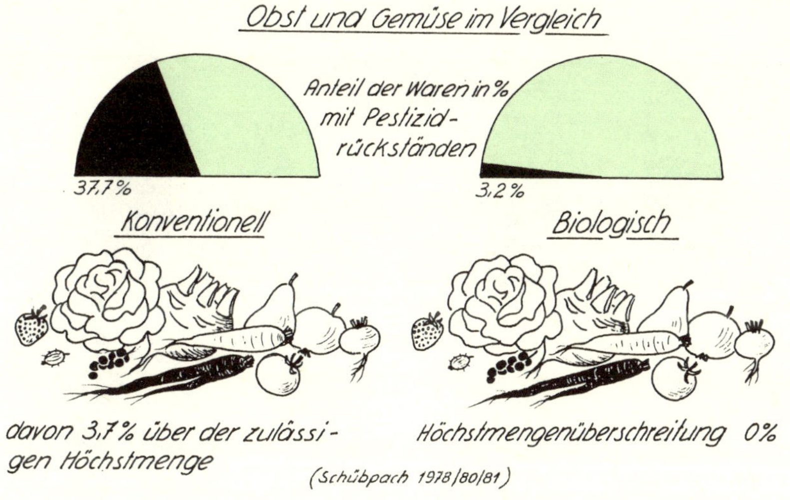

Dazu kommt die Nitratfrage.
Viel Nitratdünger, wie er im konventionellen Landbau und besonders im Gemüseanbau eingesetzt wird, führt nicht nur zur bedenklichen Nitrat-Belastung unseres Grundwassers, sondern auch zu einer möglichen Gesundheitsschädigung des Verbrauchers durch Nitratanreicherungen im Gemüse.
Nitrat wird im Speichel und Magen zu Nitrit umgewandelt. Gemeinsam mit Aminen bildet Nitrit die krebserregenden Nitrosamine.

Zudem können Nitrite in Kombination mit Abbauprodukten von Pilzbekämpfungsmitteln (Dithiocarbamaten) Krebsrisiken, ja sogar mutagene (erbverändernde) Gefahren bringen.

Auch im biologisch angebauten Gemüse findet sich Nitrat, denn Nitrat brauchen die Pflanzen zum Wachsen, aber meistens in geringen Mengen und ohne die gefährliche Kombination mit Abbauprodukten der Pilzbekämpfungsmittel.

Nitrat im Kopfsalat

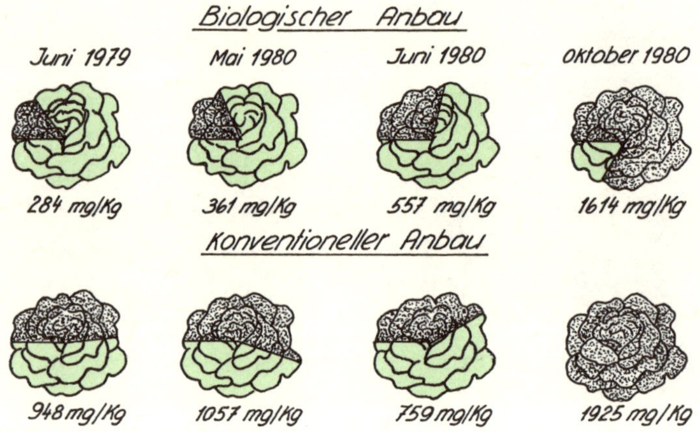

Unabhängige schweizerische Studien beweisen: Bio-Salat ist im Sommer und Herbst besser als konventionell angebauter Salat.

Gesundheitsbewußte Verbraucher sollten im Winter auf Gewächshaussalat verzichten.

Untersuchungsergebnisse über hochwertige Inhaltsstoffe von Produkten des biologischen Anbaus hat Prof. Schuphan, der langjährige leitende Direktor der Bundesanstalt für Qualitätsforschung pflanzlicher Erzeugnisse, schon 1970 erzielt.

In langjährigen Versuchen in der Bundesanstalt für Qualitätsforschung in Geisenheim verglich Prof. Schuphan verschiedene Düngungsmethoden an Gemüsen und kam zu folgenden Ergebnissen:

Gemüse wurde mit leichtlöslichen Mineralsalzen (Kunstdünger) gedüngt	Gemüse wurde mit organischem Material gedüngt
Starkes Auftreten von gesundheitsschädlichen Pflanzeninhaltsstoffen wie: – freie Aminosäuren (werden vom Körper schwer verdaut), – freie Oxalsäuren, – freie Solaninverbindungen (besonders bei Kartoffeln), – zu hohe Nitratmengen.	Wesentlich mehr gesundheitsförderliche Pflanzeninhaltsstoffe: einen 23% höheren Gehalt an Trockensubstanz (ist gleich höherer Nährwert), 18% mehr Eiweiß, 28% mehr Vitamin C, 19% mehr Gesamtzucker, 23% mehr Aminosäuren die wertvolles Eiweiß aufbauen, 18% mehr Kalium, 10% mehr Kalzium, 13% mehr Phosphor, 77% mehr Eisen. Wesentlich weniger gesundheitsschädliche Inhaltsstoffe: weniger Nitrat, weniger schwerverdauliche freie Aminosäuren.

Die Anog (Arbeitsgemeinschaft für naturnahen Obst-, Gemüse- und Feldfruchtanbau) veröffentlichte 1981 Ergebnisse über Anbauversuche mit schwarzen Johannisbeeren.

Veränderte Gehalte an wertgebenden Inhaltsstoffen bei schwarzen Johannisbeeren.

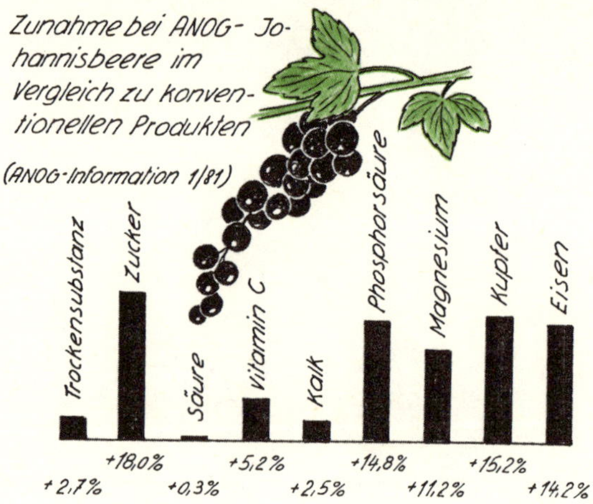

Lagerungsverluste in % bei Produkten aus unterschiedlichen Anbausystemen

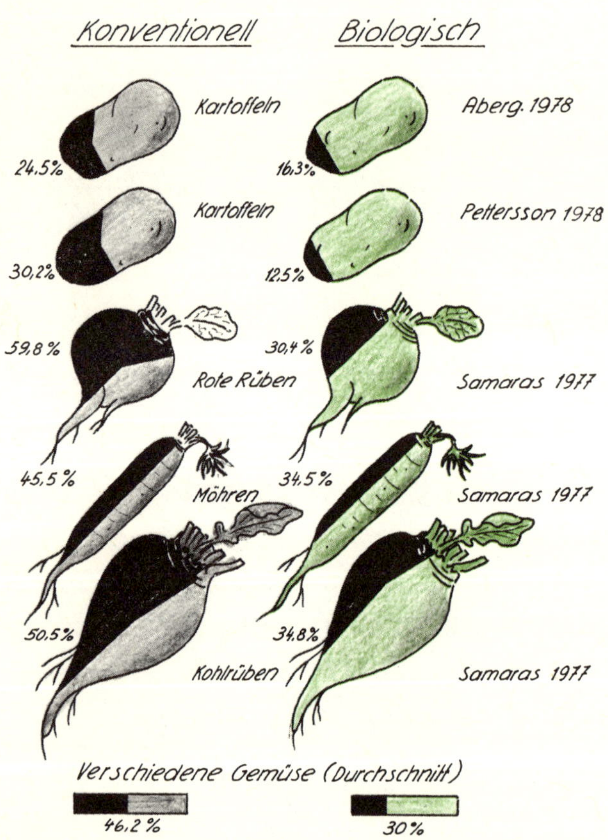

Haltbarkeit

Der höhere Gehalt an Trockensubstanz biologisch angebauter Nahrungspflanzen führt durch geringeres Schrumpfen zu niedrigeren Schwundverlusten als bei konventionell angebauten.

Alle diese Untersuchungen zeigen uns die Höherwertigkeit von biologisch angebautem Obst und Gemüse.

Wie hoch ist die Nitratanreicherung bei Gurken und Tomaten im Sommer in einem Foliengewächshaus?

Bei Gurken und Tomaten im Foliengewächshaus während des Sommers entsteht hier kein Problem. Wichtig ist allerdings die Vermeidung von löslichem Stickstoff. Die Düngung sollte vorwiegend mit Kompost vorgenommen werden.

Wie sieht es mit dem Nitratgehalt von Kräutern auf der Fensterbank und Feldsalat aus?

Nitratgehalt von Spinat u. Mangold in Abhängigkeit v. d. Art u. Höhe der Düngung				
		Nitratgehalt mg/100g Trockenmasse		
Düngungsart	Menge Ko N/ha	Spinat Nores	Spinat Nobel	Mangold
Kontrollversuch	0	1229	537	263
Kompost	100	1247	590	237
Kompost	300	939	541	248
NPK (mineral.)	100	2672	1900	490
NPK (mineral.)	300	3968	3587	1269

Werden die hier gezeigten Pflanzen in nährstoffreichen Böden und an entsprechend lichtexponierten Orten gehalten, so ist selbstverständlich der Nitratgehalt gering. Außerdem weisen Petersilie und Schnittlauch in der Regel immer einen tiefen Nitratgehalt auf. Bei Feldsalat ist dies nicht immer der Fall, aber er ist doch eher als weniger bedenklich einzustufen.

Lichtmangel in den lichtarmen Wintermonaten

Die Proteinsynthese ist direkt mit der Photosynthese gekoppelt, diese wiederum ist abhängig vom Sonnenlicht. Bei vierfach erhöhter Lichtintensität wird der Nitratgehalt um das 3,7-fache vermindert.

Diese Wirkung des Lichtes erklärt:

- daß Treibhaus- und Frühkultur zu bemerkenswert nitratreichem Gemüse führen;
- daß Gemüse am Morgen mehr Nitrate enthält als am Abend (die Differenz liegt in der Größenordnung von 40% bei den Blattgemüsen):

Während der Nacht, wenn die Proteinsynthese beträchtlich nachläßt, läuft die Nitrataufnahme nämlich weiter.

Nitratgehalte einiger Treibhausgemüse in mg/Kg Frischgewicht.

Blattgemüse		**Fruchtgemüse**	
Weißkraut	855	Paprika	32
Rotkohl	785	Tomaten	74
Rosenkohl	440	Gurken	120
Blumenkohl	255	Kürbis	90
Kopfsalat	3040	Zucchini	1085
Kresse	6935	Melone	230
Feldsalat	3430		
Spinat	4830	**Hülsenfrüchte**	
Winterendivie	3480	Grüne Bohnen	850
Lauch	1835	Saubohnen	6
		Palerbsen	5
Wurzelgemüse		Zuckererbsen	145
Karotten	1385	Bohnen (Samen)	150
Sellerie	1850	Linsen	20
Steckrübe	3090		
Rettich	1895	**Verschiedenes**	
Rote Rüben	5485	Petersilie	3210
Schwarzwurzeln	730	Kerbel	6225
Zwiebel	80	Erdbeeren	180

Verzehren wir unsere Umwelt?

Um eine Nahrungskalorie* zu erzeugen, ist in der Bundesrepublik bereits mehr als eine technische Kalorie erforderlich.
Das Fleisch von Schlachttieren wird zum größten Teil mit importierten Futtermitteln produziert.
Diese Futtermittel sind das Brot der Armen in den Entwicklungsländern.
Gemüse, das in Treibhäusern (besonders im Winter) gezogen wird, hat einen sehr hohen Energieverbrauch, durch den unsere Umwelt stark belastet und nach und nach zerstört wird.

*1 Kilokalorie (Kcal) = 4,18 Kilojoule (KJ).

Je weniger Verarbeitung, desto wertvoller die Nahrung

Ein zusätzlicher Verzehr aus wenig verarbeitetem Mehl (Vollmehl) gibt dem Körper mehr Vitamine und Mineralstoffe sowie die für die Verdauung so wichtigen Ballaststoffe.

Wenn unsere biologisch gezogenen Nahrungsmittel frisch und roh verzehrt werden, bekommt unser Körper alle wichtigen und wertvollen Stoffe.

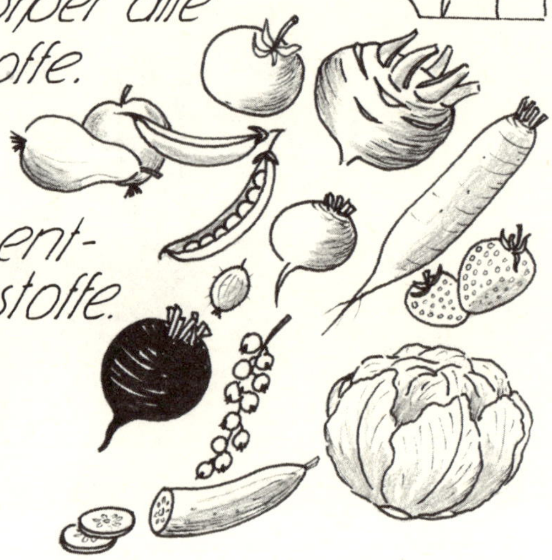

Verarbeitete Nahrungsmittel enthalten nur noch wenig Wertstoffe.

80% der landwirtschaftlichen Erzeugnisse und ca. 60% der importierten Nahrungsmittel werden von der Nahrungsmittelindustrie und dem Handel aufgenommen und häufig mehrmals hintereinander verarbeitet. In der Bundesrepublik wird dafür fast dreimal so viel Energie aus fossilen Brennstoffen gebraucht, wie die Landwirtschaft insgesamt benötigt. Statt verarbeiteter Nahrungsmittel sollten deshalb unverarbeitete Produkte bevorzugt werden. Stark verarbeitete Produkte sind außerdem aufwendig verpackt. Aufwendiges Verpackungsmaterial ist umweltbelastend.

Lange Wege verschlechtern Nahrung und Umwelt

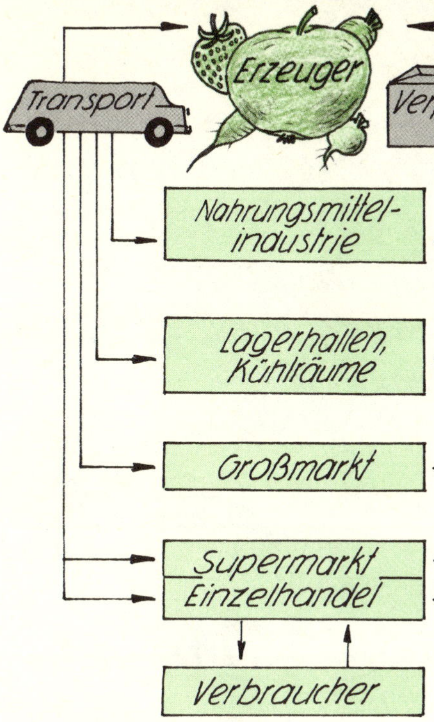

Es ist sinnvoll, seine Nahrungsmittel bei einem Bio-Landwirt aus der näheren Umgebung zu beziehen.

Ideal ist der Verzehr von Obst und Gemüse aus dem eigenen Bio-Garten.

In den Städten gibt es Einrichtungen, die für einwandfreie, rückstandsarme Nahrungsmittel sorgen.

11,5% der im Ernährungsbereich eingesetzten fossilen Energie wird für den Transport der Nahrungsmittel verbraucht. Besonders lange Wege haben die Nahrungsmittel aus dem Supermarkt. Unter den Abgasen der Transportfahrzeuge (Blei, Cadmium etc.) haben wir alle zu leiden. Ein langer Transportweg macht auch eine aufwendige Verpackung erforderlich. Frische Nahrungsmittel aus Bio-Betrieben sind nicht nur wohlschmeckender, sondern auch vitamin- und mineralstoffreicher.

Weniger Fleischverzehr dient unserer Gesundheit und lindert den Hunger in der Welt.

Bei unserer heutigen Ernährung sind etwa 25-50% der Bundesbürger übergewichtig. Wir haben kein Problem der Unterernährung, sondern ein Problem

der Überernährung. Deshalb ist dies die wichtigste Grundregel einer umweltgerechten und damit gesunden Ernährung: Allzuviel ist bekanntlich immer ungesund. Vor allem zuviel Fleisch.

Mehr als 90 Kg Fleisch verschwanden 1980 im bundesdeutschen Durschnittsmagen.

Um 1 Kg Rindfleisch zu erzeugen, müssen ca. 16 Kg Futtermittel verbraucht werden. Ein Teil dieser Futtermittel stammt aus den Ländern der Zwei-Drittel-Welt, denen selbst nicht das Nötigste zum Essen bleibt.

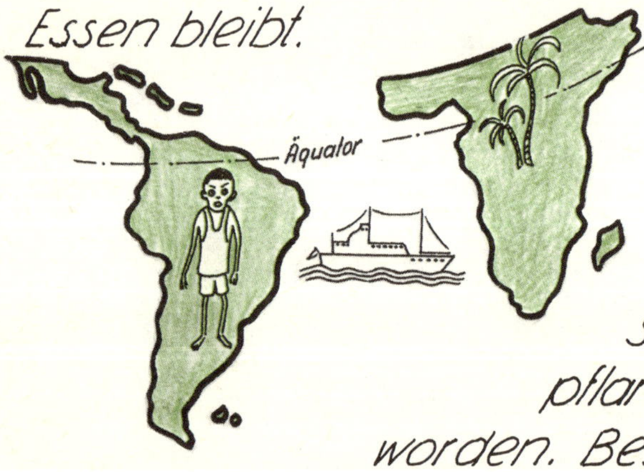

Für die Erzeugung einer einzigen Fleischkalorie sind durchschnittlich acht pflanzliche Kalorien geopfert worden. Besonders verschwenderisch ist die Rindermast. Es wurde errechnet, daß schon ein relativ kleiner Teil der Futtermittel, die auf Umwegen über Rinder-, Schweine- oder Hühnerfleisch die Menschen in den Industrieländern mehr als satt machen, die halbe Milliarde Hungernder auf der Welt ernähren könnte.

Naturnahe Gärten

Hier geht es um die Regeln des biologischen Gartenbaus, um Platzbedarf für Selbstversorgergärten, um Naturwiese, -teich, -hecke, -steine und -blumen.

Grundregeln des biologischen Gartenbaus

Grundsatz:
Im Garten möglichst naturnahe Verhältnisse schaffen

Boden	tiefgründig lockern, nicht umwenden	mit: Sauzahn, Grabegabel
	stets bedeckt halten	durch: Gründüngung, Laub, Grasschnitt.
Pflanzen	Standortgerecht setzen	beachten: Boden, Licht, Klima
	in Mischkulturen anbauen	zusammensetzen: Pflanzen, die sich gegenseitig fördern
Dünger	Boden-Kleinlebewesen füttern	mit: Kompost, Gründünger, Pflanzenjauchen, organische Handelsdünger
Pflanzenschutz	Nützlinge fördern	durch: Kleinsäuger-, Vogel- und Nutzinsektenschutz
	biologische Mittel einsetzen	verwenden: Wildkräuterextrakte, pflanzenkräftigende Präparate

Über den lebendigen Boden zu gesunden Pflanzen

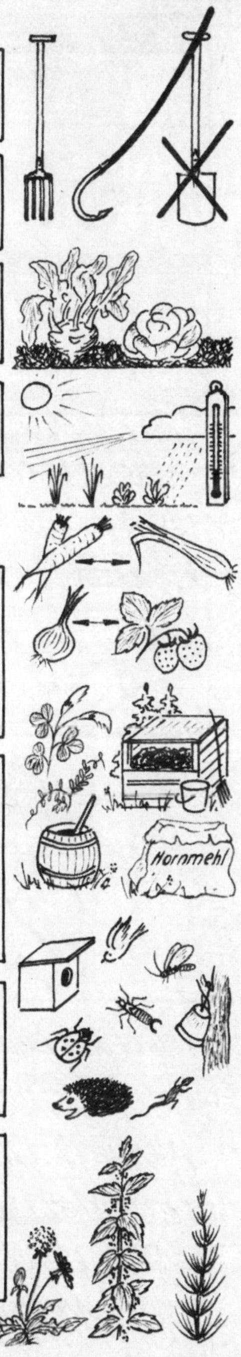

Wieviel Garten braucht der Mensch ?

Selbstversorgerhaushalt

80-90% Selbstversorgung kann nur auf vorwiegend vegetarischer Basis erreicht werden. Außerdem müssen die entsprechenden Mangel- bzw. Überschußzeiten für Gemüse und Früchte durch geeignete Konservierungs- und Lagertechniken ausgeglichen werden.

Es bleibt bei einem derart hohen Selbstversorgungsgrad jedoch nicht aus, daß gewisse Zugeständnisse an den Speiseplan gemacht werden müssen.

Unter durchschnittlichen Verhältnissen darf mit dem oben angegebenen Flächenbedarf pro Person gerechnet werden.

Weitgehende Selbstversorgung

Hier wird der Anbau von Gemüse, Beeren und Rhabarber im eigenen Garten vorausgesetzt: Getreide, Kartoffeln und Obst werden zugekauft. Bei intensiver Gartennutzung kann mit einer 40%igen Doppelnutzung durch Vor- und Nachfruchtkulturen (auch Mischkulturen) gerechnet werden. Der Flächenbedarf beläuft sich dann so, wie auf der linken Abbildung gezeigt wird.

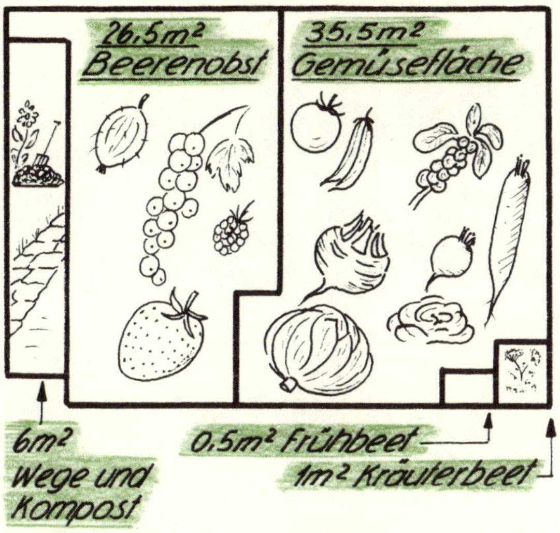

69,5m² Gesamtfläche pro Person

Teilweise Selbstversorgung

Hier sind 6m² Erdbeerfläche mit zweijähriger Nutzung vorgesehen. Fruchtfolge erfolgt fünfjährig. Flächenbedarf pro Person siehe Abbildung links.

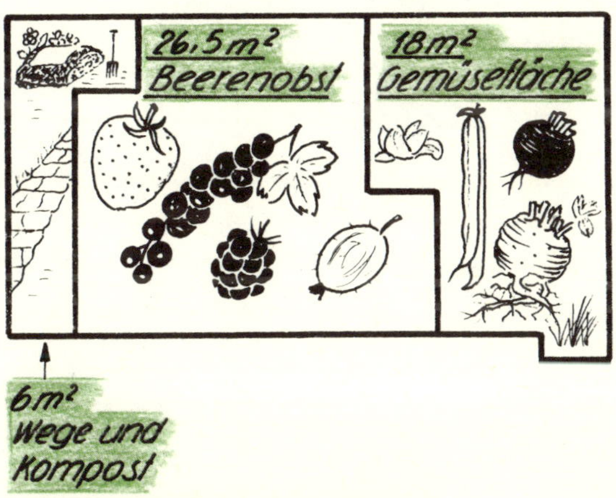

50,5m² Gesamtfläche pro Person

Geringe Selbstversorgung

Praktisch ausschließlich auf die Produktion von kleinen Mengen an Frischgemüse der jeweiligen Jahreszeit ausgerichtet. Je nach Ansprüchen sind jedoch große individuelle Unterschiede im Flächenbedarf möglich.

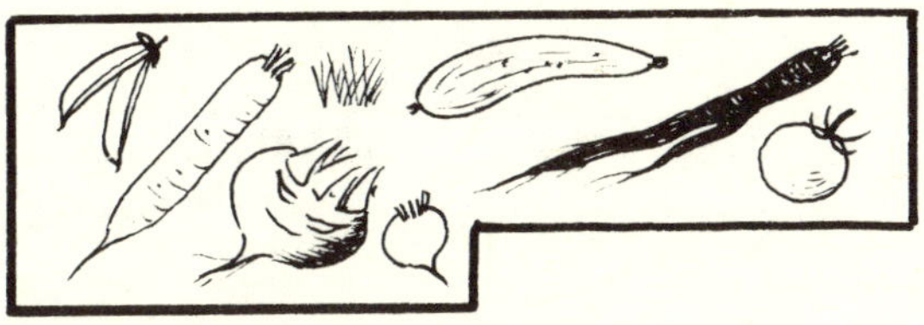

Als Durchschnittswert kann hier ein Flächenbedarf von 25m² pro Person gerechnet werden.

Einheitsrasen oder Naturwiese

Die Rasenflächen unserer Gärten benötigen viel Pflegearbeiten wie Mähen, Sprengen, Düngen und einiges mehr.

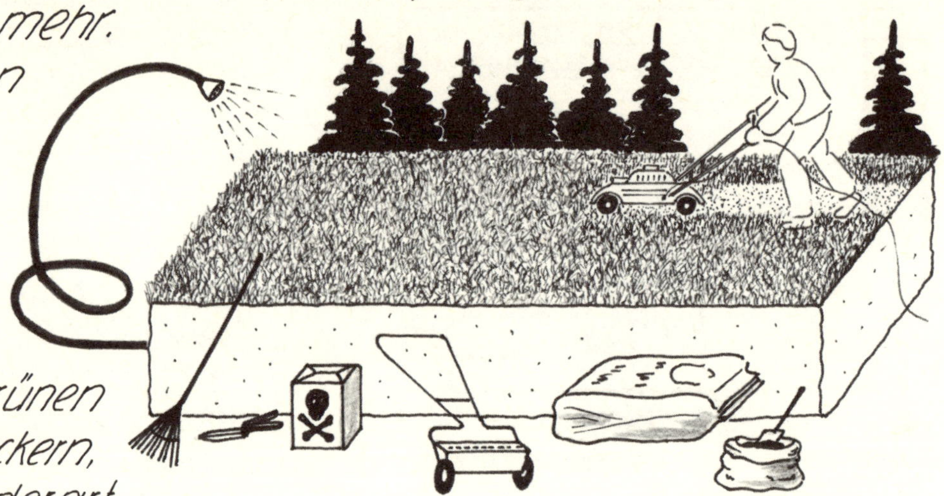

Umgeben von Fichten und Tannen, mit immergrünen Bodendeckern, wirken derart rasengrüne Gärten nicht nur langweilig, sondern tragen auch zum Aussterben vieler Wildkräuter und Insektenarten bei. Gebraucht wird doch eigentlich nur ein mäßig großer Spiel- und Liegerasen.

Alle übrigen Flächen könnten bei Gartenbesitzern, die kein oder wenig Obst und Gemüse anbauen wollen, Naturwiese werden und damit Insekten und Vögeln Nahrung bieten.

Wir bekommen dadurch viel Natur in den Garten und somit die Möglichkeit, sie zu beobachten und in ihr staunend zu lernen.

Eine Naturwiese bietet unseren Vögeln auch im Winter reichlich Nahrung

Wir können Rasen langsam in eine Naturwiese umwandeln, indem wir ihn nur noch 2× jährlich mit der Sense mähen. Bis sich eine vielfältige Pflanzengesellschaft eingestellt hat, vergehen jedoch 5-10 Jahre.

Der Nährstoffreichtum unserer Rasenflächen verhindert ein schnelleres Ansiedeln von Blumenwiesenpflanzen, denn diese benötigen magere Böden.

Bei einer Neuanlage kann Sand in den Boden gemischt werden und Wildblumen- sowie Magerrasenmischungen eingesät werden, dann entsteht unser Mini-Naturpark etwas schneller.

In einem Einheitsrasen wachsen 3 bis 4 Grasarten, in einer Naturwiese finden wir 20 bis 50 Pflanzenarten.

Vielen Insekten wird auf der Naturwiese Nahrung geboten.

In einem Einheitsrasen können nur 4 Vogelarten Futter finden, in einer Naturwiese dagegen bis zu 17 Vogelarten.

Teich oder Tümpel im naturnahen Garten

Jede Pflanzen- und Tierart benötigt eine bestimmte Wassertiefe.

Erdkröte

Grasfrosch

Es gibt viele Methoden, einen Teich oder Tümpel im Garten herzustellen; Folie, Beton, Gießharz, ungebrannte Tonziegel u.v.a. sind die üblichen Materialien. Generell sind alle Teiche und Tümpel wertvolle Lebensräume und belebende Elemente in Gärten und Grünanlagen.
An Größe und Form sind der Phantasie keine Grenzen gesetzt. Wichtig ist, bei der Anlage auf verschiedene Tiefenzonen und Sumpfbereiche zu achten.

Der Teich muß an den Ufern flach auslaufen, damit den Tieren der Ausstieg gelingen kann. Die tiefste Stelle sollte ca. 1m betragen, dann können Tiere (Frösche, Lurche, Larven u.a.m.) überwintern.

Eine Vogeltränke sollte eine Tiefe von 5-8 cm an der tiefsten Stelle haben und zu einer Seite flach auslaufen. Es darf kein Versteck für Katzen in der Nähe sein.

Die Hecke im naturnahen Garten

Eine Naturhecke besteht aus einem breiteren Gehölzstreifen, der aus unterschiedlich hohen heimischen Sträuchern aufgebaut ist, gelegentlich ergänzt durch einzelne Bäume. Auch flächige Gebüschgruppen (Knicks) zählt man zu den Hecken.

Die Naturhecke bringt uns Wind- und Erosionsschutz, höhere Temperaturen und Bodenfeuchtigkeit. Sie filtert Staub und giftige Abgase. Zahlreichen Tieren bietet sie Nahrung und Unterschlupf.

Die Hecke als Staubfilter

Besondere Filterwirkung gegen Staub haben Feldahorn und Heckenrose. Die Heckenrose schützt außerdem vor Autoabgasen.

Die Hecke als Nahrungsspender für Vögel und Säugetiere

Esche, Erle, Birke, Haselnuß, Rotbuche, Eiche, Vogelkirsche, einheimische Nadelbäume, Wildrose, Holunder, Sanddorn, Schneeball, Liguster, Hartriegel, Pfaffenhütchen, Himbeere, Brombeere u.a. bieten unseren Tieren Nahrung.

Zu einer funktionsfähigen Hecke gehört auch eine Krautschicht. Der Unterwuchs sollte aus Waldpflanzen bestehen (z.B. Schlüsselblume, Buschwindröschen oder Lerchensporn).

Steine im naturnahen Garten

Steingarten, Steinhaufen und Geröllflächen haben gemeinsam mit ihrer Vegetation vielfältige ökologische Vorteile:

Höhlungen dienen als Wohnräume für das Mauswiesel. Das Mauswiesel ist der Hauptfeind der Wühlmäuse.

Es entstehen für die verschiedenen nützlichen Hummelarten wichtige Brutplätze.

Steinhaufen sind ideale Lebensräume für Eidechsen. Ebenso entsteht neuer Lebensraum für Würmer, Asseln, Spinnen und die verschiedenen Insekten als Beutetiere für geschützte Reptilien, Amphibien und Säugetiere wie Igel, Marder u.a.

Steine dienen als Unterschlupf für Kröten und Laufkäfer, die schädliche Insekten vertilgen.

Die verschiedensten Tiere suchen in Steinhaufen Überwinterungsmöglichkeiten.

Der ausgesprochene Blütenreichtum lockt Insekten, besonders Schmetterlinge, an.

Steinflächen gelten grundsätzlich als Erweiterung der Vielfalt im eigenen Garten, was das biologische Gleichgewicht stabilisiert.

Bei der Anlage ist zu beachten, daß nur landschaftsbezogene Steine genommen werden und möglichst viel Hohlräume entstehen.

Blumen im Naturgarten

Zucht- und Naturblumen

Viele Naturblumen wurden zu großen und gefüllten Blumen umgezüchtet. Bei diesen gefüllten Blumen wurden die Pollenträger in Blütenblätter umgewandelt.

Margarite (Zucht)

Margarite (Natur)

Dadurch sind sie für unsere wichtigsten Nutzinsekten als Nahrungspflanzen unbrauchbar geworden.

Bienen, Hummeln, Schwebfliegen, Schmetterlinge und viele andere Insekten helfen uns bei der Schädlingsbekämpfung. Zu ihrer Ernährung brauchen sie Blütennektar.

Tagetes (Zucht)

Tagetes (Natur)

Wenn wir zum Überleben unserer Insekten beitragen wollen, sollten wir auch für einfache und naturbelassene Blumen einen Platz in unserem Garten haben.

Rose (Zucht)

Rose (Natur)

Von Bienen und Hummeln

Zur Bestäubung unserer fruchttragenden Pflanzen benötigen wir Bienen und Hummeln.

Bienen überwintern in Völkern und können darum im Frühling zahlreich an ihre Honigsammelarbeit gehen. Bei günstigem Wetter wird die Obstbaumblüte überwiegend von Bienen bestäubt. Bienen holen Pollenstaub und Nektar solange bei einer Pflanzenart, bis diese verblüht ist. Diese Eigenart der Bienen ist der Befruchtung sehr dienlich.

Von den Hummeln überwintern nur einzelne Tiere. Diese beginnen erst im Frühjahr mit dem Aufbau eines Volkes. Im Gegensatz zu den Bienen fliegen Hummeln jedoch auch bei kaltem und regnerischem Wetter. Außerdem reicht ihr langer Rüssel in viel tiefere Blütenkelche als der Bienenrüssel.
Sommer und Herbst sind magere Zeiten für Bienen und Hummeln. Wir sollten darum Sommer- und Herbstblüher anbauen.

Gute Hummelnahrung bieten Lippenblütler wie Dost, Melisse, Taubnessel, Pfefferminze, Klee, Phlox, Stachelbeeren, Ackerbohnen u.v.a.
Bienenfutterpflanzen sind Phacelia, Flieder, Haselnuß, Ehrenpreis, Weide, Sonnenblumen, Ringelblumen, Lavendel, Majoran, Salbei und viele andere.

Gartentechnik

Wir geben Empfehlungen zum Ernteverfrühen, Pflanzenanziehen, richtigen Bodenbearbeiten, Anschaffen der wichtigsten Gartengeräte, Gießen, Konservieren, Einlagern und zur Wintervogelfütterung.

Ernteverfrühung durch Sonnenenergie

Zu beschleunigter Pflanzenanzucht im Frühbeet, Gewächshaus oder Folientunnel haben sich schwarze Schläuche oder Rohre bewährt. Bei Sonnenschein erwärmt sich das in die Rohre oder Schläuche eingefüllte Wasser bis auf 40 °C und gibt diese gespeicherte Wärme in den kühleren Nächten langsam ab. Wichtig ist es, Frühbeet und Tunnel bis 16⁰⁰ Uhr zu schließen, damit die gespeicherte Wärme lange erhalten bleibt.

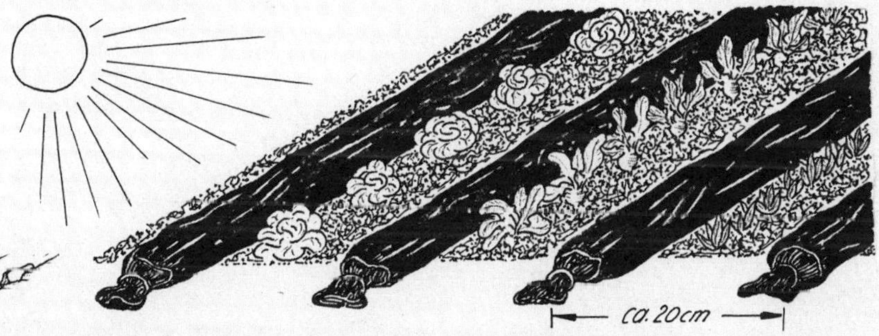

Der Durchmesser der Schläuche oder Rohre sollte 8-10 cm betragen.

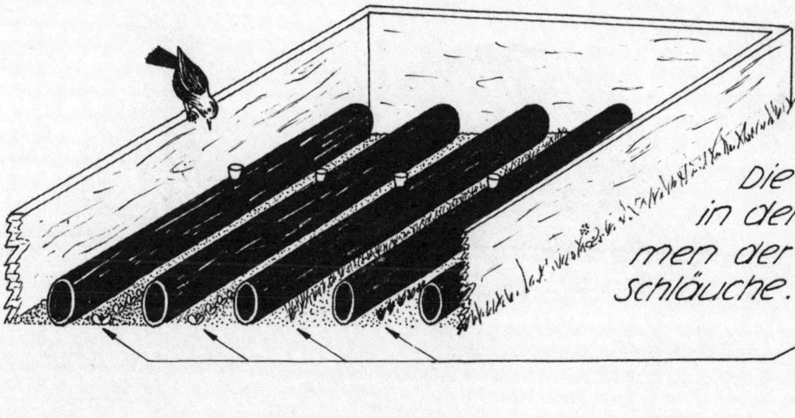

Die Aussaat erfolgt in den Zwischenräumen der Rohre oder der Schläuche.

Frühbeete und Ernteverfrühungen

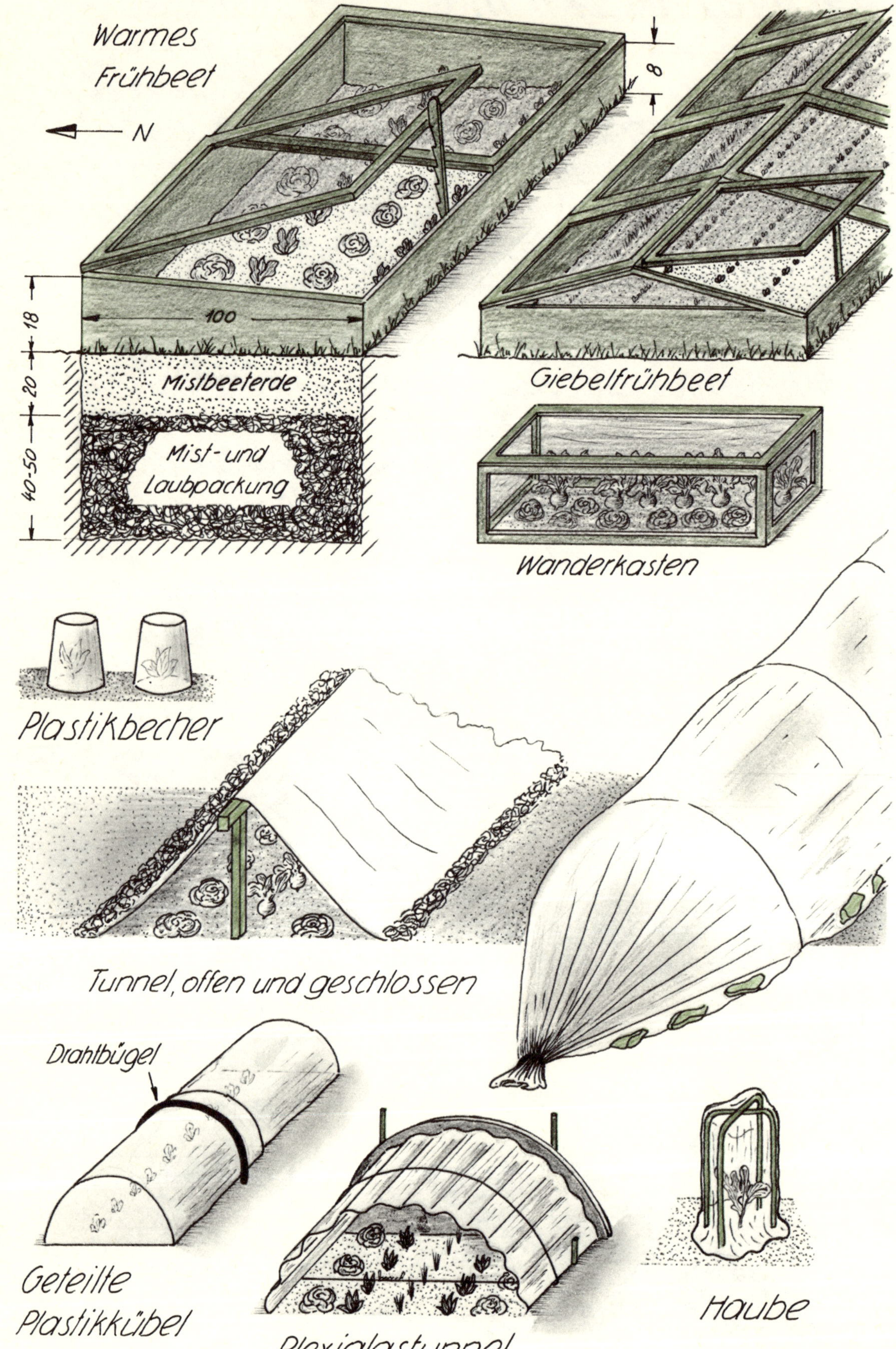

Pflanzenanzucht auf der Fensterbank

1 Holzkiste mit Folie auslegen.
2 Erdgemisch I* in die Kiste füllen.
3 Erde mit Schachtelhalmtee durchfeuchten.
4 Ungebeizten Samen 20 Min in SPS-Saatbad legen.
5 Getrockneten Samen aussäen.
6 Kiste bis zum Auflaufen der Saat abdecken (Zeitung oder Pappe), gut mit verdünntem Schachtelhalmtee feucht halten.
7 Wenn die Keimblätter voll ausgebildet sind, aufgelaufene Pflanzen in Erdmischung II** pikieren und mit SPS überbrausen.
8 Pflanzen mit gut angefeuchtetem Ballen aus den Töpfen oder Kisten nehmen.
9 Pflanzen mit Wurzelballen einpflanzen.

---

* Erdmischung I = 1 Teil Kompost, 1 Teil Sand, 1 Teil Gartenerde, 3 Teile Torf.

** Erdmischung II = 3 Teile Kompost, 1 Teil Sand, 2 Teile Gartenerde, 2 Teile Torf.

Bodenbearbeitung

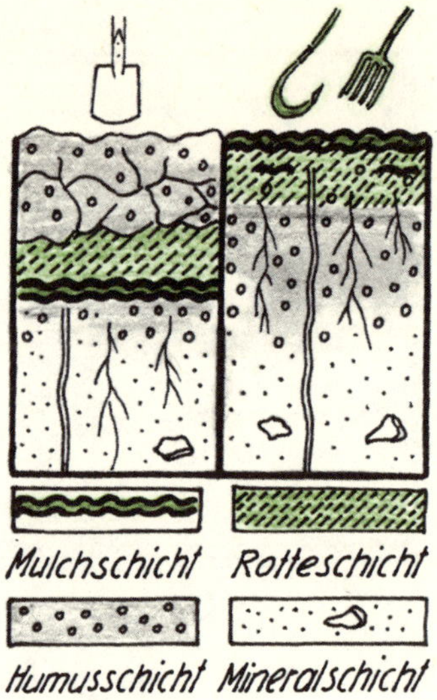

Die schwere Arbeit des Umgrabens ist nicht nur überflüssig, sondern sogar schädlich, denn sie bringt alle Bodenschichten durcheinander.

Die Bodenlebewesen der Rotteschicht sind andere als die der Wurzelzone (Humusschicht).

Es dauert Wochen, bis sich nach dem Umgraben ein funktionierendes Bodenleben wieder aufgebaut hat.

Sind im 1. und 2. Umstellungsjahr schwere Böden mit dem Sauzahn noch nicht bearbeitbar, sollten wir mit der Grabegabel den Boden lockern.

(Dazu sticht man die Gabel jeweils im Abstand von 10 cm in den Boden und bewegt sie hin und her. So arbeitet man Streifen für Streifen durch).

Bei steigendem Humusgehalt des Bodens genügt die Bearbeitung mit dem Sauzahn.

(Mit dem Sauzahn arbeiten wir so, wie auf der Abbildung gezeigt wird.
Wir ziehen diagonal von Beetkante zu Beetkante.
Anschließend wird mit dem Rechen eingeebnet.)

Gartengeräte

Gießen und Wässern

Trotz Luftverschmutzung ist das Regenwasser immer noch das beste Gießwasser. Leitungswasser abstehen lassen und mehrmals täglich umrühren. Bodenbedeckung wirkt nicht nur feuchtigkeitsregulierend, sondern mindert auch die Verschlämmungsgefahr.

Bei hoher Luftfeuchtigkeit braucht nicht so viel gegossen zu werden. Bei fallendem Luftdruck nimmt der Boden die Feuchte besser auf.
Pflanzen sind sehr unterschiedlich wasserbedürftig, je nach Art und Wachstumsstadium.

Blattgemüse und Salatarten mit dem Brausestrahl erfrischen.

Nicht über taunasse Blätter gießen.

Bei Bohnen, Kürbis, Sellerie, Gurken, Tomaten, Tees und Kräutern nur den Wurzelbereich feucht halten.

Im Frühjahr und Herbst eher morgens, im Hochsommer eher abends gießen.

Nie bei heißer Sonne gießen.

Bei Trockenheit soll nicht so oft, dafür aber ausgiebig gewässert werden (15 l/m²).

Der Wintereinschlag von Kohl

Weiß- und Rotkohl hält sich sehr gut bis Ende März frisch, wenn er in ein Frühbeet eingelagert wird. Wir wählen das Frühbeet des umgebenden Schutzes wegen, aber auch, weil sich die Einlagerung in dem locker-kompostreichen Erdreich besonders günstig vornehmen läßt.

1

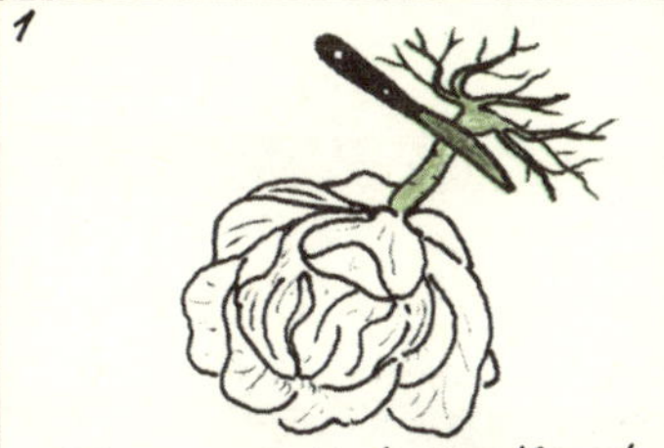

Die Wurzel wird entfernt, der Strunk bleibt ca. 15 cm erhalten

2

Die äußeren u. beschädigten Blätter werden entfernt

3

Mit einer Hacke wird eine Furche nach Kohlkopfgröße gezogen

4

Kohlkopf etwas schräg einlegen

5

Frühbeeterdegemisch über den Kohlkopf häufeln

6

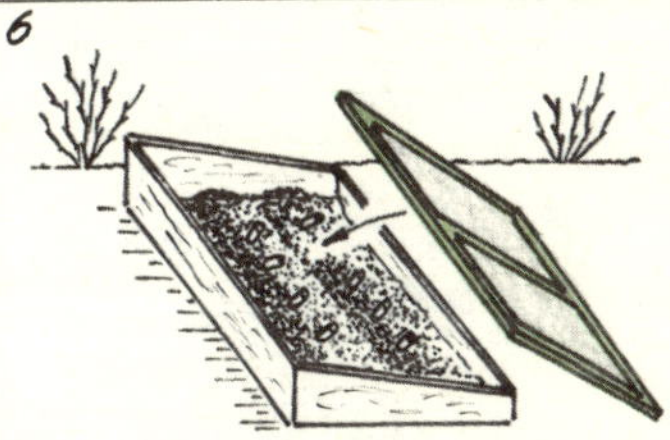

Frühbeetfenster auflegen

Im Freiland kann man ebenfalls Furchen ziehen und den hineingelegten Kohl mit Erde und zusätzlich mit Reisig bedecken. Nur besteht in nassen Wintern hier die Gefahr des Faulens.

Konservierungsmethoden

Einkochen und Einfrieren sind ausreichend bekannt und brauchen darum hier nicht behandelt werden.

Weniger gebräuchlich sind das Trocknen und die Milchsäuregärung.

Beide Arten erhalten Aroma- und wertvolle Inhaltsstoffe gut.

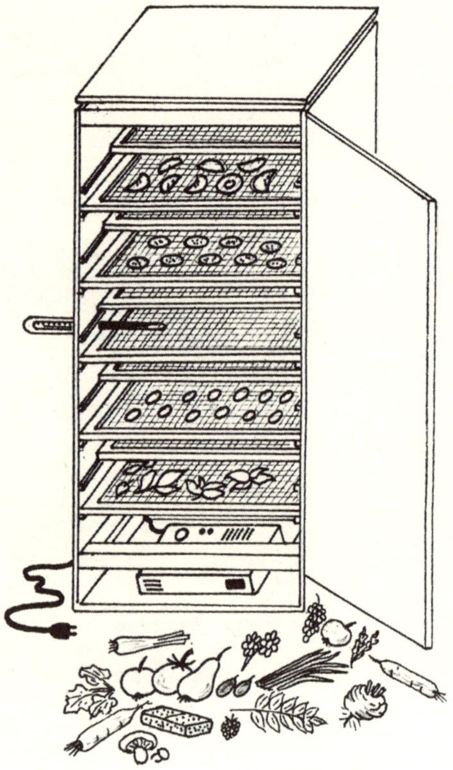

Den hier abgebildeten Trockenschrank kann man im Selbstbau anfertigen.

(Bauanleitung im Hobbythekbuch Nr. 6)

Dieser kleine Dörrapparat ist im Handel erhältlich.

Außer Sauerkraut und Salzgurken kann man noch viele Gemüsearten milchsauer gären lassen und hat damit im Winter viele zusätzliche Möglichkeiten für Rohkostsalate.

Wichtig: Geschnittenes Kraut muß gestampft werden, bis die Krautmasse vom Eigensaft bedeckt ist (Sauerstoffabschluß).

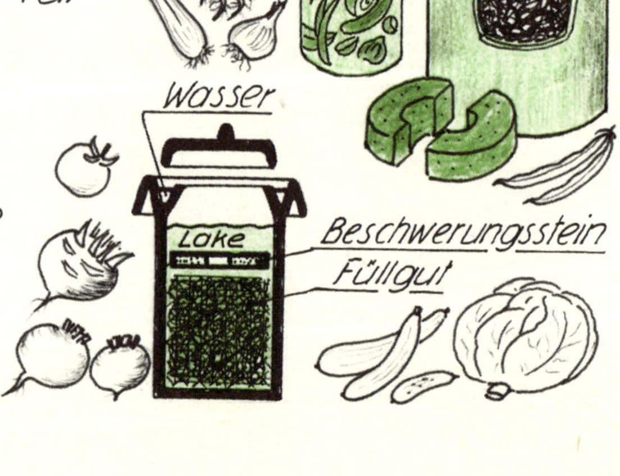

Das Einlagern von Gemüse

Besser als in Kellern hält sich Gemüse im Erdeinschlag. Die frühere Erdmiete wird nicht mehr so gern verwendet, weil man auch während des Winters an die Gemüse gelangen will.

Die einfachste Art, Gemüse frisch und saftig zu erhalten, ist das Lagern im eingegrabenen Kübel (alten Mülleimer oder ähnlichem).
Eine solidere, wenn auch teurere Lösung bietet die gemauerte Erdgrube. Sie läßt sich ideal unter dem Boden eines Schuppens oder Gerätehäuschens anlegen.
Wird sie im freien Garten gebaut, muß sie gegen Regen und Frost geschützt werden.
Vor Baubeginn den Grundwasserstand prüfen.

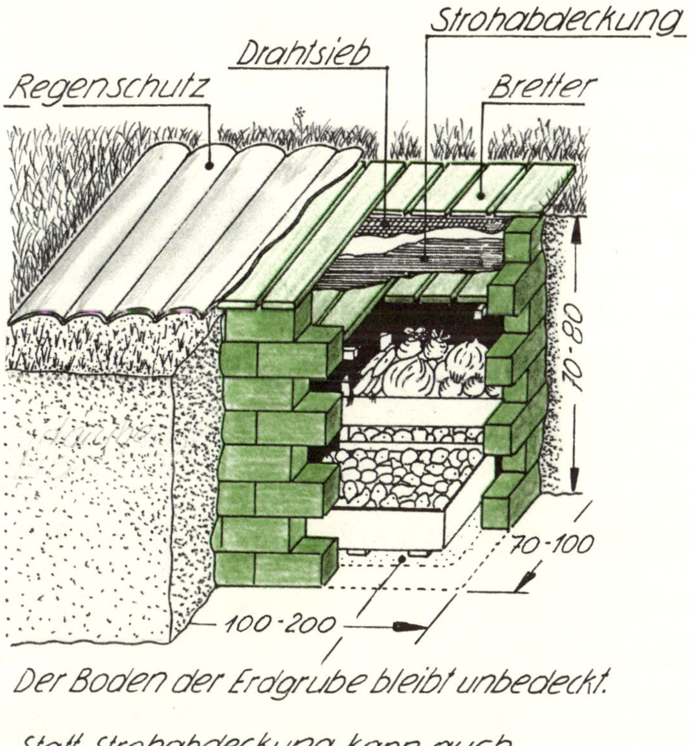

Der Boden der Erdgrube bleibt unbedeckt.

Statt Strohabdeckung kann auch Wellpappe verwendet werden (je nach Kälte mehrere Lagen).

Das Drahtsieb dient als Schutz gegen Mäuse.

Für große Kälte sollte Abdeckmaterial aus Stroh oder Laub bereitgehalten werden.

Der aus der Erde überstehende Rand wird ringsherum mit kleinen Löchern versehen (4-6mm Durchmesser).

Vogelfütterung im Winter

Hier wird oft ein großer Fehler gemacht, der sich sehr nachteilig auf unsere natürliche Schädlingsbekämpfung auswirkt.

Das stetige und reichliche Füttern lockt viele Vögel aus ihren angestammten Revieren (in Wald und Flur) in die Nähe der Häuser.

Hier können sie aber ihre eigentliche Aufgabe, die Suche nach versteckten Insekten, nicht erfüllen.

Die Folge ist ein verstärktes Auftreten von Insekten. Außerdem werden die Vögel faul und träge; sie halten sich nur noch in der Nähe des Futterplatzes auf, erreichen oft Übergewicht und werden kranheitsanfällig (z.B. Salmonellen). Als Folge von Krankheiten müssen viele Vögel im Frühjahr sterben.

Grundsätzlich sollte nur gefüttert werden, wenn Schnee liegt. (Bei Tauwetter die Fütterung einstellen).

Die Art der Fütterung soll dazu beitragen, daß die Vögel in Bewegung bleiben und nicht überfüttert werden.

Insektenfresser mögen gern ein Gemisch aus Rinderfett mit Haferflocken. Das Rinderfett wird erwärmt und mit Haferflocken und sonstigen Sämereien gemischt. Diese Mischung wird in einen Blumentopf gegossen, in den vorher ein Stock durch das Bodenloch gesteckt wurde. Diese Futterglocke wird nun katzensicher aufgehängt.

An diesen oder ähnlichen Futterglocken haben die Vögel genug Bewegung und fressen nur soviel, wie sie Hunger haben.

Küchenabfälle und gesalzene Speisereste sind Gift für Vögel!

Um der Übertragung von Vogelkrankheiten vorzubeugen, müssen Futterhäuschen und -gefäße öfters gereinigt werden.

Vom Boden und seiner Bedeckung

Wir geben Einblicke in Bodenschichten, -leben, -luft und in Bodenbedeckung, Mulchen und Gründüngung.

Einige Kulturböden und ihre Eigenschaften

Bodenart	Gute Eigenschaften	Schlechte Eigenschaften	Verbesserungsmaßnahmen
Sandiger Lehmboden 	Ist für fast alle Kulturen verwendbar. Wasserhaltende und -steigende Kraft ist gut. Durchlüftung ausreichend. Bodenbearbeitung normal.	Besitzt keine nennenswerten schlechten Eigenschaften, wenn regelmäßig für Humuszufuhren gesorgt wird.	Auch für diese Bodenart ist es angebracht, mit Bodenbedeckung zu arbeiten, weil dadurch viel Hack- und Gießarbeit eingespart wird. Algen- oder kohlensauren Kalk benutzen.
Lehm- und Tonboden 	Wasserhaltende und -steigende Kraft ist sehr gut. Dünger werden ausreichend festgehalten. Stark mit Humus versorgt, ist er einer der besten Kulturböden.	Durchlüftung läßt zu wünschen übrig. Erwärmt sich im Frühjahr nur langsam. Schwer zu bearbeiten. Verlangt viel Hackarbeit.	Mit Hilfe von Bodenbedeckung wird die Oberfläche durch Regen und Gießen nicht verschlämmt, was der Bodendurchlüftung zugute kommt
Sandboden 	Schnelle Erwärmung. Sehr gute Durchlüftung. Läßt sich bei jedem Wetter bearbeiten.	Schnelle Abkühlung. Schlechte wasserhaltende und -steigende Kraft. Dünger verrottet sehr schnell und verschwindet im Untergrund. Viel Gießarbeit.	Bentonit und Urgesteinsmehl, ganzjährig flächenkompostieren.

Bodenschichten

A: Boden mit Spaten gewendet. Mulch- und Rotteschicht begraben. Verdichtungen.

B: Flache Bodenbearbeitung. Boden mit Sauzahn und Grabegabel gelockert. Nur Mulch- und Rotteschicht werden gemischt.

1 Flachwurzler bis 30 cm tief
2 Mittelwurzler bis 60 cm tief
3 Tiefwurzler bis 90 cm tief

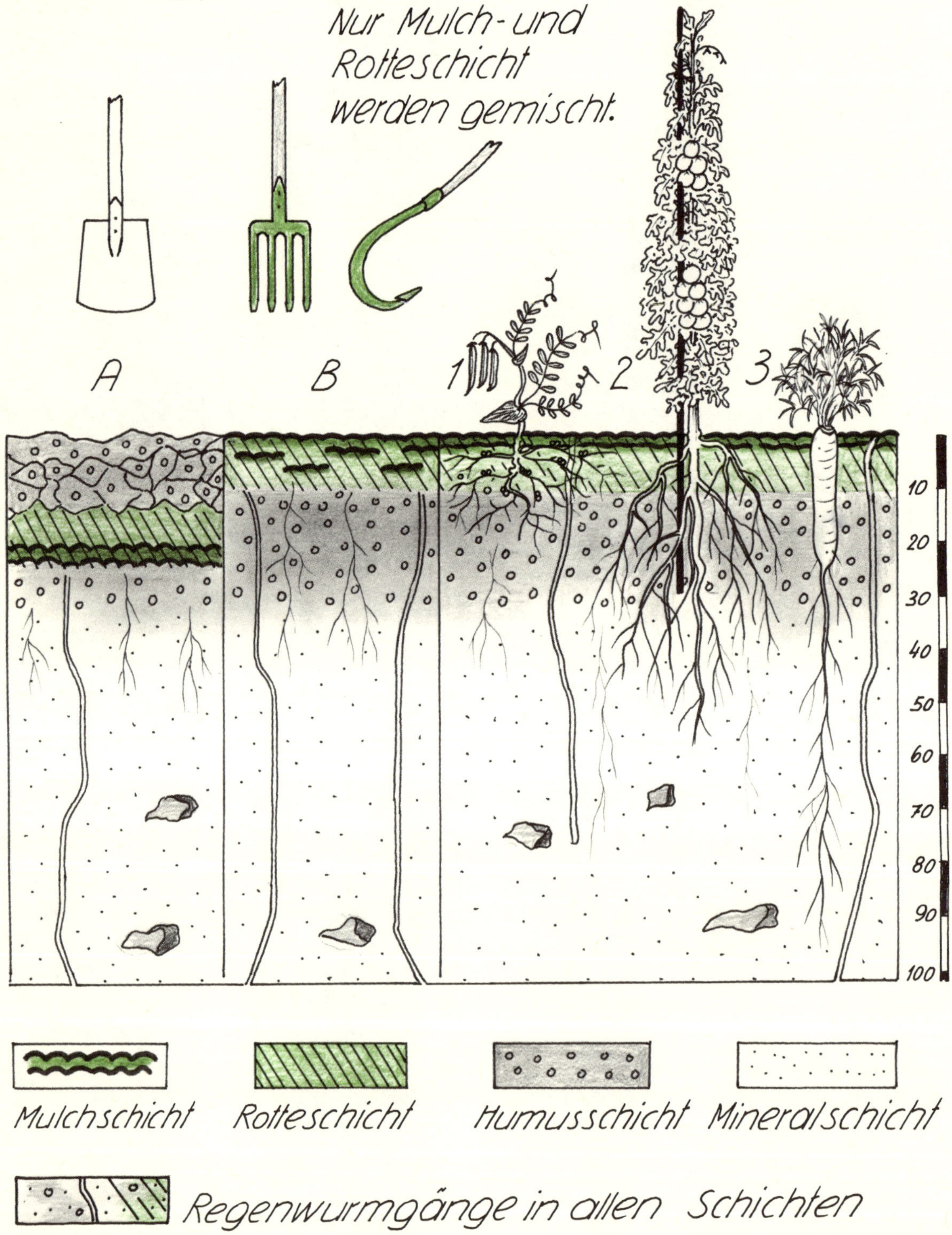

Bodenleben

Eine Handvoll Gartenerde enthält:

100	Insekten und Milben
110	Gliederwürmer
250	Springschwänze
25000	Fadenwürmer
7500000	Protozoen
12500000	Algen
100000000	Pilze
125000000	Bakterien

Rotteverlauf

Krümelstruktur
0,2 - 1mm Größe

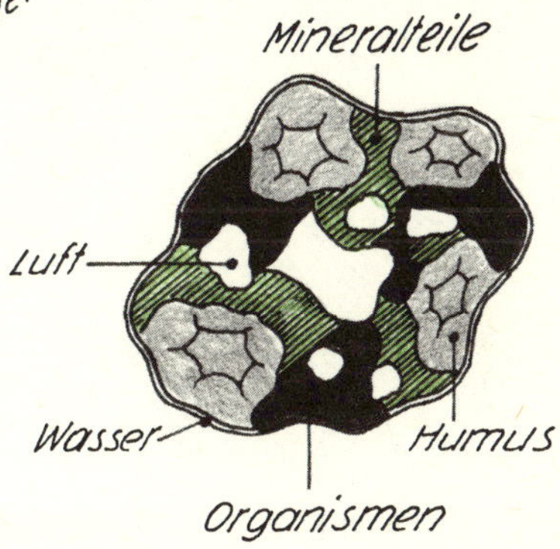

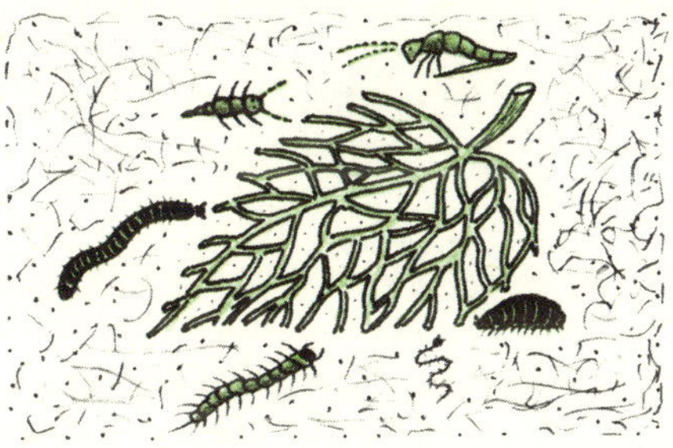

Die Rotte wird durch eine große Anzahl von Milben, Asseln, Käfern, Larven, Springschwänzen und vielen anderen Tieren eingeleitet.

Regenwürmer verwandeln in ihrem Körper organische und mineralische Teile zu fruchtbarster Erde. Regenwurmkot enthält bis 5× mehr Stickstoff, 7× mehr Phosphor, 11× mehr Kalium, 2× mehr Magnesium und Kalzium als Normalerde. Regenwurmgänge verbessern die Wasser und Luftzirkulation.

Spalt-Schimmelpilze und pilzähnliche Bakterien bewirken eine Verrottung (keine Fäulnis) der organischen Stoffe.

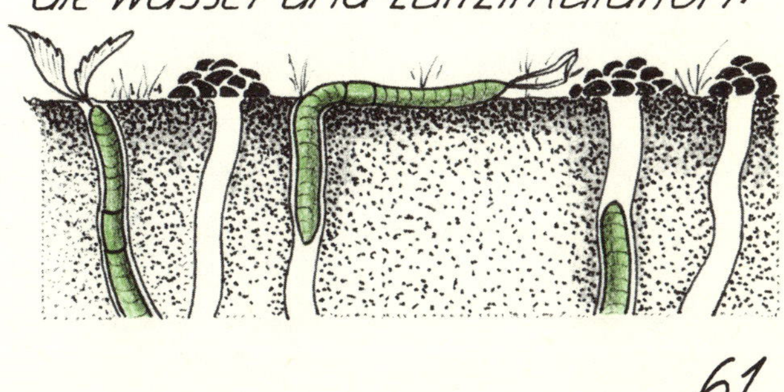

Das Edaphon

Den gesamten Organismus des Bodens (bestehend aus Bodenfauna und Bodenflora) nennt man das Edaphon.

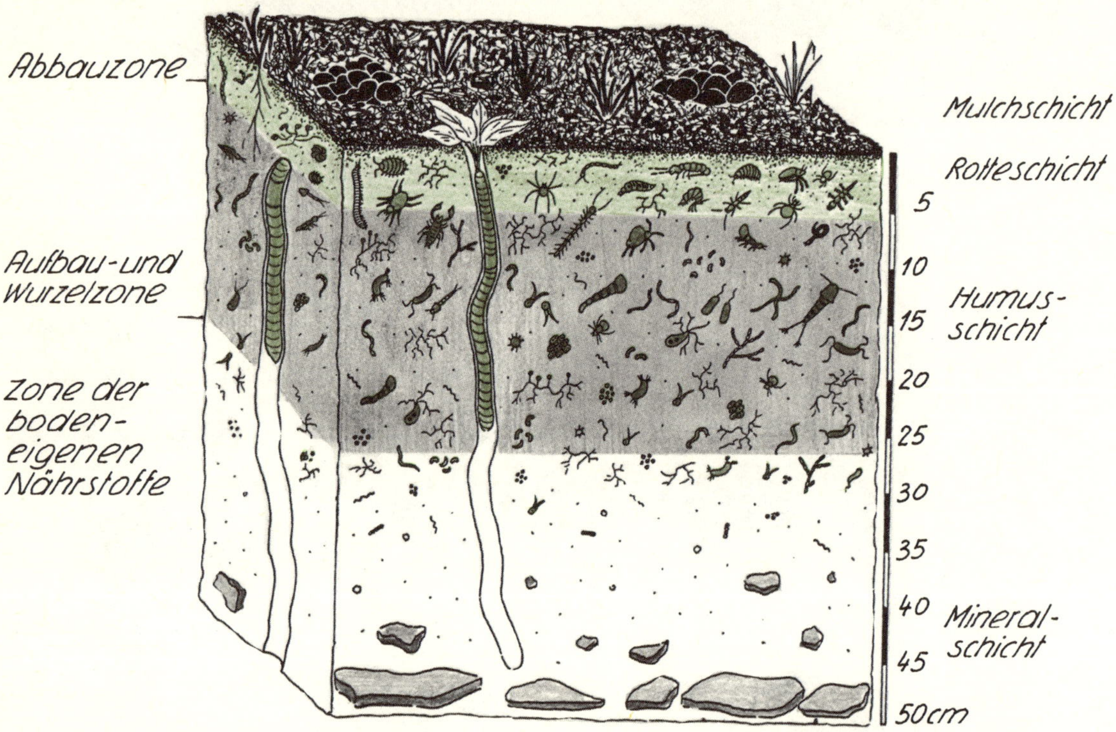

Jede Bodenschicht hat ihre eigene Zusammensetzung von Lebewesen. Damit diese in der ihnen angemessenen Bodenschicht bleiben, sollte man nicht graben und wenden, sondern nur mit Sauzahn oder Grabegabel lockern.

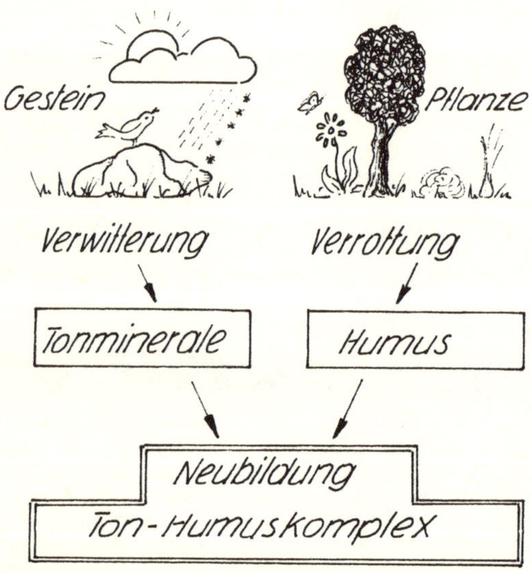

Wir sollten den Boden nicht als tote Materie ansehen, sondern immer wieder daran denken, daß wir mit einem lebendigen Organismus umgehen. Dann kommt uns die Methode des „Nichtgrabens" sinnvoll vor.

Ausschnitte aus dem Bodenleben

Die Bodenfauna enthält viele wenig bekannte kleine Tiere. Diese durchwühlen den Boden und lockern ihn dadurch auf. Sie zerbeißen und zerkleinern Mulchmaterial und abgestorbene Wurzeln und verarbeiten sie in ihrem Verdauungstrakt zu wertvollem Humus.

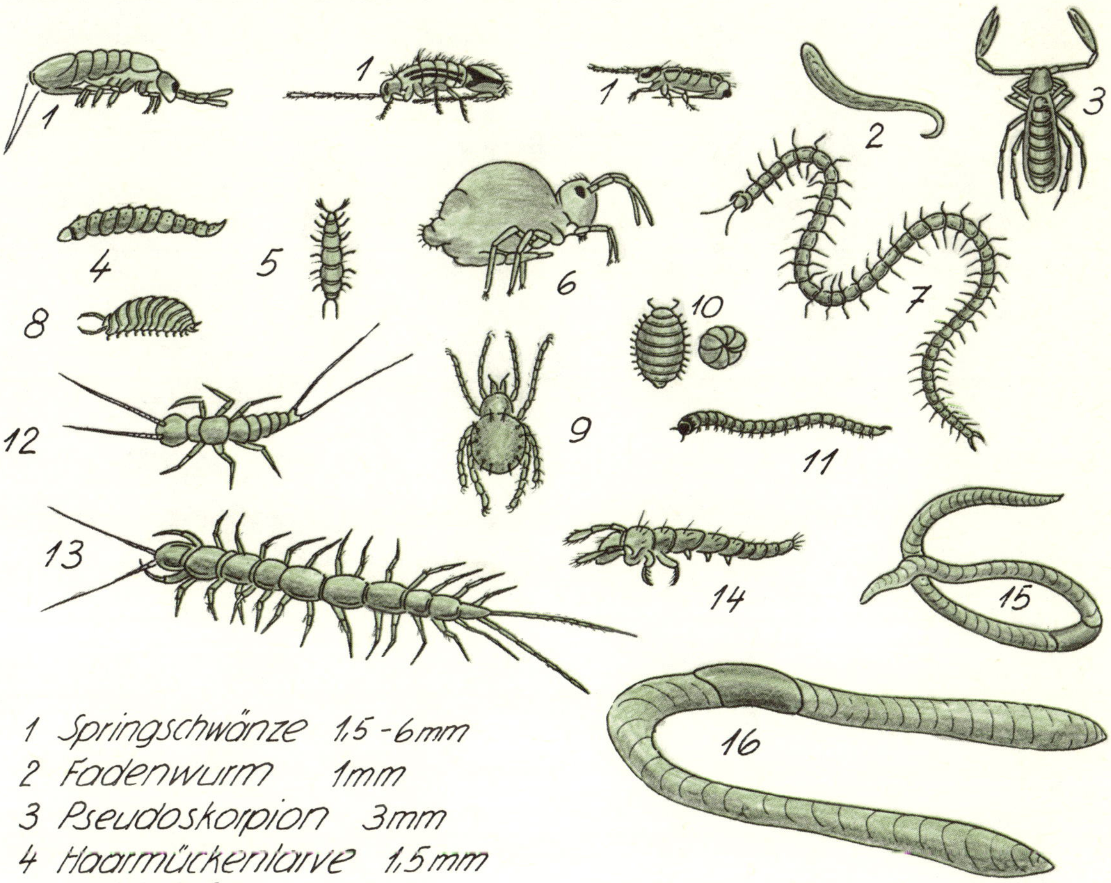

1 Springschwänze 1,5 - 6 mm
2 Fadenwurm 1 mm
3 Pseudoskorpion 3 mm
4 Haarmückenlarve 1,5 mm
5 Wenigfüßler 1 mm
6 Kugelspringer 2 mm
7 Erdläufer 20 - 40 mm
8 Assel 12 mm
9 Erdmilbe 0,5 mm
10 Saftkugler 10 mm
11 Doppelfüßler 10 mm
12 Doppelschwanz 5 mm
13 Steinläufer 15 - 25 mm
14 Beintastler 1,5 mm
15 Kompostwurm 70 mm
16 Großer Regenwurm 200 mm

Einige Beispiele aus der Vielfalt von Kleintieren, die im Boden und Kompost tätig sind.

Die Bodenflora besteht aus Bakterien, Actinomyceten, Pilzen, Algen u.a.m.
Bakterien und Actinomyceten verbessern durch ihre große Stoffwechselaktivität Bodenstrukturen.
Viele von ihnen scheiden Antibiotika aus.
Bakterien, Pilze und Algen setzen im Boden vorhandene Nährstoffe frei, binden Luftstickstoff und sind unerschöpfliche Kohlenstoffquellen und -umwandler.

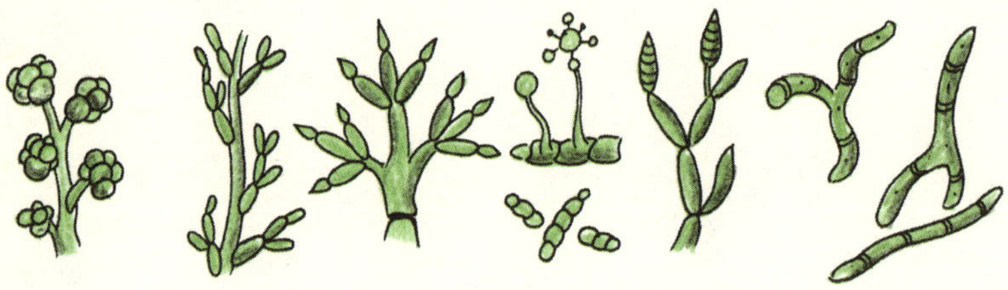

Einige Erdpilzarten (stark vergrößert)

Die Kleinlebewesen der Rotteschicht, sogenannte Abbauer, zersetzen feines organisches Material und fressen es auf. Sie können nur existieren bei Bodenbedeckung und Nahrungsnachschub.

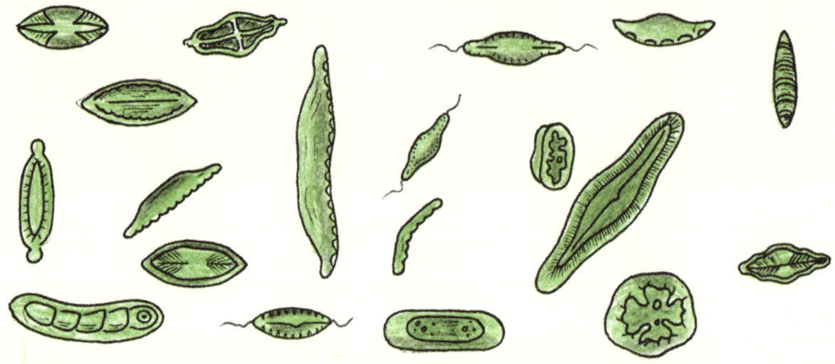

Einige Erdalgenarten (stark vergrößert)

In der Humusschicht leben Bakterien in Symbiose mit Haarwurzeln der Pflanzen. Man nennt sie auch Aufbauer. Sie ernähren sich und die Pflanze von verdautem Material und den abgestorbenen Mikroorganismen der Rotteschicht.
In dieser Zone befinden sich die Nahrungs-Aufnahmeorgane der Pflanzen. Hierhin gehört als Zusatznahrung kein grobes Material, wie z.B. Stallmist, sondern nur Reifkompost.

Bodenluft

Pflanzen benötigen zum guten Gedeihen Sauerstoff im Wurzelbereich und Kohlendioxyd im Bereich der oberirdischen Pflanzenteile.
Sind die einzelnen Bodenkrümel mit Wasser übersättigt (bei Dauerregen oder Staunässe), befindet sich nicht mehr genügend Luft im Boden. Der für Pflanzenwurzeln und Bodenlebewesen nötige Sauerstoff (O_2) fehlt, und das im Boden entstandene Kohlendioxyd (CO_2) kann den Boden nicht verlassen.
Ständig fließender Gasaustausch zwischen Boden und der Schicht dicht über dem Boden bedingt die biologische Aktivität und begünstigt damit zügiges Pflanzenwachstum.
Durch Platz- oder Dauerregen verdichtete Böden müssen gut durchlüftet werden.

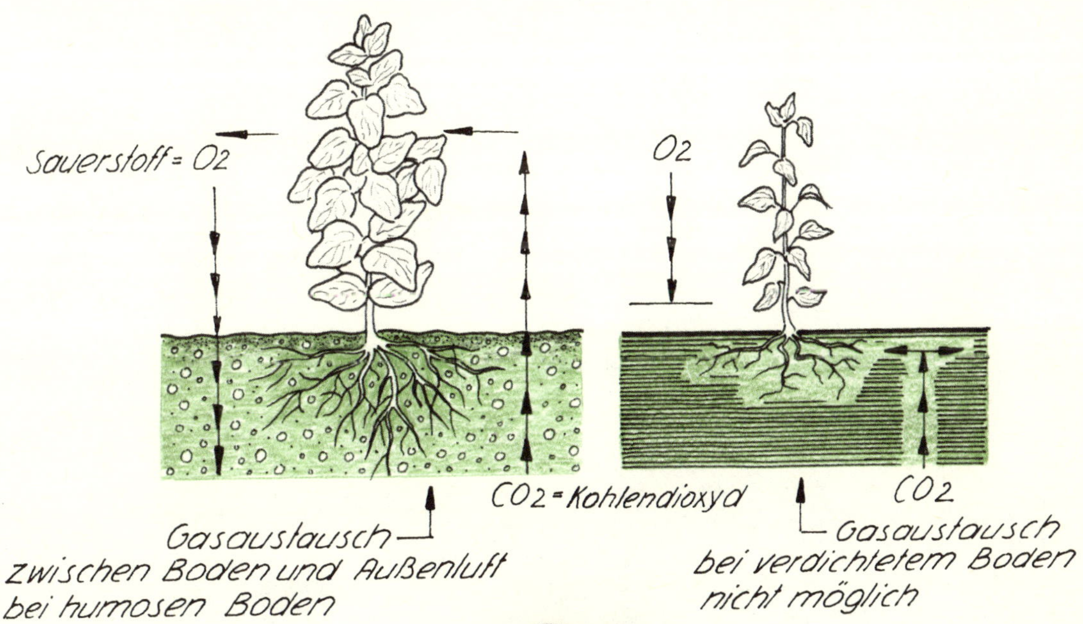

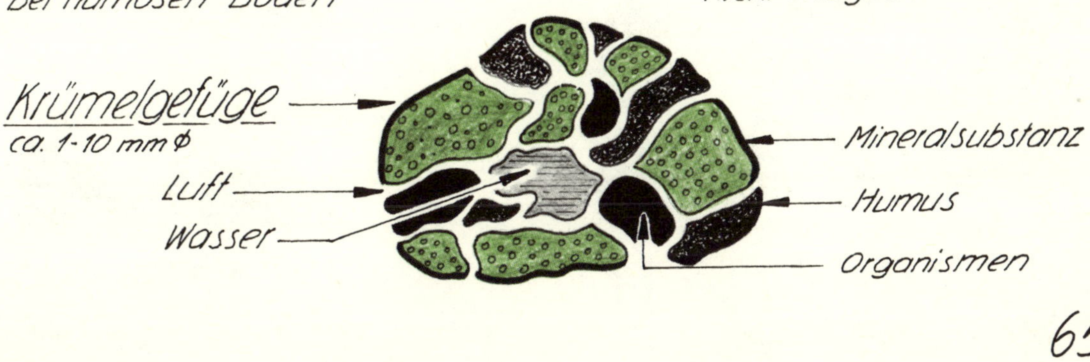

Bodenbedeckungen

In der Natur finden wir kaum unbedeckten Boden.

Unbedeckter Boden in Feld und Garten verschlämmt bei Regen sehr schnell, bei Sonne trocknet er sehr stark aus und muß darum oft gelockert und gegossen werden. Der dabei entstehende Humusabbau muß durch organisches Material wieder ergänzt werden.

Darum bedecken wir im biologisch bearbeiteten Garten gerne den Boden, entweder mit abgestorbenem Pflanzenmaterial, Mulchen genannt, oder mit lebenden Pflanzen der Gründüngung.

Senf

Phacelia

Bohne

Mulchen

Das Mulchen

Vorzüge einer Mulchschicht:

1. Nahrung für das Bodenleben und daher dessen Aktivierung.

2. Dadurch ständiger Nachschub von Nährstoffen für die Pflanze, unter gewissen Umständen sogar Kohlenstoffdüngung.

3. Erhaltung einer günstigen Krümelstruktur des Bodens.

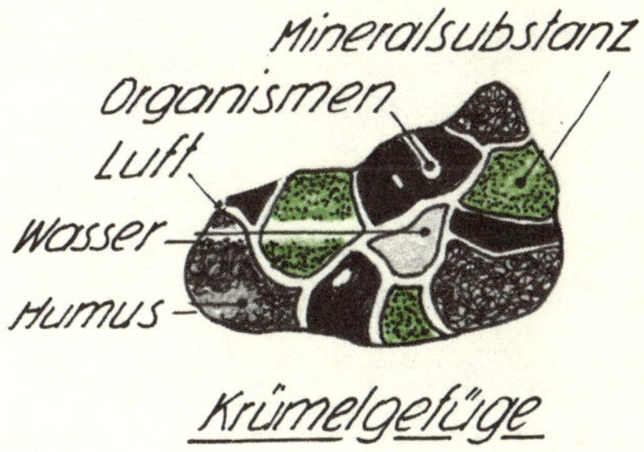

4. Schutz des Bodens vor Austrocknung und Verkrustung, ausgeglichene Bodenfeuchtigkeit.

5. Ausgeglichene Bodentemperaturen.

6. Unterdrückung von sogenannten Unkräutern.

7. Verhinderung von oberflächlichem Bodenabtrag.

8. Eventuell Bildung von natürlichen Abwehrstoffen, die von den Pflanzen aufgenommen werden.

Lieber öfter eine dünne Schicht auf das Land streuen, damit keine Fäulnis entsteht und die Bodenlebewesen öfter eine kleine Nahrung bekommen.

Mulchmaterial

- Gartenabfälle, Unkraut ohne Samen, Gemüseabfälle.
- Rasenschnitt leicht angewelkt.
- Angerotteter Kompost für Starkzehrer.
- Bei Laub, Schilf, Karton, zerkleinertem Heckenschnitt, und Stroh muß etwas organischer Volldünger mitgegeben und gut angefeuchtet werden (günstig für Beerenobst und Blumen).

Neu sind folgende 2 Materialien:

- Granulat aus Lava (2-3 cm dick streuen) verbessert und lockert den Boden anhaltend.
- Rindenkompost (im Handel erhältlich; darauf achten, daß nicht mit Klärschlamm angereichert wurde!) sehr günstig für Obstbäume und Beerenobst.

Bei jeder Mulchschicht sind folgende Grundregeln einzuhalten:

1. Der zu bedeckende Boden muß zuerst gelockert werden.
2. Das Abdeckmaterial muß zerkleinert werden.
3. Grünes und saftiges Material darf nur dünn aufgetragen werden; es muß deshalb öfter erneuert werden.
4. Trockenes Material, z.B. Stroh oder Schilf, kann dicker aufgetragen werden (2-5 cm), sollte aber immer sofort angefeuchtet werden.
5. Beim Ausstreuen des Abdeckmaterials ist darauf zu achten, daß Saatrillen und Setzlinge davon nicht bedeckt werden.
6. Das Abdeckmaterial soll frei von Unkrautsamen sein und auf keinen Fall Schnecken oder Schneckeneier enthalten.

Gründüngung

Als wir begannen, unsere Gärten bewußt biologisch zu bearbeiten, lasen wir in Büchern viel über Gründüngung. Abwehrend meinten wir, in unseren kleinen Gärten sei für Gründüngung kein Platz.
Inzwischen haben wir uns überzeugt, daß gekonnt eingesetzter Gründung keine Ertragsminderung, sondern Ertragssteigerung bedeutet.

Jetzt stehen neben dem schon recht bekannten Ackersenf als Vorfrucht und Nachsaat der Spinat und Phacelia, die vielseitig einsetzbare Ackerbohne, Sonnenblume und das Rotenburger Kombigemenge. Überall im Garten wächst als Nematodenvergrauler die Ringelblume und Tagetes.

Comfrey Kapuzinerkresse Ringelblume Brennessel Schnittlauch Meerrettich

Üppig rankt die Kapuzinerkresse, wächst Comfrey, Brennessel, Schnittlauch und Meerrettich unter verschiedenen Bäumen. In den Gassen zwischen den Reihen versorgt der ausdauernde Weißklee die zweimaltragenden Himbeeren mit Stickstoff. Wichtig ist bei der Gründüngung, gut zu lockern und leicht organisch zu düngen. Leguminosen vertragen keinen Stickstoffdünger, sondern bekommen Steinmehl.

Wichtige Gründüngungspflanzen

Als Zwischenfrucht oder ganzjährig zur Gesundung des Bodens schalten wir eine Gründüngung ein. Wir säen Pflanzen, die wir nicht ernten, sondern direkt wieder in den Boden einarbeiten oder flächenkompostieren.

Hier eine Auswahl:

1 Leguminosen
2 Leguminosen Gemenge
3 Kreuzblütlern
4 Sonstiges

Gründüngungsart	Grün-masse	Wurzel-masse	Stickstoff	Wurzel-tiefe
1 Alexandrinerklee	* *	* *	* *	* *
1 Lupine	* *	* *	* *	* * *
1 Einjähriges Kleegras	* * *	* * *	* * *	* *
1 Ackerbohne	* *	* *	* * *	* * *
2 Landsberger Gemenge	* * *	* * *	* * *	* *
3 Gelbsenf	* *	*	*	* *
3 Ölrettich	* *	*	*	* * *
3 Winterraps	* *	*	*	* *
4 Phacelia	* * *	*	*	*

Alexandrinerklee Lupine Ackerbohne Phacelia Gelbsenf Vogelwicke

Gründüngung dient: der Beschattung des Bodens, Regulierung des Wasserhaushaltes, Aktivierung des Bodenlebens, Untergrundlockerung, Humusnachschub, Nährstoffanreicherung und Unkrautunterdrückung.

Gründüngung in der Anwendung

Ganzjährig: Wer in einem Stückchen seines Gartens wirksame Bodenverbesserung vornehmen will, sollte ganzjährige Einsaaten vornehmen wie das Rotenburger Kombigemenge, Kleemischungen und bei leichteren Böden Lupine.

Voraussaaten sind Spinat, Ackerbohne, Gelbsenf und Phacelia. In Senf, Spinat und Ackerbohnen kann nach teilweisem Abhacken oder Herausziehen dieser Pflanzen eine Hauptkultur in oder neben den Gründünger gesät oder gepflanzt werden. Die umgebenden Senf-, Spinat- oder Ackerbohnenpflanzen bleiben noch eine

Zeit stehen, um die Kulturpflanzen im Aufwuchs zu schützen und werden entfernt, wenn sie zu behindern beginnen.

Nachsaaten: Sie werden als lebende Bodenbedeckung schon vielfach angewendet. Sie bleiben auch in abgefrorener Form im Herbst und Winter auf dem Boden liegen und schützen das Bodenleben.

Untersaaten: Sie können mit Vorteil unter Beerensträuchern vorgenommen werden. Hier ist besonders der Weiß- und Erdklee zu nennen.
Feldsalat kann unter Gemüsekulturen gesät und geerntet werden, z.B. unter Porree, Grünkohl und jungen Erdbeerpflanzen.

Empfehlungen für nicht überwinternde Gründüngung

Anwendung	Aussaat	Gründüngungspflanzen	Saatmenge g/100 m²	Saattiefe cm	Besonderheiten
Ganzjährig	März-April	Einjährige Mischung:	1600	2-3	Stickstoffsammler, 3-5 Schnitte möglich, kann für Mulch verwendet werden, Futter für Kleintiere,
		— Alexandrinerklee	300		
		— Perserklee	300		
		— Hafer	1000		
	April-August	Lupine	2000	2-4	hervorragender Stickstoffsammler, bester einjähriger tiefwurzelnder Bodenaufschließer.
Vorsaat	Ab Anfang Februar	Ackerbohne	1500	8-10	Stickstoffsammler, gute Trockenheitstoleranz,
		Spinat	500	1-2	als Gemüse und Gründüngung, neue Kulturen können dazwischengesät werden, auch winterhart,
	Ab Anfang März	Senf	200	1-2	schnell wachsend, Pfahlwurzler, Kreuzblütler, nicht vor Kohlgewächsen,
		Phacelia	200	1-2	gute Bienenweide, Saat muß gut mit Erde bedeckt sein,
		Feldsalat	300	1-2	als Gemüse und Gründünger, auch winterhart.
Nachsaat	Juli-August	Sommerwicken-Hafer-Gemenge	1000	3-4	Erträgt Fröste bis -5°C, Stickstoffsammler (Wicke) mit Hafer als Stützfrucht.
	Mitte August	Alexandriner-Perserklee (rein oder gemischt)			Stickstoffsammler, 1-2 Schnitte möglich.
	Ende August	Phacelia	300	1-2	rasch wachsend, tiefwurzelnd, gute Bienenweide erträgt Fröste bis -7°C
		Sonnenblume	500	2	rasch wachsend, nach 8-10 Wochen im Knospenstadium viel Grünmasse.
	Anfang September	Ölrettich	300	2-3	Kreuzblütler, Pfahlwurzel, für verdichtete Böden,
	Ende September	Senf	500	1-2	nicht vor Kohlgewächsen,
		Kresse	500	1-2	als Gemüse und Gründüngung.

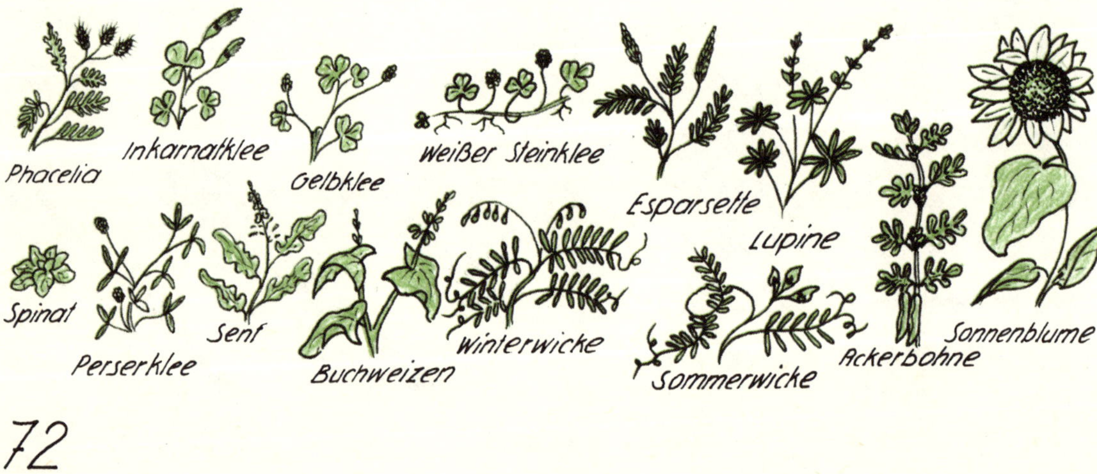

Empfehlungen für die Gründüngung

Anwendung	Aussaat	Gründüngungspflanzen	Saatmenge g/100m²	Saattiefe cm	Besonderheiten
Überwinternde Gründüngung					
Nachsaat	August bis September	Landsberger Gemenge: — Inkarnatklee — Zottelwicke — Raygras	 300 200 120	2-3	Stickstoffsammler, gemischt mit starkem Wurzelbildner (Raygras), gut vor Karotten und Kartoffeln.
		Zottelwicke/Winterroggen	800 1000	2-3	Stickstoffsammler, guter Bodenregenerator,
	September	Spinat	500	1-2	als Gemüse und Gründünger,
		Feldsalat	300	1-2	als Gemüse und Gründünger,
	September bis Oktober	Winterroggen	2500	1-3	gutes Durchwurzelungsvermögen, späteste Gründüngung.
Spezialfälle: bei neuen Gärten mit unaufgeschlossenen, durch Baumaschinen verdichtete Böden, oder sehr alte, übermüdete und kranke Gartenböden.					
	März bis August	Luzerne	300	1-2	Tiefstwurzler, Stickstoffsammler, Futter für Kleintiere, 2-3 Schnitte pro Jahr, mehrjährige Kultur.
		Steinklee (Meliotus albus)	300	1-2	Tiefwurzler, gewaltige Grünmasse, Stickstoffsammler, vertreibt Mäuse durch Cumaringehalt, Bepflanzung von Baumscheiben. Mehrjährige Kultur,
	Ab März	Tagetes mit Ringelblume (Calendula)	300	2-3	zur Regeneration bei Nematodenproblemen, dazu Blumenschmuck.

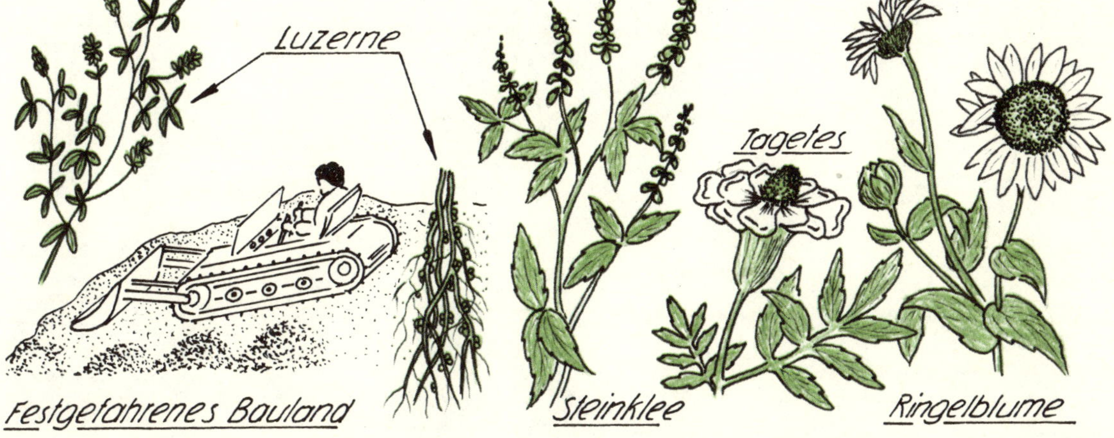

Leguminosen

Die große Familie der Leguminosen ist unsere beste und billigste Stickstoffabrik.
Mit Hilfe bestimmter Bakterienarten gelingt es den Leguminosen, den in der Luft reichlich vorhandenen Stickstoff pflanzenverfügbar zu machen.
Ihre Wurzeln sollen darum im Boden bleiben.

Im Anbau vertragen sich Leguminosen untereinander und nacheinander nicht.

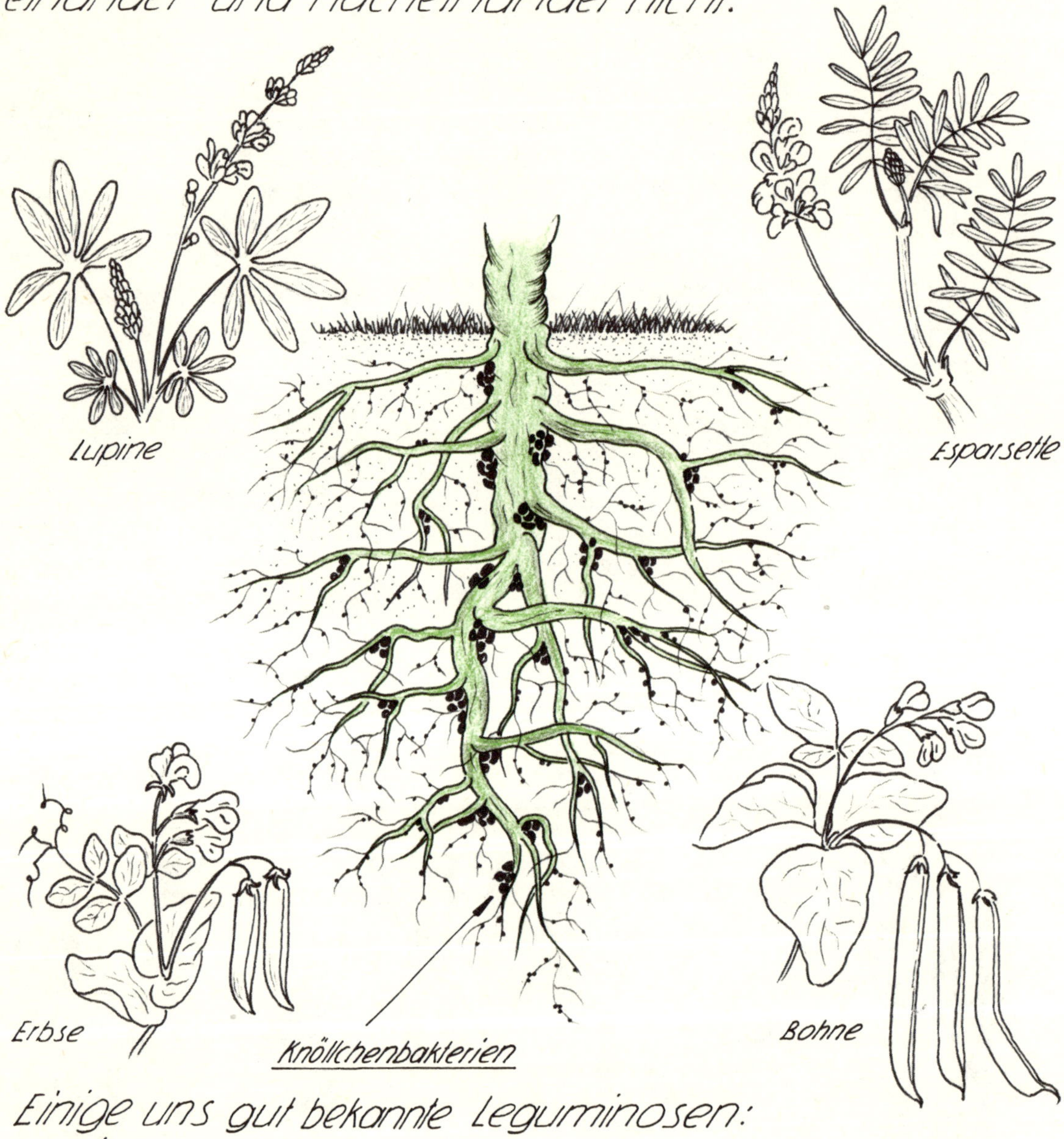

Einige uns gut bekannte Leguminosen:
Lupine, Serradella, Luzerne, Esparsette, Rotklee, Weißklee, Sommerwicke, Winterwicke, Erbse und alle Bohnenarten.

Stickstoffbindung durch Leguminosen

Wurzelknöllchen beherbergen symbiontische Bakterien, die Luftstickstoff binden können.

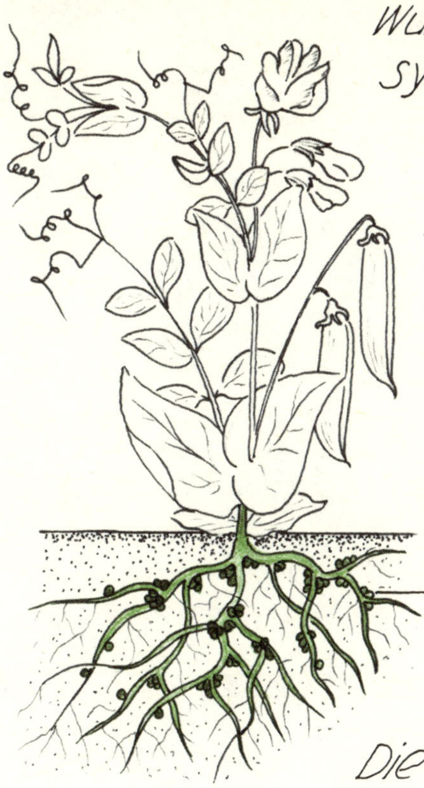

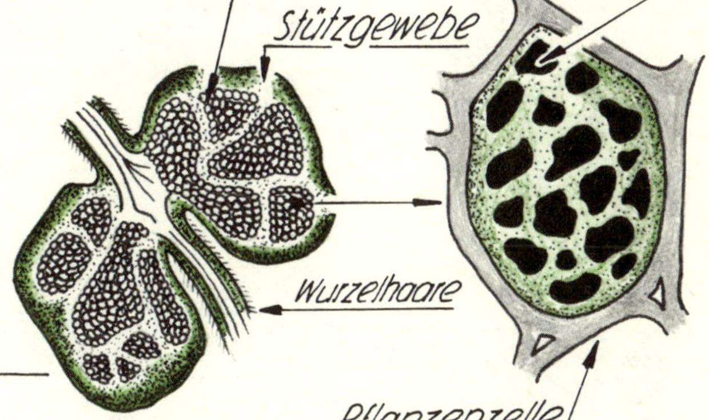

Die Bakterien dringen an den Wurzelhaaren in die Pflanze ein und veranlassen sie, ein Knöllchen, sozusagen ein Haus, für sie zu bauen. Die Pflanze versorgt die Knöllchen mit Nährstoffen, die Knöllchenbakterien wandeln dafür Stickstoff aus der Luft (N_2) in organischen gebundenen Stickstoff um.

Die verschiedenen Leguminosen produzieren bis zu 300-400 Kg Stickstoff pro ha; völlig ausreichend für den eigenen Nährstoffbedarf der Leguminose, ja sogar für die Folgefrucht. Voraussetzung ist ein lockerer Boden und ein ausreichender pH-Wert.

Perserklee

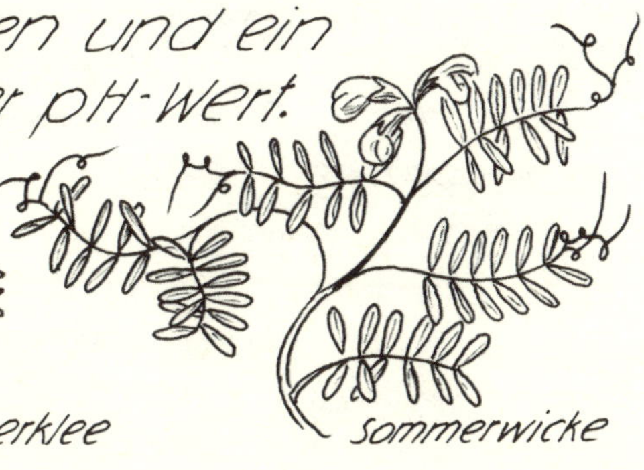

Sommerwicke

Esparsette

Die Ackerbohne

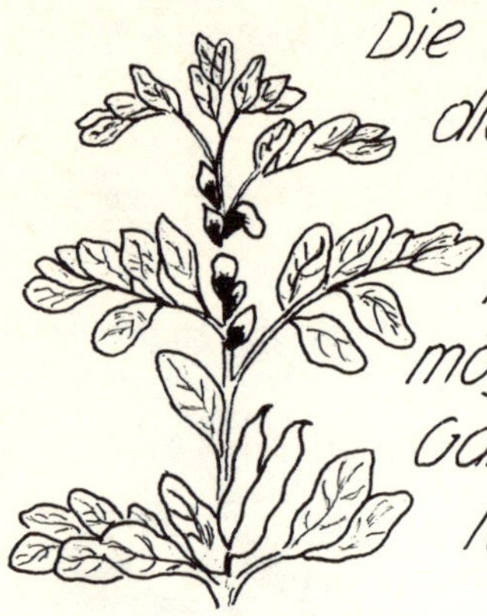

Ackerbohne

Die Ackerbohne ist in unseren Gärten die vielfältigst einsetzbare Leguminose. Durch ihre teilweise Frosthärte ist ein frühes Ausbringen (Februar, März) möglich. Sie kann während des ganzen Gartenjahres in jede Lücke als Vor- und Nachfrucht angebaut werden.

Düngend stehen hier Ackerbohnen als Vorfrucht vor Starkzehrern. Wollen wir Ende Mai - Anfang Juni Gurken, Spätkohl, Sellerie oder Tomaten pflanzen, schneiden wir einige Ackerbohnen ab, lockern gut und säen oder setzen Pflanzen in diese Lücke. So steht die kleine Gemüsepflanze geschützt vor Wind und starker Sonneneinwirkung. Je nach Platzbedürfnis entfernen wir nach und nach die restlichen Ackerbohnen.

Wir können die Ackerbohnen bei der Gertrud-Franck-Mischkultur statt Spinat zwischen die Gemüsereihen säen. Durch ihre tiefen Wurzeln lockert die Bohne den Boden und versorgt ihn mit Humus, was dem Gemüse des nächsten Jahres zugute kommt.

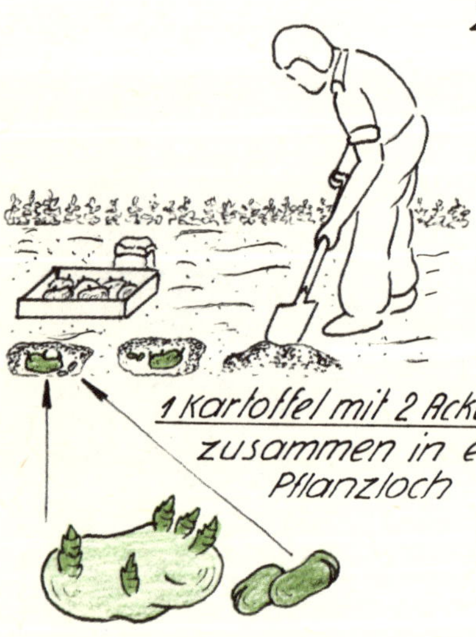

Im Handel gibt es kleine Ackerbohnen, die sich für diese Aktionen besonders gut eignen.

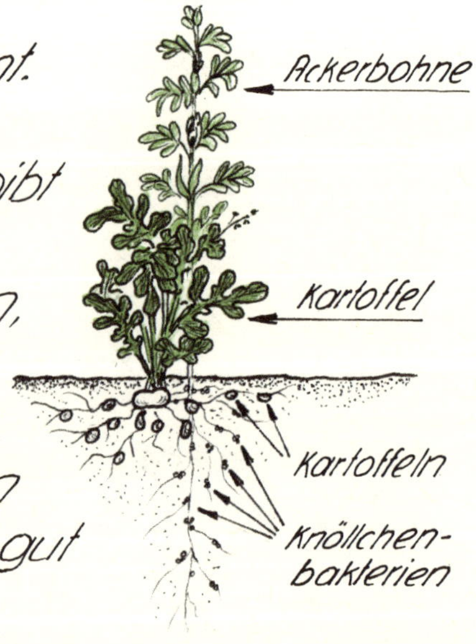

Düngung

In diesem Kapitel beschäftigen wir uns mit der organischen Düngung, den Hauptnährstoffen der Pflanzen, den Spurenelementen, dem pH-Wert, Algenkalk, Bentonit und den Gesteinsmehlen.

Düngung

Beginnen wir den Garten von konventionell auf biologisch umzustellen, sollten wir uns informieren welche Nährstoffe fehlen. Günstig wäre es, eine Bodenanalyse vornehmen zu lassen.
Im biologischen Gartenbau ernähren wir nicht die Pflanzen direkt mit leicht löslichen Mineralsalzen, sondern füttern die Bodenlebewesen. Das führt zu einer harmonischen Versorgung der Pflanzen mit Mineralstoffen.
Die beste Nahrung für diese Bakterien, Pilze, Insekten und Würmer sind Kompost, Gründüngung und Bodenbedeckung in feiner Form (öfter 1cm dicken Rasenschnitt oder zerhackte (Wild-) Kräuter streuen). Trotzdem dauert es, je nach bisheriger biologischer Aktivität, 2-3 Jahre, bis sich reges Bodenleben aufbaut.

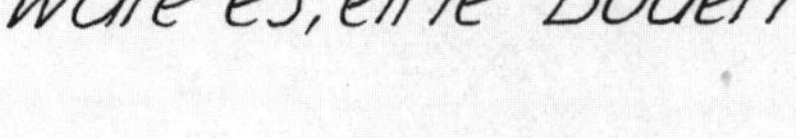

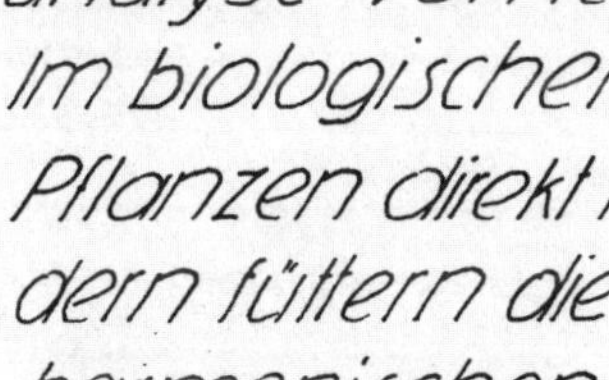

Zu den wertvollsten Bodenlebewesen gehört zweifellos der Regenwurm, den die Natur zum Pflügen, Belüften und Düngen des Bodens einsetzt.

Damit wir in der Übergangszeit durch Mißerfolge nicht entmutigt werden, sollten wir bei Bedarf organische Volldünger einsetzen.
Wir können Horn-Knochen-Blutmehl streuen oder auch Peru-Guano, Rinder- oder Hühnerdung verwenden.

Diese Dünger sind relativ schnell pflanzenverfügbar. Sie können im Frühjahr zusammen mit Steinmehl und bei Bedarf auch Algenkalk in die oberste Bodenschicht eingearbeitet werden.

falsch

Untergraben

Mist sollten wir nie untergraben, wir kompostieren ihn. Angerottete, d.h. ca. 3 Monate alte Mistkomposte und auch Pflanzenkomposte, sollten im Herbst auf dem Land ausgebreitet werden, um es abzudecken.

Die Bodenbakterien bauen aus dieser Bodenbedeckung im Herbst und Frühling die nützlichen Stoffe ab.

richtig

Ausstreuen

Die übrig gebliebenen Reste harken wir im Frühjahr kurz vor der Bestellung zusammen und bringen sie auf den Kompost.

Nährstoffanalyse des Gartenbodens verhindert Überdüngungsgefahr

Wie Untersuchungen größeren Stils der Lufa Hameln 1984 gezeigt haben, sind schon länger bewirtschaftete Gartenanlagen z.T. extrem hoch mit Phosphor und Kali versorgt. Ein zu hoher Phosphoranteil im Boden kann eine Cadmiumanreicherung nach sich ziehen.

Zu hoher Kaligehalt hat nicht nur ökologisch bedenkliche Auswirkungen, sondern führt auch zur Wertminderung der pflanzlichen Nahrung. Eine Bodenuntersuchung ist deshalb notwendig.

Bodenproben werden an 10 verschiedenen Stellen des Gartens genommen.

Nutz- und Ziergarten sollten getrennt untersucht werden.

Mit dem Spaten 20cm tief in die Erde einstechen und diese herausnehmen.

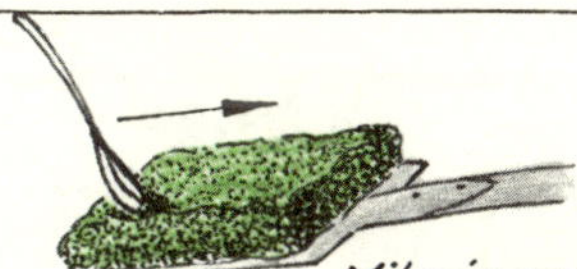

Mit einem Löffel über die gesamte Länge des Spatenblattes eine Probe abstreifen.

Die 10 Proben in einem Eimer gut durchmischen.

Davon 200 bis 500g in einen Kunststoffbeutel einfüllen.

Versandfertig machen

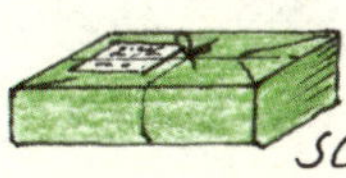

Begleitschreiben über Mängel an Pflanzen beifügen.

Die Proben werden entweder an das Institut „Balzer" (14 Untersuchungen, Adresse siehe unter „pH-Wert") oder an die jeweiligen Landwirtschaftlichen Untersuchungsanstalten (Lufa's) gesandt.

Bohrgeräte zur Entnahme von Bodenproben

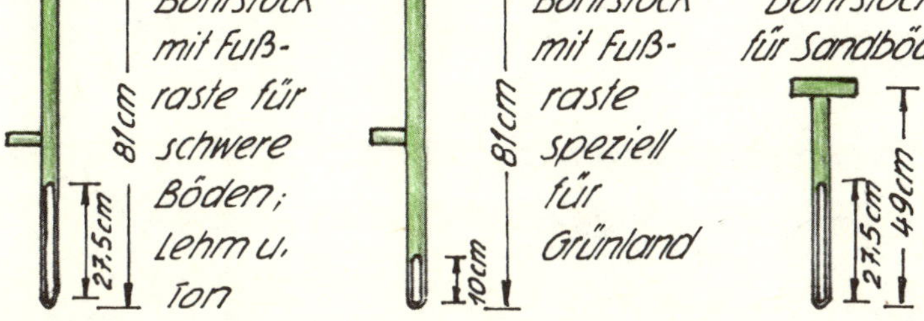

Bohrstock mit Fußraste für schwere Böden; Lehm u. Ton

Bohrstock mit Fußraste speziell für Grünland

Bohrstock für Sandböden

Diese Bohrgeräte können von Untersuchungsstationen bezogen werden. Sie sind zu empfehlen für Gartenkolonien oder Gartenvereine.

Gefährliche Herbstdüngung

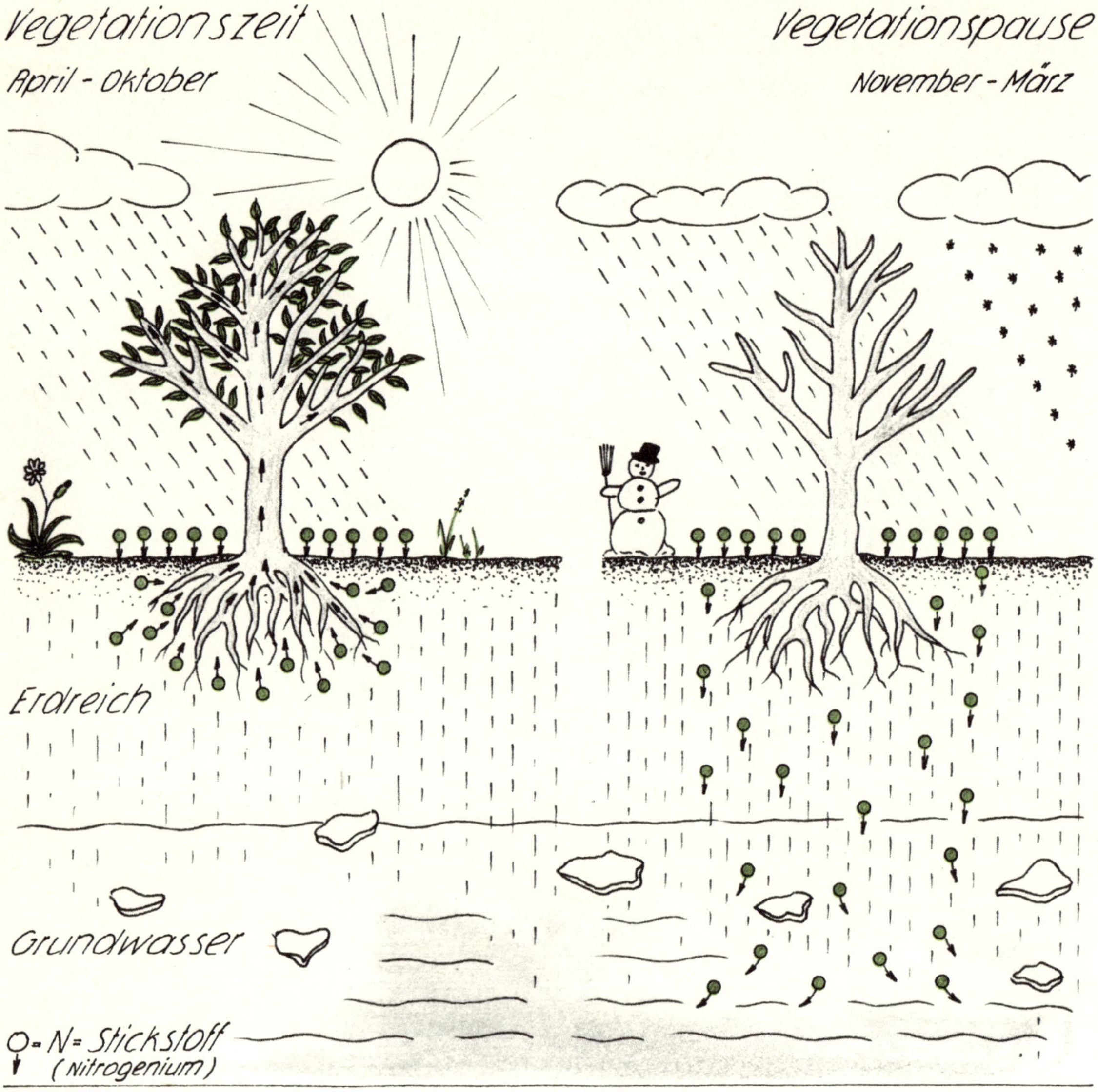

Während der Vegetationszeit werden die maßvoll angewandten organischen Stickstoffdünger (N) für das Wachstum der Pflanzen verbraucht. In der Vegetationspause nehmen die Pflanzen keinen N-Dünger auf. Darum im Herbst keine N-Düngung (mineralische oder organische Volldünger, Mist und Gülle) geben, keinen stickstoffreichen Gründünger untergraben.

N-Düngen im Herbst und Winter bedeutet Dünger ans Grundwasser abzugeben.

Wirkung der organischen Düngung auf die Pflanzengesundheit

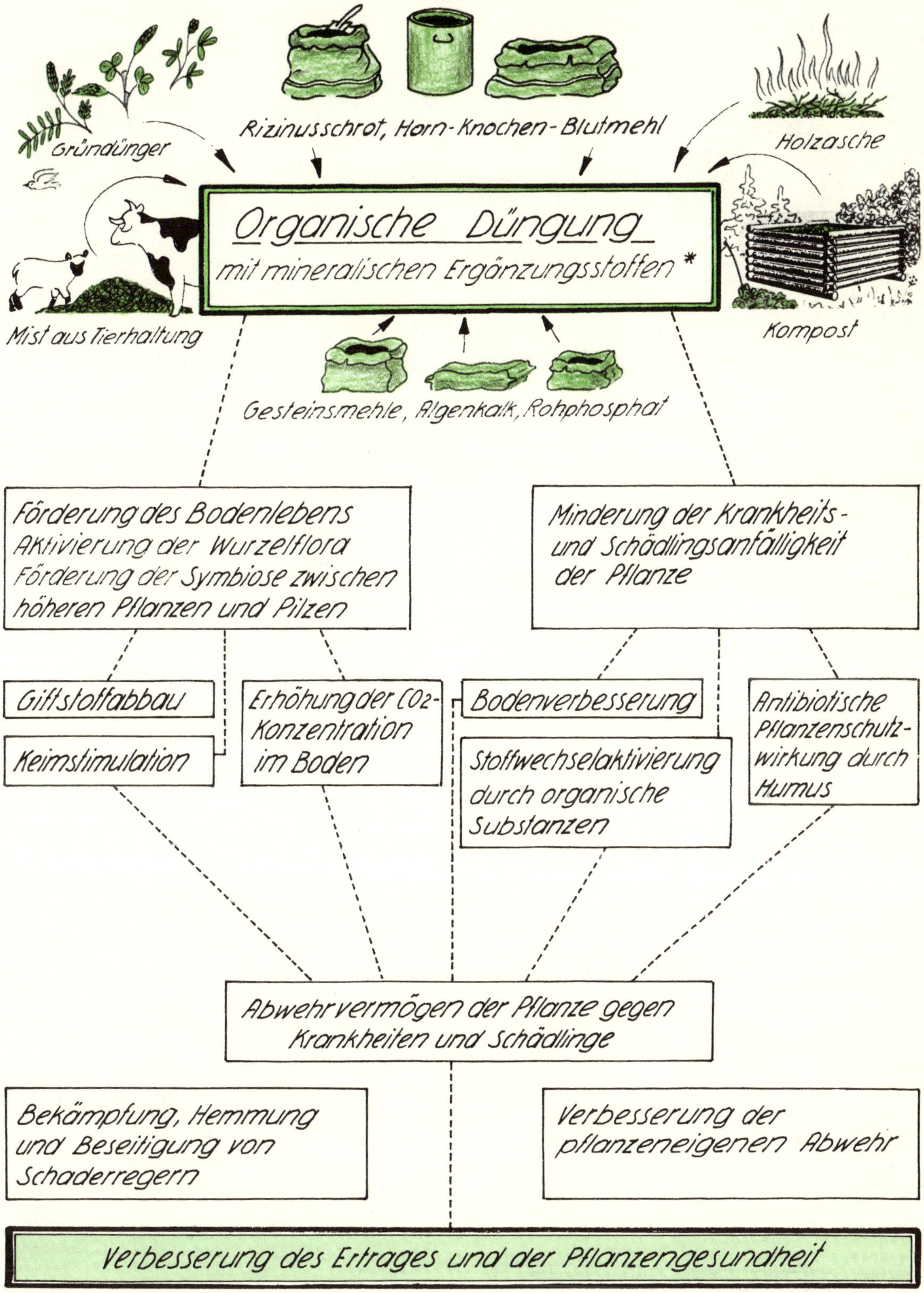

*in nicht wasserlöslicher Form; diese müssen erst vom Bodenleben aufgeschlossen werden.

Die Bildung von molekularem Stickstoff (N_2) durch Azotobakter

Querschnitt durch eine Pflanzenwurzel

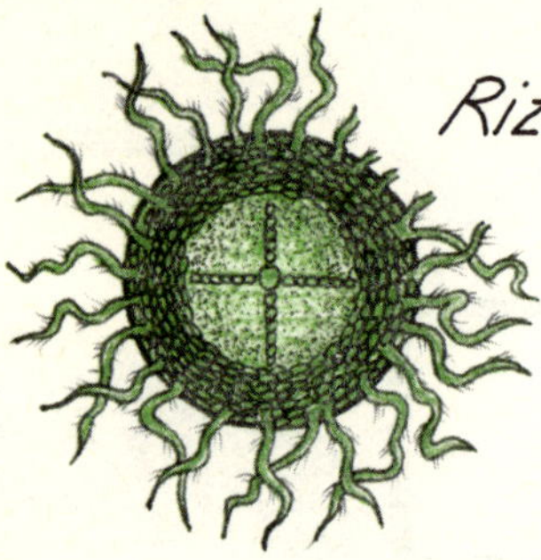

Rizosphäre - Haarwurzelsystem

↓

Milchsäurebakterien im Zusammenwirken mit

↓

Spurenelement Kobalt (Steinmehl)

↓

Bildung von Cobalamin- (Vitamin B_{12})

↓

Voraussetzung für Entwicklung von Azotobakter- Bakterien

Links (von Cobalamin): fördert die Knöllchen-bakterien → N- Vorrat!

Mitte: Bindung von molekularen N_2 im Boden → Aufnahme durch die Pflanze

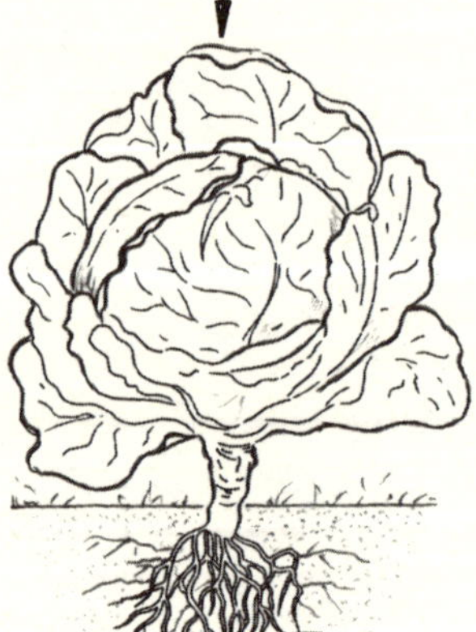

Rechts: Keine Entwicklung möglich, wenn: → Düngesalze (Säurereste) → Fäulnis im Boden → Bei O_2 Mangel → Denitrifikation

Die Hauptnährstoffe

Nährstoff	Wirkung	Erscheinungsbild bei		Vorkommen	
		Mangel	Überschuß	Natur	Handelsprodukt
Stickstoff (N)	Starkes Triebwachstum.	Gelbfärbung der Blätter, geringe Erträge.	Beeinträchtigung der Lagerfähigkeit bei Obst und Gemüse, größere Anfälligkeit der Pflanzen gegenüber Krankheiten und Schädlingen, hoher Wasser- und Nitratgehalt.	ca. 80% in der Luft, Bindung u.a. durch Knöllchenbakterien. Organisch gebunden, z.B. in Gründünger, Kompost, Stallmist.	Blutmehl, Hornmehl, oder Hornspäne, Kompost, Schweineborsten.
Phosphor (P)	Förderung der Blüten- und Fruchtbildung sowie der Reife, wichtig für die Kräftigung der Wurzeln im Frühling	Verfärbung der Blätter violett bis rotbraun.	Blockierung der Aufnahme von Spurenelementen, z.B. Eisen, Kupfer und Zink.	Rohphosphat, Knochen, Hühnermist, Schweinemist oder -gülle.	Hyperphosphat, Knochenmehl, Algenphosphat, getrockneter Hühnermist, Thomasmehl.
Kalium (K)	Fördert Wachstum, Festigkeit des Zellgewebes, Kälteresistenz und Widerstandskraft der Pflanzen.	Schlechtes Wachstum, Verfärbung der Blattränder (gelblich-rötlich). Beeinträchtigung des Wohlgeschmacks von Obst und Gemüse.	Schlechter Wuchs und Ertrag.	Alle tierischen Ausscheidungen, insbesondere Jauchen, Holzaschen, Granitstaub, gewisse Basaltmehle, auch in Laubkompost, Farnkraut und Comfrey (Beinwell), kalihaltige Salzvorkommen.	Patentkali (26% Kali und 5% Magnesium), Holzasche; Kalium sehr leicht löslich in beiden Düngern. Gewisse Basaltmehle.
Calzium (Ca)	Aktivierung des Bodenlebens, fördert Krümelstabilität im Boden. Erhöhung des pH-Wertes, wichtig für die Stabilität des Pflanzengewebes.	Übersäuerung des Bodens, schlechte Bodenstruktur, geringere Erträge von minderer Qualität.	Humusabbau, fordert großen Nachschub an organischem Material, zu hoher pH-Wert des Bodens.	Mergel, Jurakalk, Dolomit, Marmor, Algenkalk.	Düngekalk (aus Mergel oder Jurakalk), Algenkalk, Thomasmehl (mit P).
Magnesium (Mg)	Aktivierung der Enzyme für die Eiweißbildung, wichtigster Baustein für das Blattgrün (Chlorophyll).	Gelbliche Verfärbung der Blätter zwischen Rippen und am Blattrand.	Verminderte Calziumaufnahme.	Holzasche, Talk, Olivin, Serpentin, Speckstein magnesiumhaltige Salzvorkommen, Algenprodukte.	Patentkali, Algenprodukte, bestimmte Gesteinsmehle.

Einige Spurenelemente

Spurenelement	Erscheinungsbild bei Mangel	Möglichkeiten der Behebung des Mangelzustandes
Eisen (Fe)	Absterben des ganzen Pflanzengewebes bei starkem Mangel. Bei geringem Mangel gelbgrüne Verfärbung der Blätter (Chlorose); kleine braune Flecken in der Blattmitte. Störung des Fruchtansatzes.	Eisen kann durch zu hohen Kalkgehalt im Boden gebunden werden. Daher: gute Durchlüftung und Drainage des Bodens. Nur Gesteinsmehle mit geringem Kalkgehalt bei der Kompostierung verwenden. Komposte aus Torf, Laub oder Rindenabfällen verwenden.
Kupfer (Cu)	Hellgrüne bis gelbgrüne Verfärbung der Blätter. Blattspitzen werden trocken und hängen als trockene und verdrehte Teile herab, auch zusammengerollte Blätter möglich. Geringe Halmfestigkeit beim Getreide. Keine Samenbildung.	Zu hoher Phosphorgehalt im Boden kann zur Blockierung von Kupfer führen. Daher Phosphorgehalt im Boden beachten. Kupfer ist in geringen Mengen in Gesteinsmehlen (Basalt, Urgestein) enthalten sowie in Algenprodukten. Bewährt hat sich auch das Einlegen von Kupferstücken in den Vorratsbehälter für Gießwasser.
Bor (B)	Kleine und deformierte Blätter. Bei Rote Rüben verkorkte Stellen an Stengeln und Wurzeln. Herz- oder Trockenfäule bei Rüben. Hohle Stengel bei Blumenkohl.	Verwendung von Algenmehl und Gesteinsmehlen bei der Kompostbereitung. Laub- und Rindenkomposte einsetzen. Verhinderung der Austrocknung des Bodens.
Molybdän (Mb)	Schlechter Wuchs, Blattränder verfärben sich gelb bis braun, vor allen Dingen bei Tomaten und Gurken. (Molybdän ist wichtig für die Bindung von Luftstickstoff bei Knöllchenbakterien.)	Molybdän wird in saurem Boden gebunden. pH-Wert des Bodens durch Gesteinsmehle mit hohem Kalkgehalt oder Algenkalk erhöhen (direkt auf den Boden oder als Kompostzusatz). Wicken oder Luzerne als Gründüngung holen Molybdän aus dem Untergrund herauf.

Nährstoffe und Düngewirkung einiger Düngemittel

(nach ABGB/FIBL)

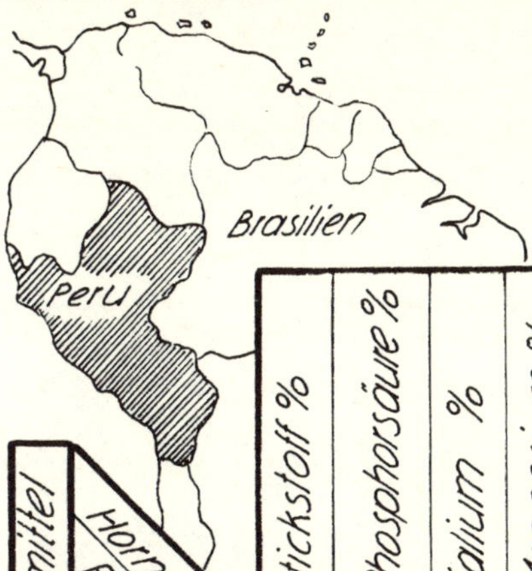

	Düngemittel	Stickstoff %	Phosphorsäure %	Kalium %	Magnesium %	Kalk %	Silizium %	Organische Substanz %	Spuren-elemente	Einfluß auf pH-Wert (Säuregrad)	Düngewirkung in % im 1. Jahr	Düngewirkung in % im 2. Jahr	Düngewirkung in % im 3. Jahr
Organische Düngemittel	Hornmehl	9-14	4-5	-	-	6	-	80-85	arm	neutral	50	30	20
	Rizinusschrot	6	2,5	1,5				70-80	mittel	neutral			
	Hühnermist	1,5	1,5	1	-	3	-	30-35	reich	neutral	75	15	10
	Pferdemist	0,5	0,3	0,4	-	0,2	-	30	mittel	neutral	60	25	15
	Kuhmist	0,4	0,2	0,5	-	0,5	-	25	mittel	neutral	45	35	20
	Peru-Guano	7	11	2,5	1	12	-	50	reich	neutral	60	25	15
	Knochenmehl	3-5	21	0,2	-	30	-	30	mittel	alkalisch	30	35	35
Anorganische Düngemittel	Thomasmehl	-	16-20	-	1-4	45-50	-	-	reich	alkalisch	25	50	25
	Holzasche	-	2-4	6-10	-	30-35	-	-	reich	alkalisch	80	20	-
	Kalimagnesia	-	-	26	5	-			-	sauer	75	20	5
	Algenkalk	-	-	-	2-3	32	-	-	reich	alkalisch	45	35	20
	Urgesteinsmehl (Gotthard)	-	0,2	2,6	2,5	10,5	55	-	reich	alkalisch	langsam		
	Steinmehl mit Magnesium	-	Spur	0,8	6,4	22	39	-	reich	alkalisch	langsam		
	Basaltmehl	-	0,9	0,6	3,8	12,5	75	-	reich	alkalisch	langsam		
	Steinmehl (Donatus)	-	0,2	2,7	0,7	8,3	49	-	reich	alkalisch	langsam		

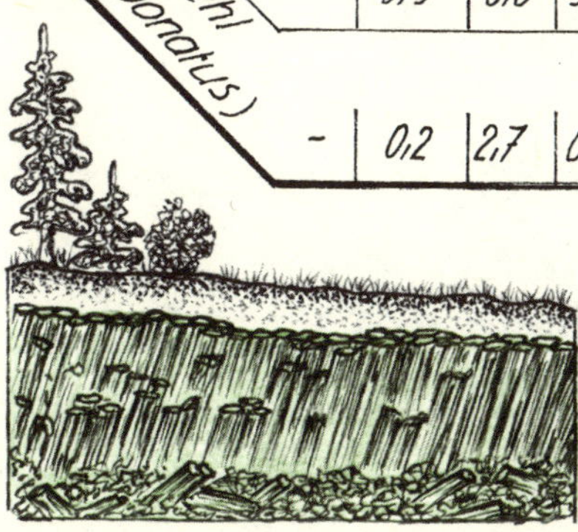

Der pH-Wert

An verschiedenen Stellen gebrauchen wir den Ausdruck pH-Wert ohne weitere Erläuterungen. Für Gartenfreunde, die genauer Bescheid wissen wollen, kommt hier eine kurze Erklärung.

Der pH-Wert ist eine Maßzahl für die Konzentration aktiver Wasserstoffionen in einer Lösung. Der pH-Wert mißt die Säure-Basen-Anteile einer Lösung. Eine Lösung nennen wir sauer, wenn die H^+-Ionen überwiegen, alkalisch wenn die OH^--Ionen in der Mehrzahl sind.

Verschiedene Pflanzen benötigen verschiedene pH-Werte (siehe Tabelle).

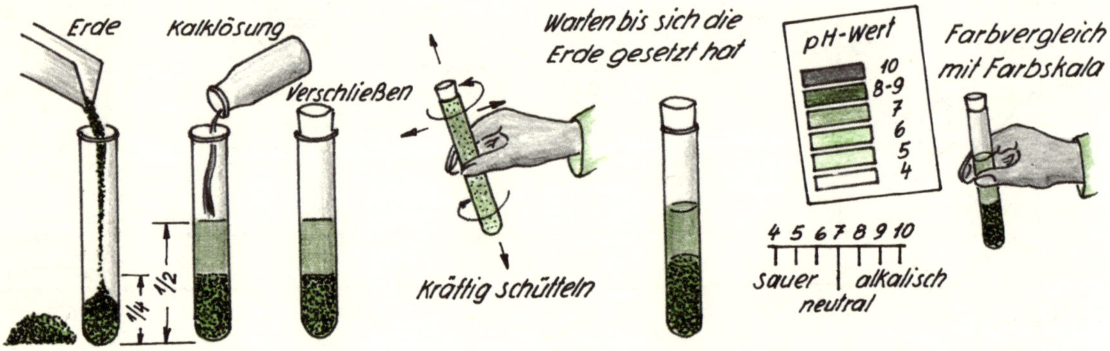

Wir können auch versuchen, den pH-Wert selbst zu messen. Wer es genau wissen will, kann eine Bodenuntersuchung machen lassen.

Bei dieser

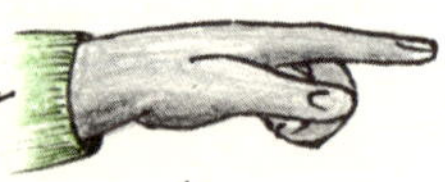

Labor für biologische Bodenuntersuchung
Dr. Fritz Balzer
Oberer Ellenberg 5 3351 Amönau

Bodenuntersuchung wird auch der Humusgehalt und eine Reihe anderer Hauptnährstoffe und Spurenelemente bestimmt.

Wegen des sauren Regens ist der pH-Wert selten zu hoch. Durch diesen Umstand und durch Anwendung von Torf sinkt der pH-Wert des Bodens bedenklich. Eine, wenn auch langsame, Veränderung zu günstigeren Werten erreichen wir durch Zugaben von Kalk (z.B. Algenkalk, Kalkstein, Hüttenkalk).

pH-Werte für Pflanzen und Boden

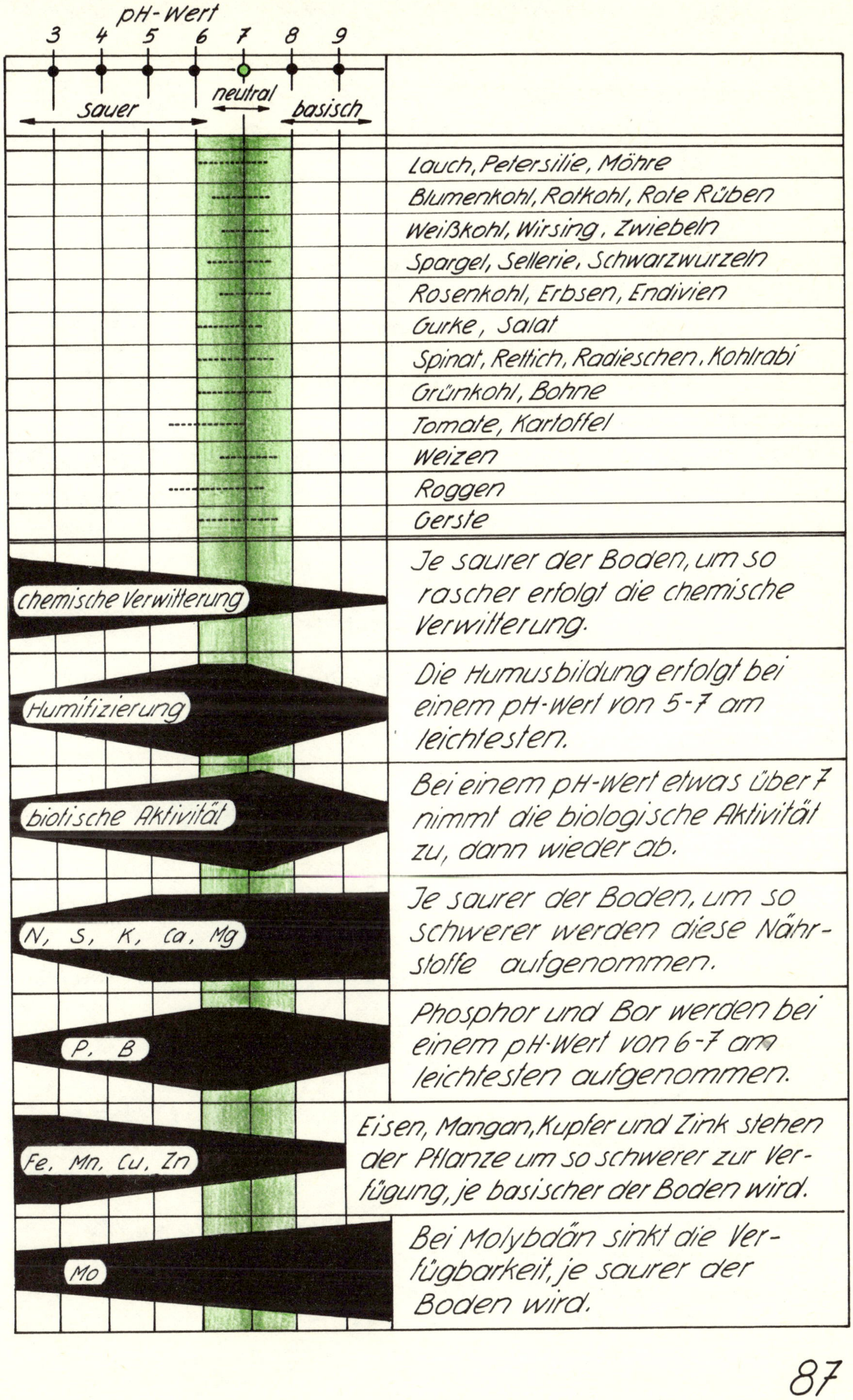

Algomin

Algomin ist ein biologisch hochaktiver Düngekalk mit hohem Magnesiumanteil. Die zahlreichen Nähr- und Wirkstoffe (Spurenelemente) im Algenkalk bringen Ergebnisse, die weit über die Wirkungen eines herkömmlichen Kalks hinausgehen.

Korall-Algen werden auf offener See in 15-60 m Tiefe geerntet, schonend getrocknet und fein gemahlen.

Algomin enthält keine Rückstände an Blei, Quecksilber Pflanzenschutzmitteln und anderen Schadstoffen.

Wirkungen:

- Außergewöhnliche Bodenlockerung durch vermehrte Bakterientätigkeit
- Verbesserung des Wasserrückhaltevermögens des Bodens
- Schnelles Erreichen des gewünschten pH-Wertes (Säuregrad des Bodens)
- Deutliche Ertragssteigerung durch bessere Aufschließung der Nährstoffe im Boden

Kartoffeln: Bessere Keimung und mehr Wohlgeschmack, sowie Erhöhung der Haltbarkeit und Resistenz gegen Schorf und Nematoden. (Mehrmaliges Überstäuben des Kartoffelkrautes.)

Gartenbau: Erhöhte Resistenz gegen Pilz- und Viruskrankheiten sowie gegen Schädlinge; mehr Wohlgeschmack und bessere Haltbarkeit von Obst und Gemüse.

Algominanwendung

Je nach Bedarf (pH-Wert kontrollieren) im naturgemäßen Landbau 250-300 Kg pro ha, 25-30 g pro m² im Gartenbau, jährlich im Herbst oder zeitigen Frühjahr auf das Land streuen und einarbeiten.

Der ideale pH-Wert beträgt bei:

Ton- und Lehmboden	6,5 - 7
lehmiger Sandboden	6,0
Sandboden	5,5

Grünland und Rasen:

Bildung artenreicher Untergräser. Rückgang an Unkräutern. Jod und andere Spurenelemente halten die Weidetiere gesund.

Bei der Kompostbereitung sollte pro m³ Kompostmasse 5 Kg Algomin eingemischt werden.

Algomin kann als Pilzverhütungsmittel und bei Spurenelementmangel entweder auf die feuchten Pflanzen gestäubt werden oder in Wasser gelöst ausgebracht werden.

Bentonit

Bentonit wird in großen Lagerstätten gefunden und abgebaut.

Bentonit enthält verschiedene Tonminerale,
davon ca. 50 % Montmorillonit,
ca. 20 % Illit,
und ca. 5 - 10 % Kaolonit.

Tonminerale besitzen die Eigenschaft, Wasser und Nährstoffe zu binden und langsam abzugeben.

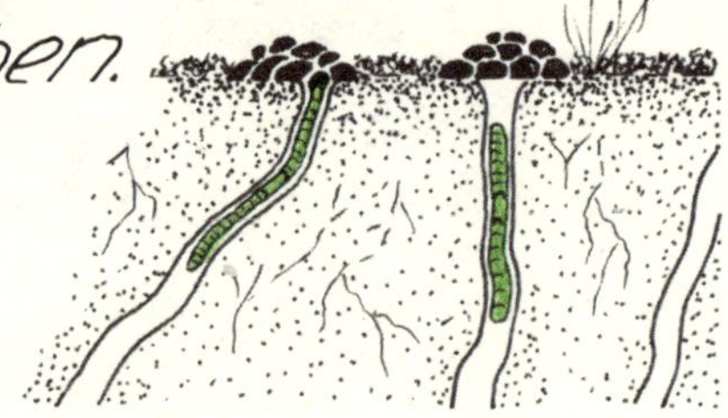

Regenwürmer bevorzugen Montmorillonit, wenn sie die fruchtbaren Ton-Humus-verbindungen herstellen.

Anwendung:

Für leichte (sandige) Böden öfter kleine Mengen aufs Land bringen, bei mittleren, leichten und kalkhaltigen Böden dem Kompost ca. 3 Kg Bentonit je m^3 zusetzen.

Bentonit ist als Haftmittel bei Spritzbrühen und Baumanstrich unentbehrlich.

Die NAB Mischung

(1/3 Netzschwefel, 1/3 Algomin, 1/3 Bentonit)
wird als Pilzbekämpfungsmittel eingesetzt.

Gesteinsmehle: Analyse und Wirkung

Unsere Böden sind durch intensiven Anbau und einseitiger Düngung an Mineralstoffen verarmt.

Magnesiummangel ruft beim Menschen Abgeschlagenheit, Kopfschmerzen und Konzentrationsstörungen hervor. Bormangel macht Kartoffeln schorfig, Möhren rissig und Rüben bekommen Herzfäule. Kalk- und Titanmangel macht Äpfel stippig. Kupfermangel macht Tiere unfruchtbar und Menschen anfällig für Knochenbrüche.

Die Gesteinsmehle enthalten viele Mineralstoffe und Spurenelemente in einem ausgewogenen Verhältnis. In den Boden gebracht, werden diese langsam verfügbar, das heißt, die Pflanze erhält allmählich durch die Aktivität des Bodenlebens die Stoffe, die sie für ihre Entwicklung benötigt.

Der hohe Kieselsäuregehalt läßt Boden, Pflanze und Mensch gesunden, verleiht Stengeln Festigkeit, hilft (fein überstäubt) gegen Pilze und andere Schädlinge und erhöht die feinen Aromastoffe in Obst und Gemüse.

Chemische Analyse

Benennung	Anteil in %	Nilschlamm
Kieselsäure SiO_2	50,31 %	50,10 %
Aluminiumoxyd Al_2O_3	15,23 %	17,70 %
Eisenoxyd F_2O_3	9,68 %	11,51 %
Natriumoxyd Na_2O	5,42 %	1,15 %
Calciumoxyd CaO	4,86 %	4,82 %
Magnesiumoxyd MgO	4,37 %	3,43 %
Kohlendioxyd CO_2	3,20 %	1,18 %
Kaliumoxyd K_2O	2,83 %	1,15 %
Titanoxyd TiO_2	1,05 %	2,20 %
Phosphor P_2O_5	0,38 %	0,24 %
Schwefeltrioxyd SO_3	0,11 %	0,25 %

Außerdem Spurenelemente in geringen Mengen: Bor, Chrom, Jod, Kobalt, Kupfer, Mangan, Molybdän, Nickel, Zink.

Anwendung:
5-7 Kg auf 100 Kg Kompost
15 Kg auf 100m²
Gartenfläche

Der Nilschlamm bildete die Grundlage der Fruchtbarkeit in den Überschwemmungsgebieten des Nils.

Steinmehlanwendung

Zum Kompost: 5-7 Kg je 100 Kg Kompost
50-70 Kg je t Kompostmasse

Im Obstbau: 10-15 Kg je 100 m² Fläche

Zum Verstäuben: 1-2 Kg je 100 m² Pflanzenbestand

Zum Spritzen: 0,3 Kg mit 10 l Wasser verrührt

Im Stall: 0,5 Kg täglich je GVE (Großvieheinheit)

Aufs Grünland: ca. 1000-1200 Kg je ha und Jahr

Für Getreide u. Hackfrucht: ca 800-1000 Kg je ha und Jahr

Für Mais: ca. 1000-1200 Kg je ha und Jahr

Im Gartenbau: 15 Kg je 100 m²

Bei Erdbeeren direkt über die Pflanzen streuen, bei Neuanlagen flach in den Boden einarbeiten.

Bei Erbsen, Bohnen und Möhren wird Steinmehl direkt über die Saat gestreut und mit Kompost zugedeckt.

Bei Stachel-, Johannis- und Himbeeren Steinmehl direkt an die Stauden streuen.

Bei Neupflanzung den Boden gut mit Steinmehl durchmischen und beim Pflanzen noch Steinmehl an die Wurzel geben. Auch bei der Obstbaumpflanzung wird so verfahren.

Auch bei der Schädlingsbekämpfung kann Steinmehl eingesetzt werden.

Humus, Kompost, Hügelbeet

An dieser Stelle steht das Wesentliche über Humus und Kompost, über Hügel- und Hochbeete.

Humus

Der Wert von Humus für die Fruchtbarkeit und Gesundheit unserer Böden ist unumstritten. Auf den meisten Äckern gibt es heutzutage nicht mehr als 2% Humus, weil Gründünger, Kompost und Mist nur noch selten eingesetzt werden. Jede Ernte verbraucht Humus. Optimale Gartenböden sollten 6-10% Humus enthalten. Den Humusgehalt unserer Böden müssen wir langsam zu steigern und zu erhalten versuchen.

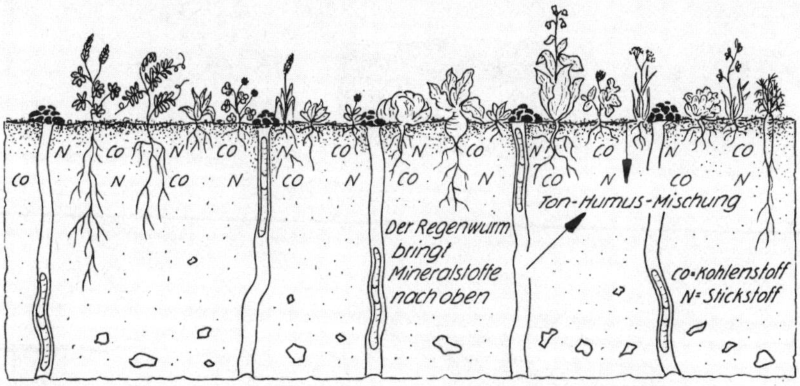

Humusbildung vollzieht sich in 2 Stufen; erst erfolgt ein Abbau organischer und mineralischer Substanz, dann erst ein Aufbau zu ganz neuen Verbindungen, dem Humus. Die Humusschicht enthält viel Kohlenstoff und Stickstoff.

Die desinfizierende, wasserhaltende, luftstickstoffbindende Kraft des humushaltigen Bodens ist für gesunde Böden und Pflanzen ungeheuer wichtig!
Darum sollten wir in unseren Gärten humusbildende Maßnahmen vornehmen wie Kompostherstellung und Gründüngung, und wir sollten den Boden mit Hilfe von Mulchmaterial stets bedeckt halten.

Ein guter Humusgehalt des Bodens wirkt vorbeugend gegen Erosionsschäden (Auswaschung, Abtragung).

wirkt feuchtigkeitsregulierend. Humus saugt das Wasser wie ein Schwamm auf und gibt es nur langsam wieder ab,

nimmt durch die dunkle Farbe Wärme gut auf und kann sie durch das poröse Gefüge gut speichern. Wir können humose Böden im Frühjahr zeitiger bearbeiten.

Die Humuswirkung auf die Bodenfruchtbarkeit

(nach Koepf)

1. Organische Bodenstoffe

Pflanzliche Rückstände, tierische Ausscheidungen

↓

Bodenleben

Nährhumus wird abgebaut und ernährt das Bodenleben. →	Dauerhumus ist beständig, verbindet sich mit den Bodenmineralien.

2. Wirkung auf die Nährstoffversorgung der Pflanze	Bodenleben bindet Stickstoff aus der Luft, Nährhumus entläßt bei der Mineralisierung Stickstoff, Phosphor, Schwefel und andere Mineralstoffe, schließt Nährstoffe einschließlich Spurenelemente aus den Mineralien auf.	Enthält Vorrat, gibt langsam verfügbare Nährstoffe ab. Lagert verfügbare Nährstoffe an und verhindert deren Auswaschung.
3. Bodenstruktur	Bodenleben trägt zur Entstehung und Stabilisierung der Bodenstruktur bei.	Macht leichte Böden bindiger, erhöht deren Wasserspeicherung, macht schwere Böden porös, verbessert deren Durchlüftung und Erwärmung, bildet Krümelstruktur.
4. Gesundheit und Qualität	Liefert Wirkstoffe, pflanzliche Hormone, Antibiotika, steigert biologische Aktivität, diese drängt Schadorganismen zurück.	Hat vielseitigen Wirkstoffcharakter, steigert biologische Aktivität, Standort einer artenreichen Mikrolebewelt, diese drängt Schadorganismen zurück.

Kompostbereitung

Verschiedene Arten Kompostbehälter

Der Komposthaufen ist das ♥ des biologischen Gartens

Kompostsilo
(Kompostbehälter)

Kompostwalm
(Kompostmiete)
Bei geringem Anfall von Kompostmaterial können hier jeweils ca. 30 cm angebaut werden.

11 Regeln für guten Kompost

1. Zu kompostierendes Material niemals in eine Grube legen! Es kann keine Luft an das Material. Kompost ohne Luft = Fäulnis und Gestank.

2. Niemals nach allen Seiten geschlossene Behälter verwenden, führt auch zu Luftmangel!

3. Niemals einen Komposthaufen auf einer festen Unterlage aus Stein, Beton etc. aufsetzen! Er braucht Erdanschluß wegen der Bodenlebewesen.

4. Grobes Material, etwa 20cm hoch, als unterste Schicht. Dann feinere Stoffe darauflegen; Grasschnitt nur ganz dünn und angewelkt einstreuen. Fäulnisgefahr!

5. Normale Gartenerde, Komposterde, Algenkalk als Verrottungsbeschleuniger wie Puderzucker über die einzelnen Schichten streuen oder dazwischen mischen. Vorsicht mit Kalkstickstoff. Er tötet anfänglich jedes Lebewesen im Kompost! Nur langsame Wiederbelebung.

6. Küchenabfälle stets mit Erde oder Steinmehl gut abdecken!

7. Vollkommene Trockenheit vermeiden! Kleinlebewesen brauchen Feuchtigkeit.

8. Den Haufen nicht zu naß machen! Dann fehlt Luft; die Masse stinkt und fault.

9. Zwiebelschalen, Schnittlauchreste, Kaffee- und Teesatz sind ideales Regenwurmfutter! Phlox und Holunder sind gute Pflanzen am Komposthaufen.

10. Durch Mischen von grünen und verholzten Teilen (auch Tierkot) kann das richtige Kohlen-Stickstoffverhältnis (C N) erreicht werden. Ideal ist zwischen 25-35 : 1

11. Den fertig aufgesetzten Haufen mit Laub, Heu, Stroh, Jutesäcke o.ä. abdecken, um Wärmeentwicklung zu fördern und Stickstoffverluste zu vermeiden.

Was gehört auf den Kompost?

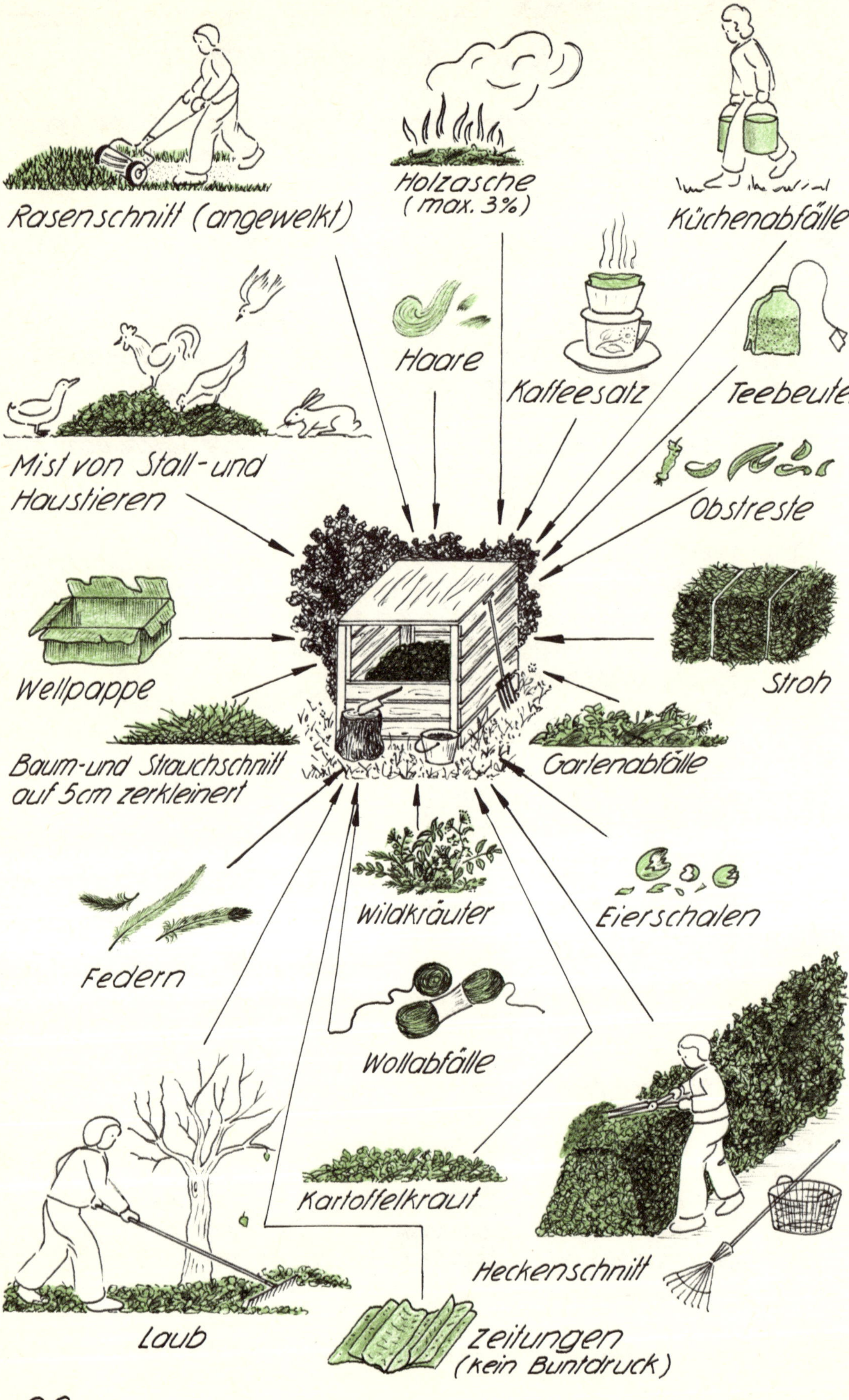

Kompostherstellung

Anfallende zerkleinerte Abfälle aus Küche und Garten in einem Silo sammeln und mit Steinmehl überstreuen.

Etwa alle 10-14 Tage das gesammelte Material mit etwas Erde, Steinmehl, Algenkalk und Hornmehl mischen und ca. 20-40 cm einer Walmmiete anbauen.

Faustprobe machen: das Material fest in der Faust zusammenpressen! Treten Wassertropfen zwischen den Fingern hervor, ist es richtig. Ist die Masse zu trocken, zerfällt diese beim Öffnen der Hand. In diesem Falle anfeuchten. Bei zu großer Feuchtigkeit trockene Zuschlagstoffe verwenden.

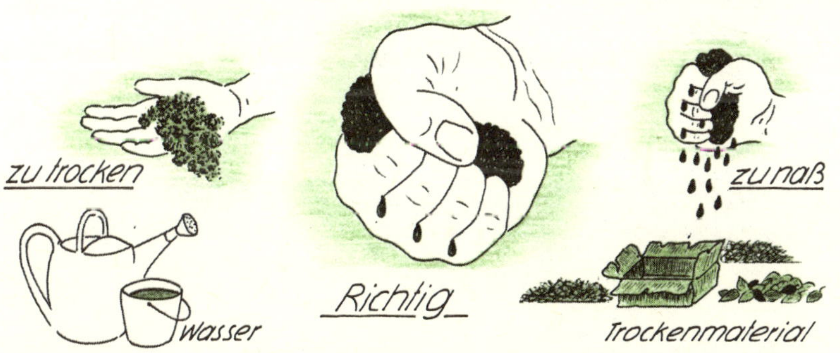

Kompostkästen sollte man lieber drei kleinere als einen großen haben. Einen zum Sammeln und zwei zum Kompostieren. Ein Deckel (Holzrost, Strohmatte o.ä.) ist in unseren Breiten erforderlich.

Deckel nicht fest montieren, sondern abnehmbar anbringen.

Der rottende Kompost muß nun beobachtet werden. Ist er zu trocken, wird angefeuchtet, (am besten mit Brennesseljauche), zu nasser, in Fäulnis übergehender, mit trockenem Material vermischt und neu aufgesetzt.

Verläuft die Rotte richtig, duftet Komposterde angenehm nach Walderde.

Es ist wichtig, die verschiedensten Materialien richtig zu mischen, damit das richtige C/N-Verhältnis entsteht.

Das richtige Verhältnis sollte etwa bei 30 liegen.

Durchschnittliche C/N-Werte

Material	C/N-Werte
Harn	0,8
Blutmehl	3,0
Strohhaltiger Rindermist	20-25
Pferdemist	25
Rasenschnitt	12-15
Küchenabfälle	12
Haferstroh	48
Weizenstroh	130-150
Sägemehl	200-500

C/N-Verhältnis = Gewichtsverhältnis von Kohlenstoff zu Stickstoff

Das heißt: in der Praxis bei Stroh, Laub und ähnlichen stickstoffarmen Materialien einen organischen Volldünger oder Dung einmischen.

Ist das C/N-Verhältnis anfänglich größer, dauert es recht lange, bis die Mikroorganismen den überschüssigen Kohlenstoff oxydiert haben und die Menge an Humus wird geringer.

Rottevorgänge

Hierbei handelt es sich um Abbau-, Umbau- und Aufbauprozesse von organischem Material unter Zufuhr von Sauerstoff.

Temperaturverlauf im Komposthaufen

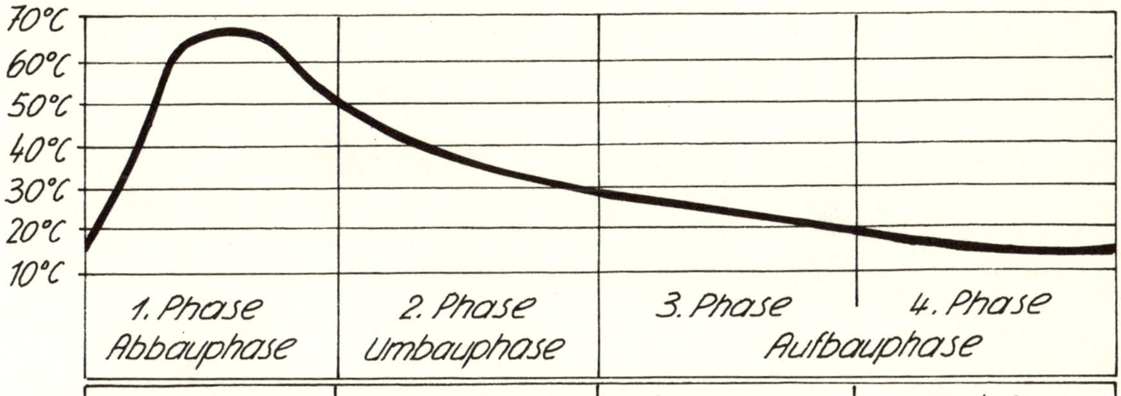

Die 1. Phase wird durch Bakterien geprägt, die durch starke Stoffwechseltätigkeit hohe Temperaturen bis nahe 70°C erzeugen und dadurch Keime und Unkrautsamen abtöten.	In der 2. Phase durchziehen Hutpilze das Material und wandeln im abkühlenden Kompost Stoffe um.	Die 3. Phase wird von Kleintieren bestimmt, die das Material zerkleinern (Asseln, Milben, Springschwänze, Würmer usw.)	In der 4. Phase kommt der Mistwurm und stellt die Verbindung zwischen mineralischen und organischen Stoffen her.

wenn man zwischen 3. und 4. Phase (nach ca. 3 Monaten) den Kompost einmal umsetzt, beschleunigt man die Rotte.

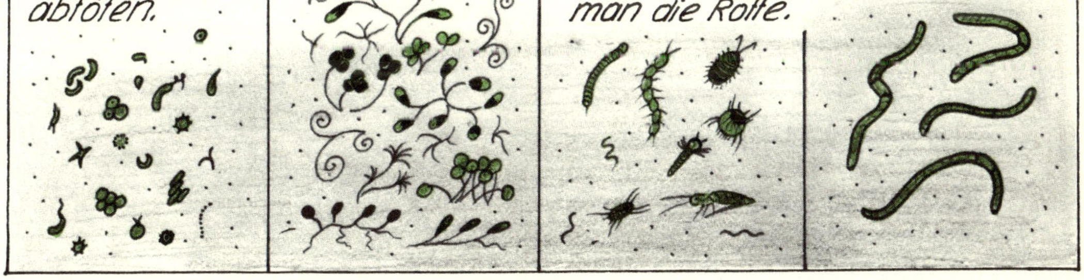

Die äußere Schicht im Komposthaufen erwärmt sich nicht so sehr, verrottet darum auch schlecht. Vorteilhaft wird deshalb eine Schicht von ca. 10cm Heu oder Stroh auf die neue Miete gelegt, dadurch erhitzt sich das gesamte Material.

Kompostanwendung

Nach ca. 3-4 Monaten (je nach Jahreszeit) ist das Material angerottet (vorverdaut). Es kann nun zur Flächenkompostierung genutzt werden.

Bei zu magerem Kompost müßte gleichzeitig Stickstoff in Form von Hornknochenblutmehl oder Rizinusschrot (500g pro Karre Kompost) gestreut werden.

Hat man im Herbst genügend angerotteten Kompost, können abgeerntete Flächen damit bedeckt werden.

Im ausgehenden Herbst und im frühen Frühjahr verarbeiten die Bodenbakterien (je nach Bodentemperatur) das meiste Material. Die Reste werden im Frühjahr abgeharkt.

Vererdeter Kompost muß zur Anzucht von feinen Saaten gesiebt in die Beetoberfläche eingeharkt werden.
Zur Pflanzenanzucht in Kästen oder Töpfen mit Sand und Torf vermischen.

Mistkompost

In den älteren Gartenbüchern wurden Mistkomposte besonders hoch bewertet. Auch heute noch ist Mistkompost für Starkzehrer und Setzlingsanzucht eine feine Sache. Bedenklich ist die Verwendung von Mist aus der Massentierhaltung (Verwendung von Pharmaka u.ä.).

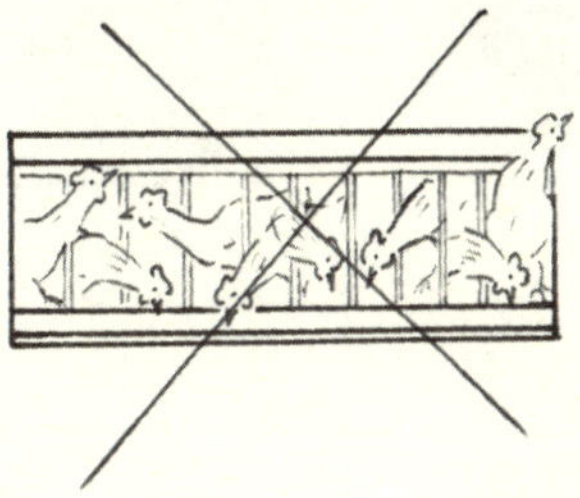

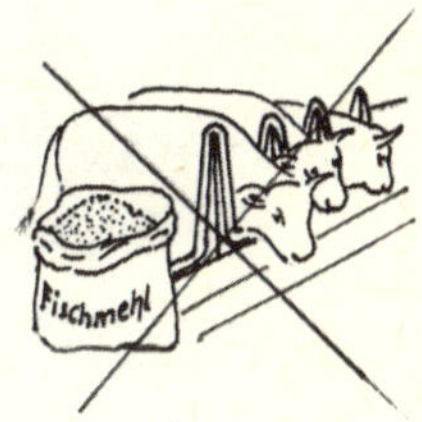

Am wertvollsten ist der Rindermist, aber auch andere Mistarten sind gut zu verwerten.

Frischer Mist sollte schnell verarbeitet werden. In Miete oder Silo soll er, vermischt mit Steinmehl und Erde, aufgesetzt werden.
Wird er mit grünem Kompostmaterial gemischt, muß Algenkalk dazukommen.

Die Höhe einer Kompostmiete aus Pferdemist sollte nicht über 80 cm liegen, weil die Erhitzung sonst zu groß wird.

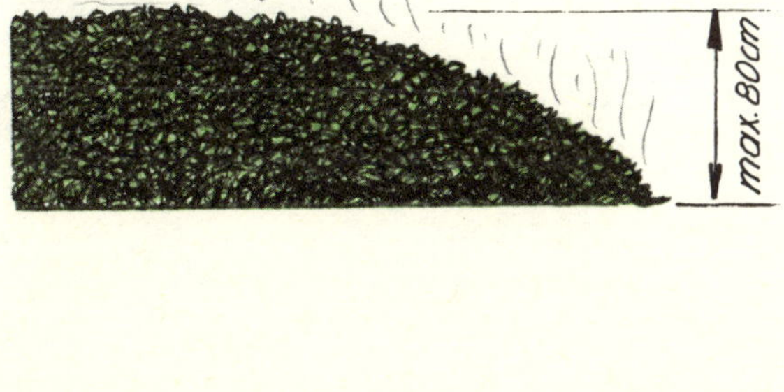

Besondere Kompostierungsmethoden

Biologisch-dynamische Kompostherstellung

Gemischtes Kompostmaterial oder Mist wird zu einer Miete aufgesetzt.

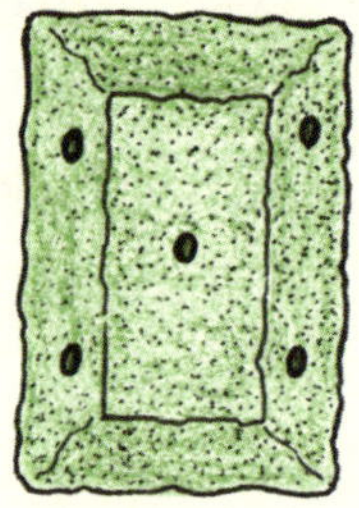

Mit Hilfe einer Stange bohrt man bis zur halben Höhe der Miete 5 Löcher. In diese gibt man kleine Mengen der Heilpflanzenpräparate Schafgarbe, Kamille, Brennessel, Eichenrinde und Löwenzahn. Die Löcher müssen danach gut verschlossen werden.

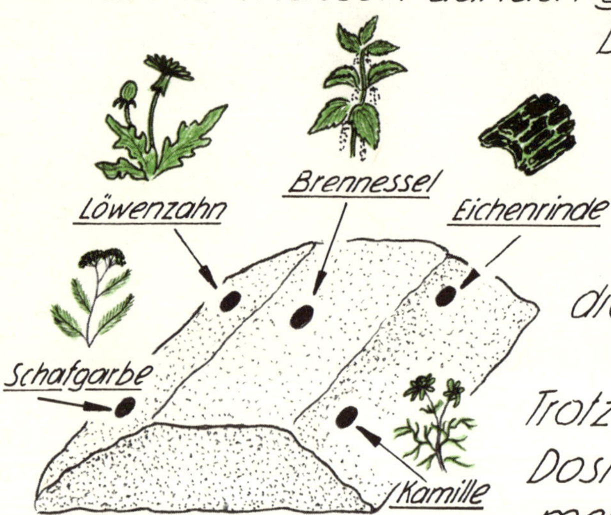

Das 6. Präparat, das ist Baldrianblütenextrakt, wird in handwarmem Wasser 10 Min. gerührt und fein über die fertige Miete gesprüht.

Trotz der homöopathischen Dosis ist die Wirkung groß, mehrere Untersuchungen belegten dies. Der Kompost erhitzt nicht so stark, der Feuchtigkeitsverlust ist geringer, die Miete fällt nicht so stark zusammen und der Bakterienbesatz ist hoch. Festgestellt wurde, neben vielen weiteren Vorzügen, eine verkürzte Rottezeit und eine starke Besiedlung mit Kompostwürmern.

Die Quick-Return-Methode

Die Engländerin M.E. Bruce dachte sich eine Methode der Schnellkompostierung aus. Dafür entwickelte sie einen Kräuteraktivator, der die Rotte beschleunigt und in der Bundesrepublik Deutschland über die Abtei Fulda zu beziehen ist.

Bei dieser Methode wird 1m³ Pflanzenmaterial benötigt

Trockenes und feuchtes Material mischen

2 Kg Steinmehl und 0,5 Kg Hornspäne pro Schicht einklopfen

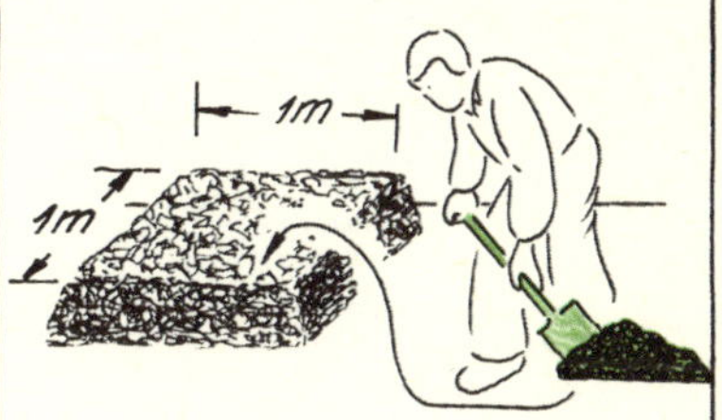

1cm Garten- oder Komposterde darüberbreiten

Es folgt 1 Kg Algenkalk

25% des in ½ l Wasser gelösten Aktivators auf die Schicht sprengen

4 Schichten dieser Art herstellen, die 5. wird nur mit 4 cm Erde bedeckt

Mit Säcken, Stroh oder Heu und regengeschützt abdecken

Innerhalb von 24-48 Std. bildet sich Wärme von 60-65°C. Ist die gewünschte Temperatur erreicht, werden alle Wärmehüllen entfernt, damit keine Überhitzung eintritt.

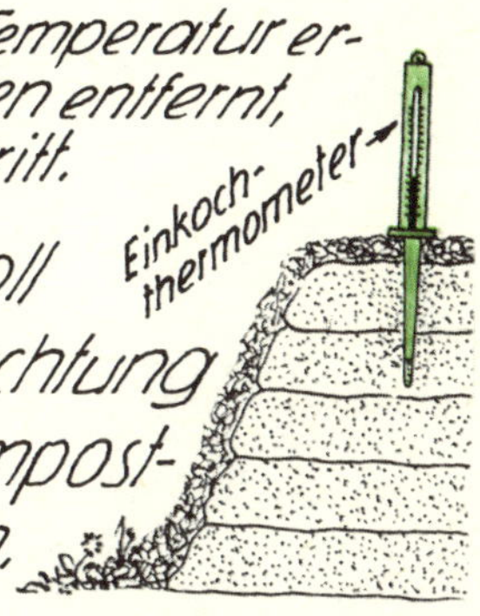

Je nach Jahreszeit soll bei sorgfältiger Beobachtung nach 3-6 Monaten Komposterde vorhanden sein.

Hügelbeet

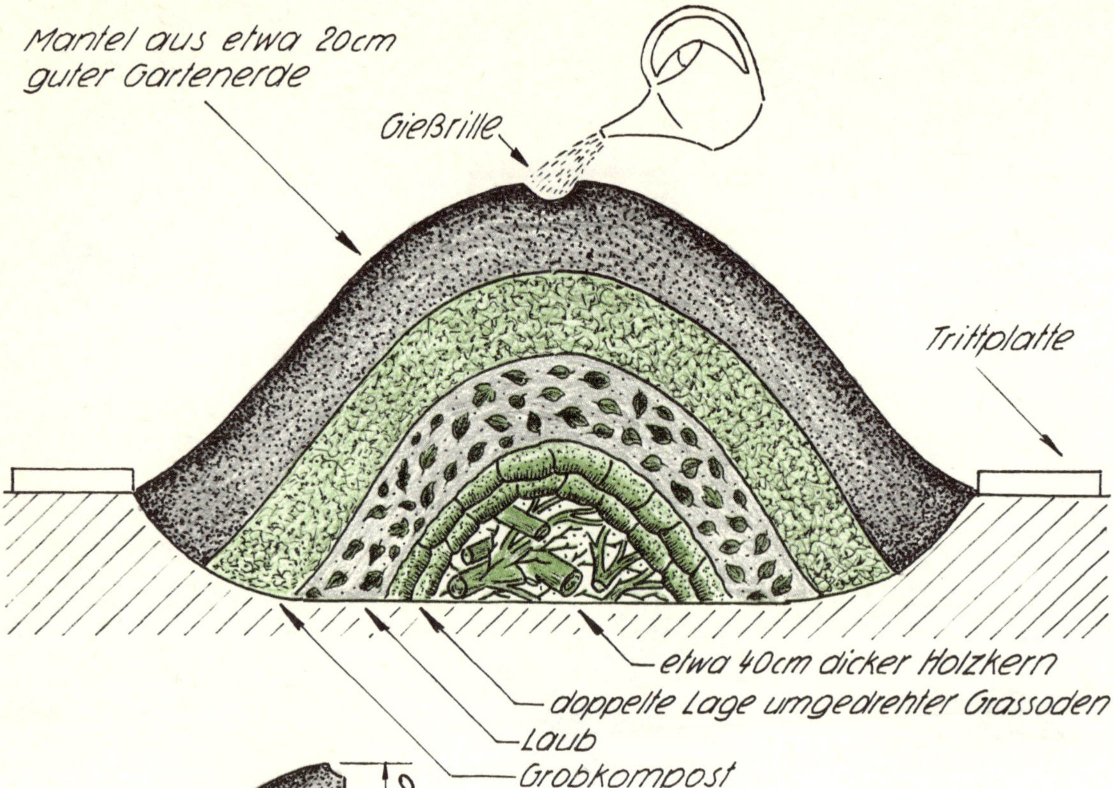

Mantel aus etwa 20cm guter Gartenerde
Gießrille
Trittplatte
etwa 40cm dicker Holzkern
doppelte Lage umgedrehter Grassoden
Laub
Grobkompost

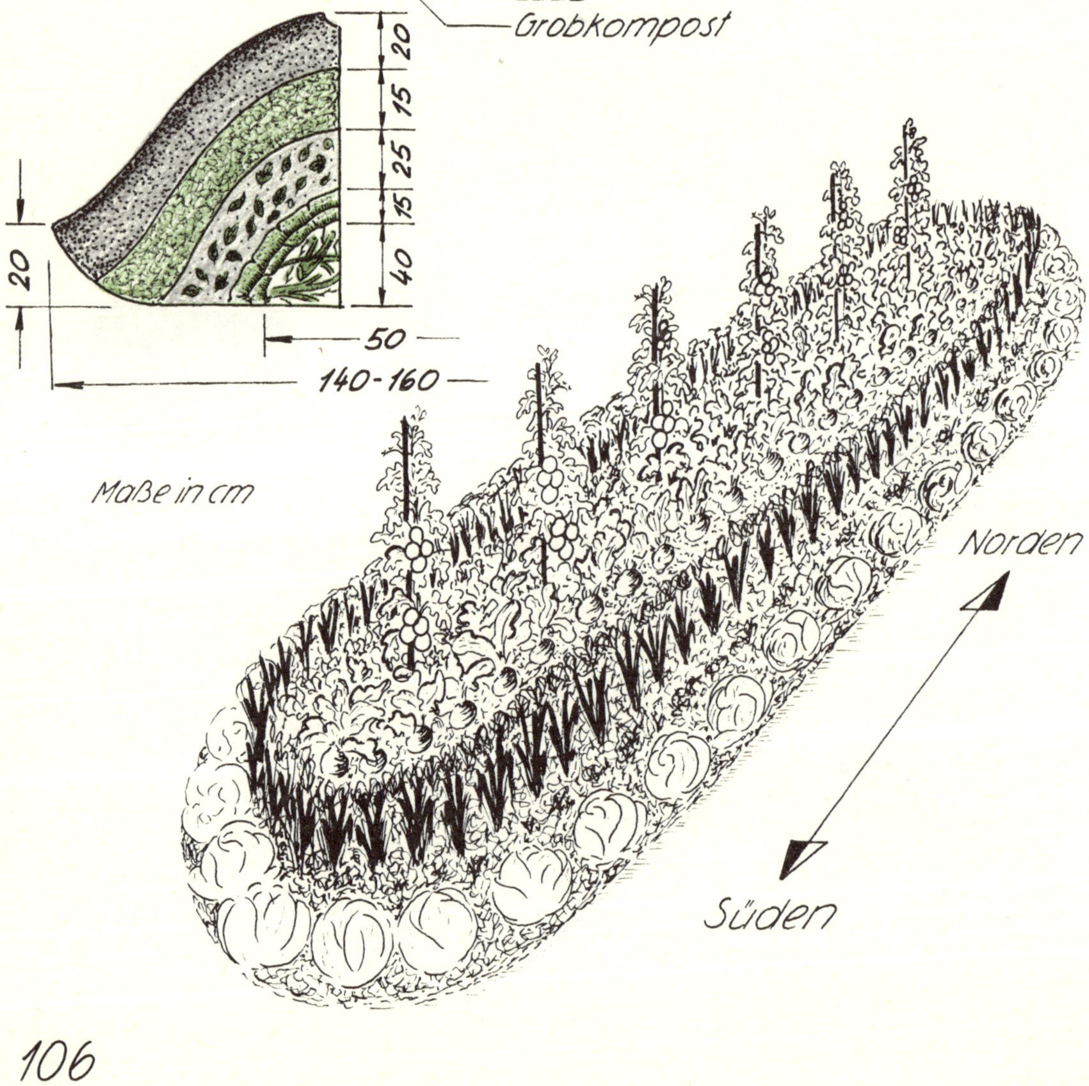

20
15
25
15
40
20
50
140-160
Maße in cm
Norden
Süden

Der Bau eines Hügelbeetes

Das Hügelbeet ist eigentlich ein Haufenkompost. Adolf Hoops setzt in seinem „Biomodell Düshorn" Hügelbeete mit Holzkern im Freiland und 1 m breite Hügel in Gewächshäusern mit Staudenkern in ausgereiftester Form mit gutem Erfolg ein.

Gewächshaushügel werden Stück um Stück aufgesetzt, so wie das Pflanzenmaterial anfällt. In Düshorn wird Dünger kaum zugekauft; ein echtes Recyling findet statt.

Also können auch wir im Garten, wenn wir viel Material haben, ein Hügelbeet aufsetzen.

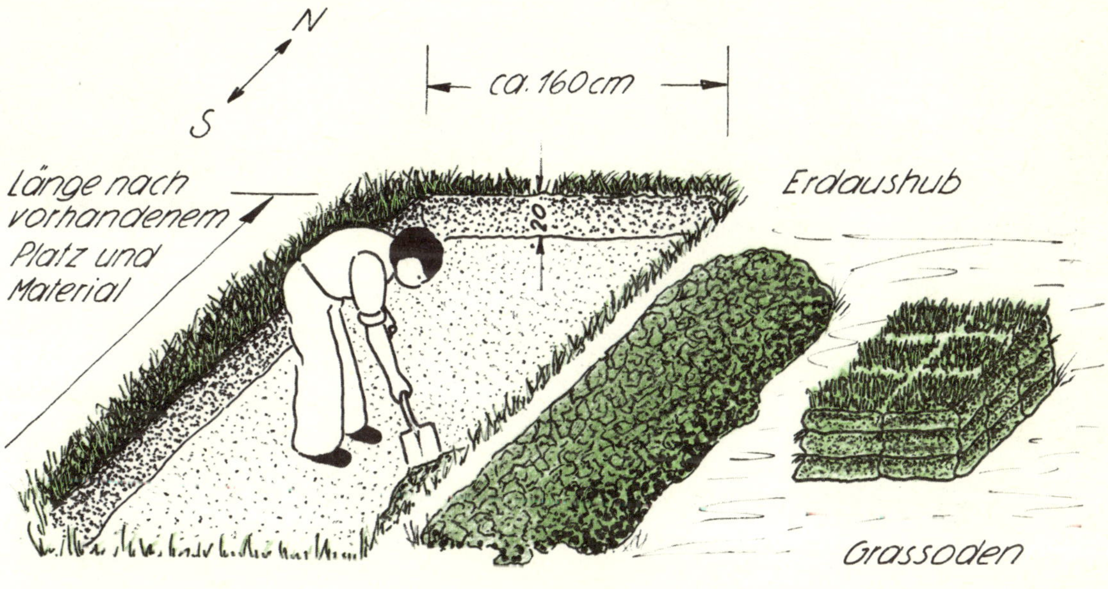

In Nord-Süd-Richtung wird in einer Breite von ca. 1,60 m und in beliebiger Länge eine Mulde von etwa 20 cm Tiefe ausgehoben. Diese Erde wird zur Seite gelegt.

Wird das Beet auf einer Grasfläche angelegt, stechen wir die Grassoden sorgfältig ab und schichten sie auf. Sie werden zum Bau des Hügels gebraucht.

Nun wird der Holzkern aus zerkleinerten Ästen und Zweigen oder ähnlichem Material ca. 50 cm breit und 40 cm hoch geschichtet. An beiden Enden muß der Holzkern kürzer sein als das fertige Beet. Die Grassoden werden dann (Grasseite nach unten) säuberlich auf den Holzkern geschichtet und geben so dem Hügel die richtige Form.

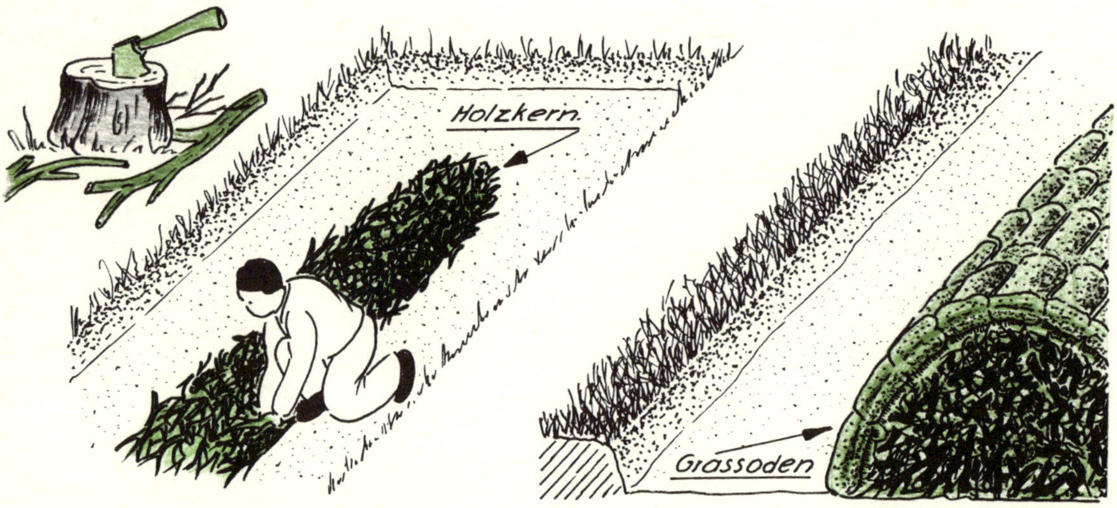

Sind keine Grassoden vorhanden, wird eine Gras- oder andere Grünzeugschicht eingebracht und mit Erde bedeckt.
Es folgt nun eine ca. 20 cm dicke Schicht aus feuchtem Laub mit etwas Erde vermischt.

Auf sie kommt die vorletzte Schicht aus jungem Kompost oder auch leicht verrottbarem Material wie Sellerie-, Kohl- und Spinatabfällen.

Zuletzt wird die ca. 20 cm hohe Erdschicht, die einen hohen Reifkompostanteil aufweisen sollte (bis zu 50%), aufgebracht.

Die günstigste Jahreszeit zum Bauen ist bei offenem Boden Februar-März, weil die Rottewärme bei Vegetationsbeginn am günstigsten ist. Doch auch im Spätherbst zu bauen ist noch recht erfolgreich.

Das Hügelbeet kann ca. 6 Jahre pflegeleicht benutzt werden, obwohl die Wärmewirkung Jahr für Jahr geringer wird.

Sehr kräftig wächst Gemüse in Mischkultur auf Hügeln. Hügelbeete vergrößern die Anbaufläche kleiner Gärten.

Im Frühling können wir recht früh mit dem Anbau beginnen, weil wir das Beet nicht betreten müssen. Legen wir gleich Schlitzfolie über die Saaten, bekommen wir frühere Ernten.

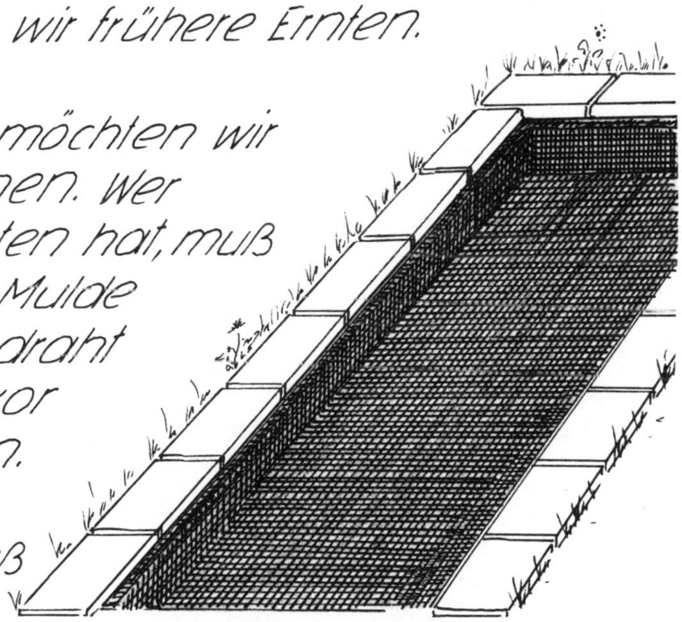

Die Schwierigkeiten möchten wir auch noch erwähnen. Wer Wühlmäuse im Garten hat, muß vor Baubeginn die Mulde mit feinem Maschendraht auslegen, um sich vor ihnen zu schützen.

Bei Trockenheit muß das Hügelbeet mehr gegossen werden als das übrige Gartenland, denn es trocknet leicht aus.
Ein ganzjähriger Bewuchs während der Vegetationszeit und ständige Bodenbedeckung (Mulchschicht) sind sehr zu empfehlen.

Hochbeet

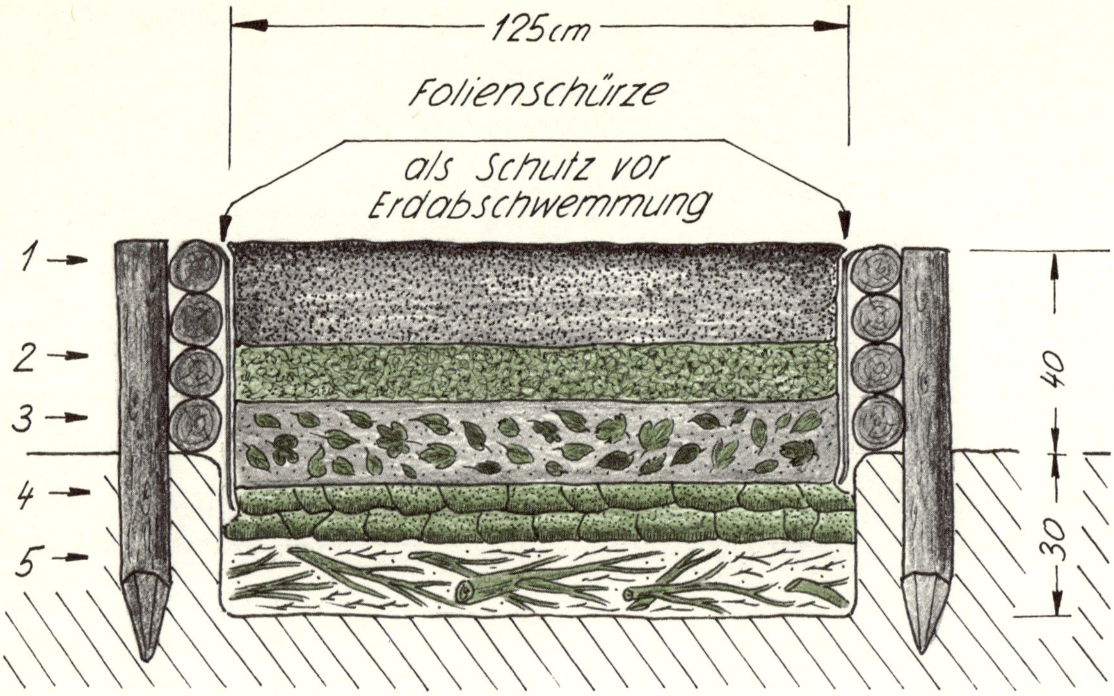

1 ca. 20 cm gute Gartenerde
2 ca. 10 cm Grobkompost
3 ca. 15 cm Laub
4 ca. 10 cm umgedrehte Grassoden
5 ca. 15 cm Äste, Zweige und holziges Material

Auf jede Schicht Gesteinsmehl und etwas organischen Volldünger geben.

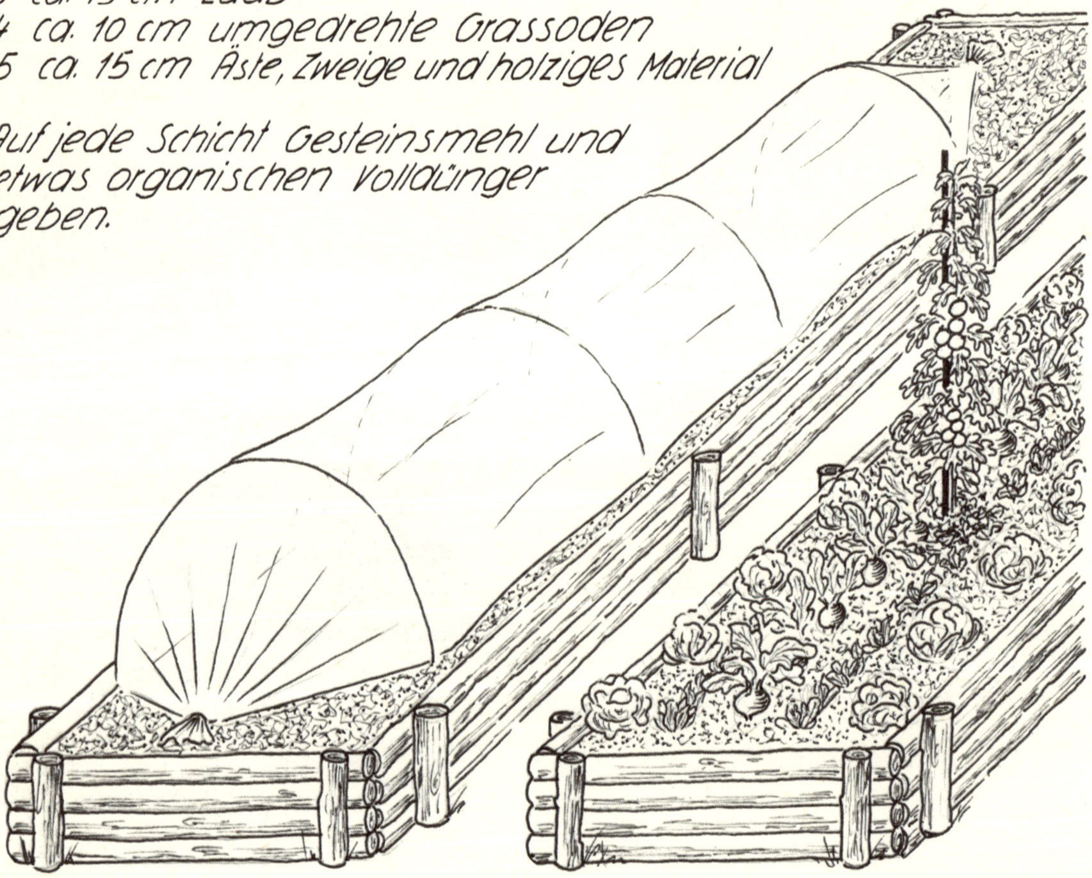

Unkräuter - Zeigerpflanzen

Vom ärgerlichen Unkraut und den nützlichen Zeigerpflanzen soll hier die Rede sein.

Unkräuter

Vielen Gartenbesitzern verursachen die sogenannten „Unkräuter" Kopfschmerzen. Ein sauberer, ordentlicher Garten ist ihr Ideal. Naturgemäß den Garten zu bearbeiten, bedeutet auch auf diesem Gebiet umzudenken.

Einige unserer „Unkräuter" sind wertvolle Heilpflanzen, andere schmecken gut als Frühlingssalate, und einem

Teil sollten wir im Garten Raum gewähren, um unseren nützlichen Insekten Nahrung und Vermehrungsmöglichkeit zu bieten.

Treten „Unkräuter" einer bestimmten Art in großen Mengen auf, sollten wir uns Fragen nach Überschüssen oder Mängel an verschiedenen Nährstoffen und Spurenelementen im Boden stellen, sollten nach Verdichtungen oder Staunässe schauen.

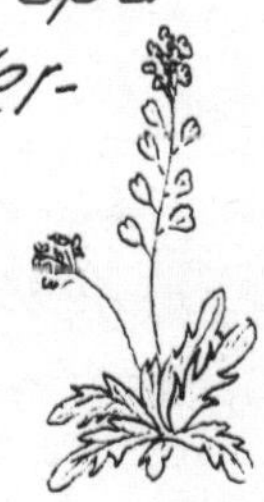

Chemische Unkrautvernichtungsmittel (Herbizide) kommen für uns nicht in Frage, weil die Rückstände vieler Mittel schwer abbaubar sind und das Bodenleben zerstören.

Hacken, Mulchen und Gründüngen lassen Verunkrautungsprobleme unserer Gärten Jahr für Jahr kleiner werden.

Maßnahmen gegen Unkraut im Nutzgarten:

- Vor jeder Aussaat den Boden flach lockern
- Reihensaat bevorzugen, um in den Zwischenräumen hacken zu können
- In den Reihen Unkraut von Hand entfernen
- Auf allen brachliegenden Flächen Gründünger einsäen
- Sobald der Boden erwärmt ist, mit Mulchmaterial ständig bedeckt halten
- Auch im Herbst und Winter den Boden flächenkompostieren oder mit Gründünger versehen

Maßnahmen gegen Unkraut im Rasen:

- Einjährige Unkräuter im neu angelegten Rasen nicht ausreißen. Mehrmals mähen, dann verschwinden sie
- Wurzelunkräuter, die wir nicht haben wollen, wie Löwenzahn, Hahnenfuß u.s.w., mit dem Messer tief und immer wieder herausschneiden
- Rasen mähen, rechen und lüften

Maßnahmen gegen Unkraut unter Bäumen und Sträuchern:

- Flach lockern
- Einsaaten und(oder) Pflanzung von Bodendeckern oder Kleearten (niedrigwachsend)
- Ganzjährig mulchen

Samenunkräuter:

Samenunkräuter haben eine ein- bis zweijährige Lebensdauer. Die riesigen Mengen ihrer Samen (Bilsenkraut bis 90000 Samen pro Pflanze) erklären ihr massenhaftes Auftreten in der Natur. Nur ein kleiner Teil der im Boden ruhenden Samenkörner kommt in einer Vegetationszeit zum Keimen und zwar dann, wenn für sie die richtigen Bodenbedingungen herrschen.

Bilsenkraut
(Hyoscyamus niger)

Franzosenkraut
(Galinsoga parviflora)

Ackerhellerkraut
(Thlaspi arvense)

Wurzelunkräuter:

Auch Wurzelunkräuter vermehren sich durch Samen. Lästiger, weil für uns schwer erreichbar, sind ihre unterirdischen oft metertiefen Wurzelausläufer. Schwer ausrottbare Vertreter sind Quecke, Löwenzahn, Giersch und viele andere mehr.

Giersch
(Aegopodium podagraria)

Löwenzahn
(Taraxacum officinale)

Quecke
(Agropyron repens)

Zeigerpflanzen

Der Vorrat an Unkrautsamen in Gärten ist, wie auch in der übrigen Natur, unerschöpflich.

Auffallend ist, daß bei Veränderung des Gartenlandes, mehr oder weniger humos, stickstoffarm oder stickstoffreich, sauer oder basisch, Unkräuter wegbleiben und neue Arten auftauchen.

Es gibt Untersuchungen darüber, welche Wildpflanzen oder Unkräuter welchen Bodenzustand anzeigen.

Die folgenden Beispiele erheben keinen Anspruch auf Vollständigkeit, können aber bei guter Beobachtung Gartenbesitzern manchen Hinweis über die Bodenbeschaffenheit geben.

Zeigerpflanzen für Bodenstruktur

für stauende Nässe

Ackerminze
(Mentha arvensis)

Kriechender Hahnenfuß
(Ranunculus repens)

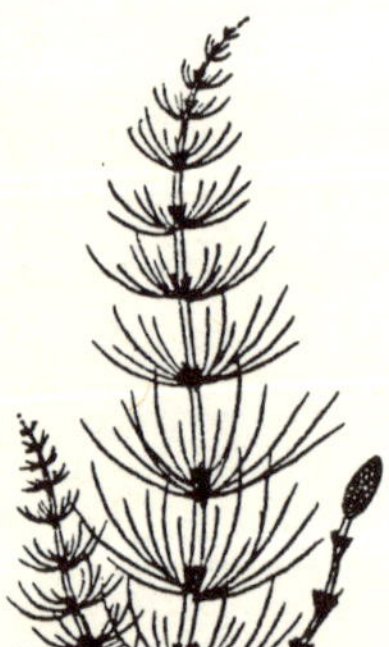

Schachtelhalmarten
(Equisetum-Arten)

Huflattich
(Tussilago farfara)

Zeigerpflanzen für Bodenstruktur

Lockere Böden, weder naß noch trocken (leichtere Böden)

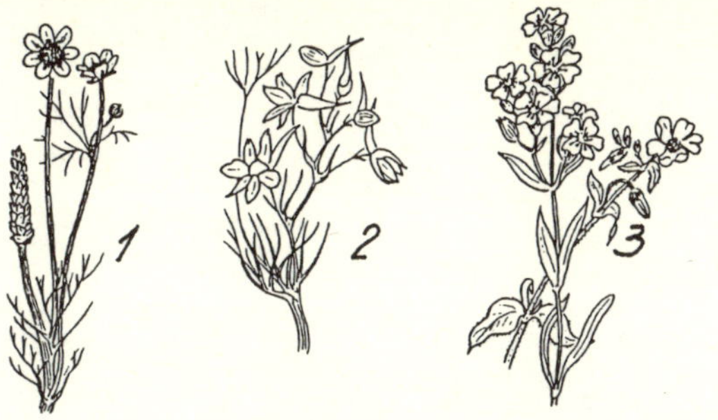

1 Sommeradonisröschen (Adonis aestivalis)

2 Feldrittersporn (consolida regalis)

3 Lichtnelkenarten (Caryophyllacea - Arten)

Schwere Verdichtung

4 Gänsefingerkraut (Potentilla anserina)

5 Breitwegerich (Plantago major)

6 Strahllose Kamille (Matricaria discoidea)

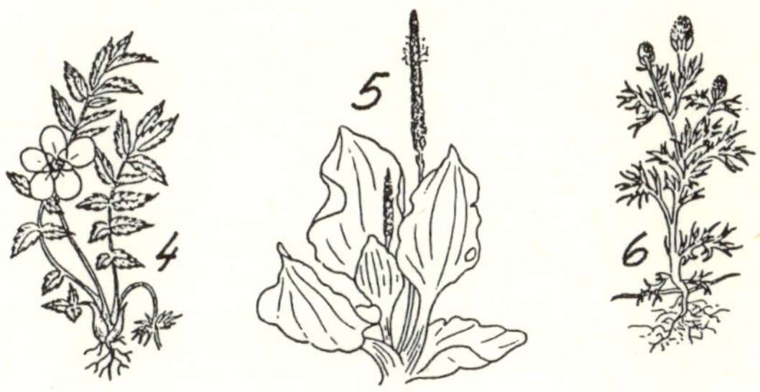

Gut durchlüftete, eher feuchte Böden

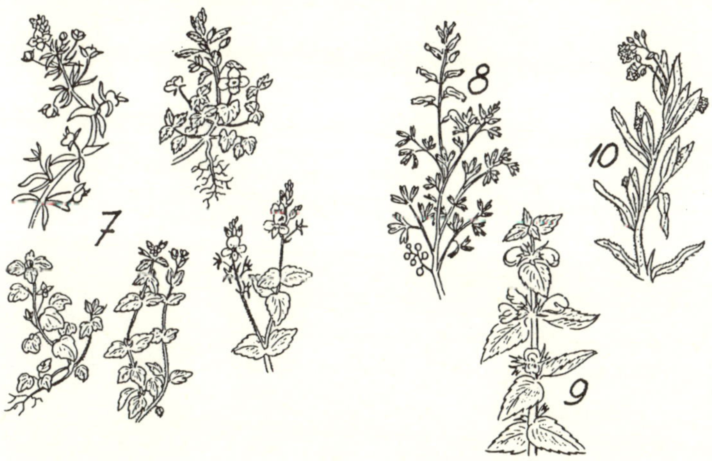

7 Ehrenpreisarten (Scrophulariaceae-Arten)

8 Erdrauch (Fumaria officinalis)

9 Rote Taubnessel (Lamium purpureum)

10 Ackervergißmeinnicht (Myosotis arvensis)

Austrocknende steinige Böden

11 Echter Frauenspiegel (Legousia speculum-veneris)

12 Reiherschnabel (Erodium cicutarium)

13 Sichelmöhre (Falcaria vulgaris)

Für sehr gare Böden (viel Humus)

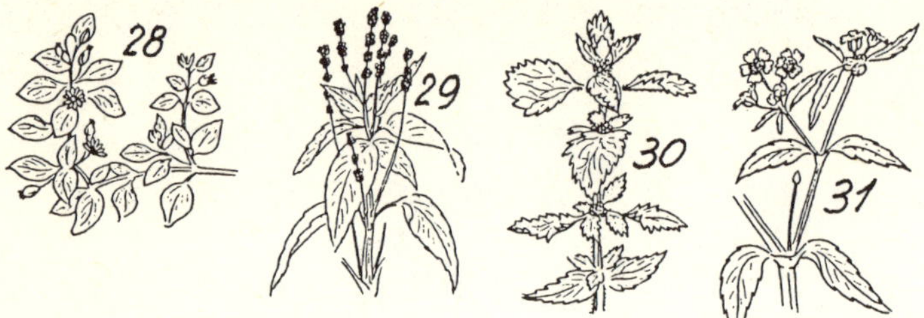

28 Vogelmiere
(Stellaria media)

29 Einjähriges Bingelkraut
(Mercurialis annua)

30 Kleine Brennessel
(Urtica urens)

31 Franzosenkraut
(Galinsoga parviflora)

32 Wolfsmilcharten
(Euphorbia-Arten)

Stickstoffzeiger

Mäßiger N-Gehalt

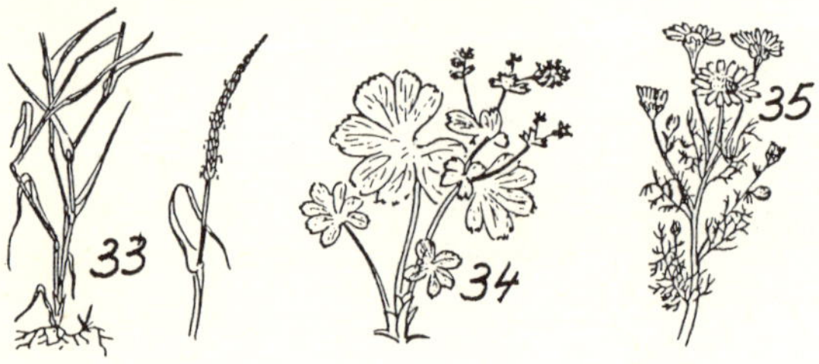

33 Ackerfuchsschwanz
(Alopecurus myosuroides)

34 Ackerfrauenmantel
(Aphanus arvensis)

35 Geruchlose Kamille
(Tripleurospermum maritimum)

Reichlicher N-Gehalt

36 Klettenlabkraut
(Galium aparine)

37 Weißer Gänsefuß
(Chenopodium album)

38 Hühnerhirse
(Echinochloa crus-galli)

39 Taubnesselarten
(Lamiaceae-Arten)

Zeigerpflanzen für Bodengare

Für sehr wenig Gare

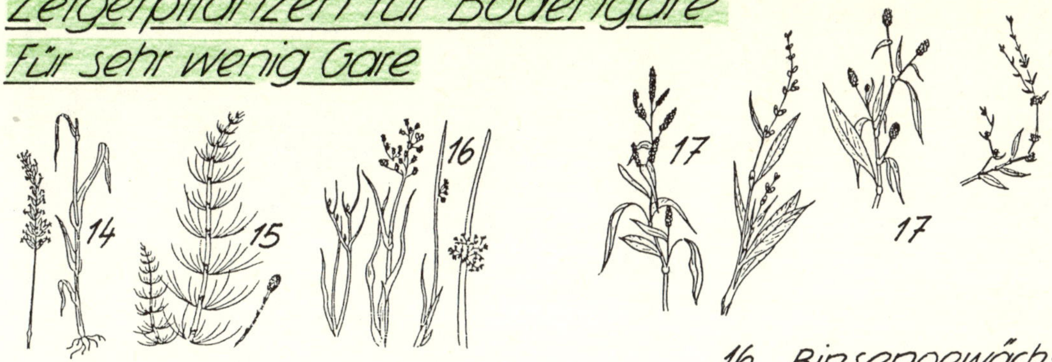

14 Ruchgras
(Anthoxanthum odoratum)

15 Ackerschachtelhalm
(Equisetum arvense)

16 Binsengewächse
(Juncaceae-Arten)

17 Knöterichartén
(Polygonaceae-Arten)

Für wenig Gare

18 Windhalm
(Apera spica-venti)

19 Hederich
(Rhaphanus raphanistrum)

20 Ackerfrauenmantel (Alchemilla vulgaris)

21 Echte Kamille
(Matricaria chamomilla)

Für mittlere Gare

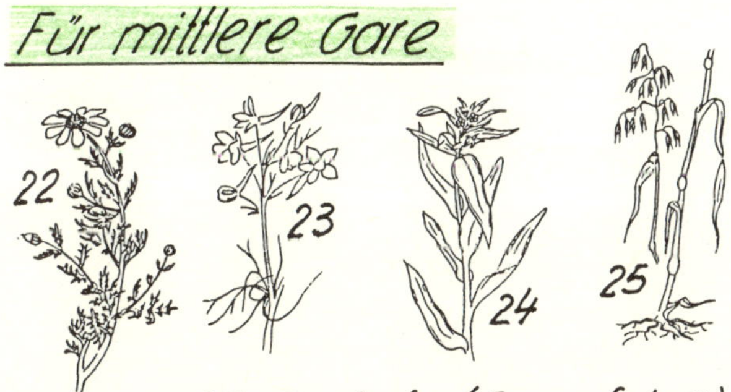

25 Flughafer (Arena fatua)

22 Hundskamille
(Anthemis arvensis)

23 Feldrittersporn
(Consolida regalis)

24 Ackersteinsame
(Buglossoides arvensis)

Für gare Böden

26 Weißer Gänsefuß
(Chenopodium album)

27 Taubnesselarten
(Lamiaceae-Arten)

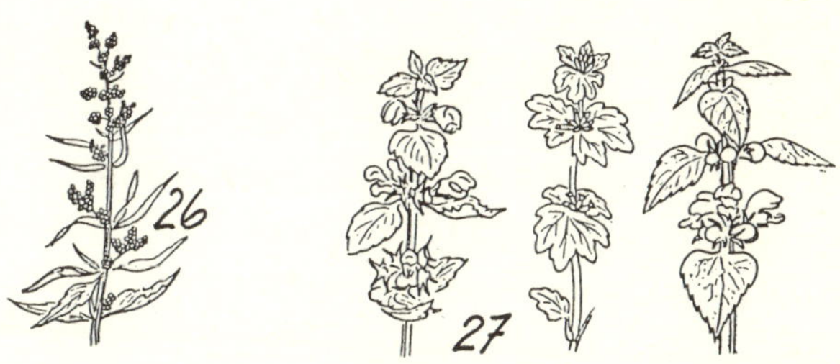

Sehr reicher N-Gehalt

40 Große Brennessel
(Urtica dioica)

41 Weißer Gänsefuß
(Chenopodium album)

42 Bingelkraut
(Mercurialis annua)

43 Gemeines Kreuzkraut
(Senecio vulgaris)

44 Rauhhaariger Amarant
(Amaranthus retoflexus)

Reaktionszeiger

Mehr basisch = pH-Wert über 7

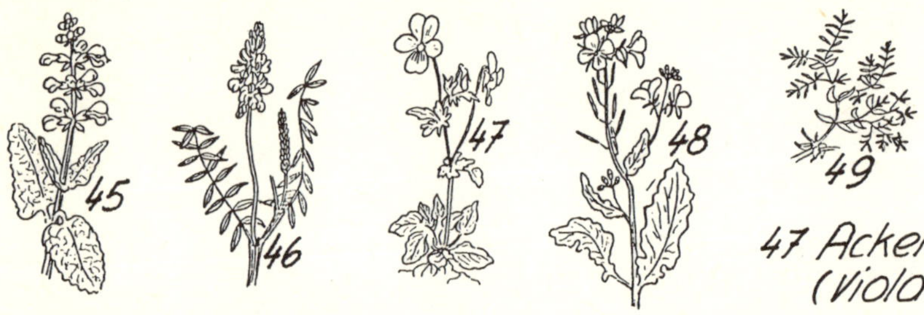

45 Wiesensalbei
(Salvia pratensis)

46 Esparsette
(Onobrychis viciaefolia)

47 Ackerstiefmütterchen
(Viola tricolor)

48 Ackersenf
(Sinapis arvensis)

49 Zwerg-Wolfsmilch
(Euphorbia chamaesyce)

Mehr sauer = pH-Wert unter 7

50 Arznei Ehrenpreis
(Veronica officinalis)

51 Stechpalme
(Ilex aquifolium)

52 Ackerziest
(Stachys arvensis)

53 Hohlzahn
(Galeopsis tetrahit)

Fruchtfolgen – Mischkultur

Dargestellt werden verschiedene Fruchtfolgearten, Haupt-, Zwischen-, Vor- und Nachkultur, Phytonzid- und Mischkulturwirkung.

Ihrer Stoffwechselausscheidungen, ihres Nährstoffbedarfs und der Schädlinge sowie der Krankheiten wegen müssen die meisten Gemüsepflanzen jährlich den Platz wechseln.

Um einen Fruchtwechsel ohne Fehler durchführen zu können, zeichnen wir einen Gartenplan oder numerieren die Beete und führen ein Gartentagebuch.

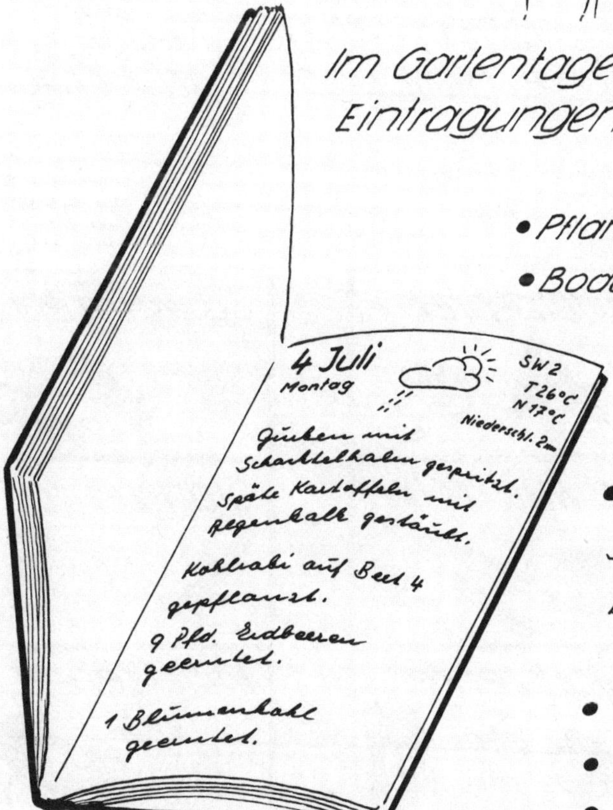

Im Gartentagebuch sollten folgende Eintragungen vorgenommen werden:

- Pflanz- und Aussaatdaten
- Bodenbearbeitungsart und Datum
- Düngungs-, Gründüngungs-, Mulchart und -termine
- Pflegemaßnahmen wie Spritzungen mit Kräuterbrühen oder Stäuben mit Algenkalk
- Krankheiten, Schädlinge
- Erfolge, Mißerfolge
- Ertragsmenge

Die herkömmliche Fruchtfolge

Diese Fruchtfolgeart wird in engem Zusammenhang mit Stark-, Mittel- und Schwachzehrern angewandt.

In der Praxis heißt das: Wir bauen auf frisch und stark gedüngtem Boden Starkzehrer als Hauptkultur an. Dazu zählen alle Kohlarten, Kartoffeln, Gurken, Kürbis, Porree, Sellerie und Tomaten.

Im nächsten Jahr pflanzen oder säen wir auf dieses Gartenstück bei leichter Düngung (Gründünger oder Reifkompost) als Hauptkultur Mittelzehrer wie Möhren, Fenchel, Knoblauch, Zwiebeln, Rote Rüben, Radieschen, Rettich, Salat, Spinat, Schwarzwurzeln und Kohlrabi.

Im 3. Jahr kommen bei schwacher Kompostdüngung (oder bei nährstoffreichem Boden ohne Düngung) Schwachzehrer als Hauptkultur an die Reihe: Erbsen, Buschbohnen und Kräuter.

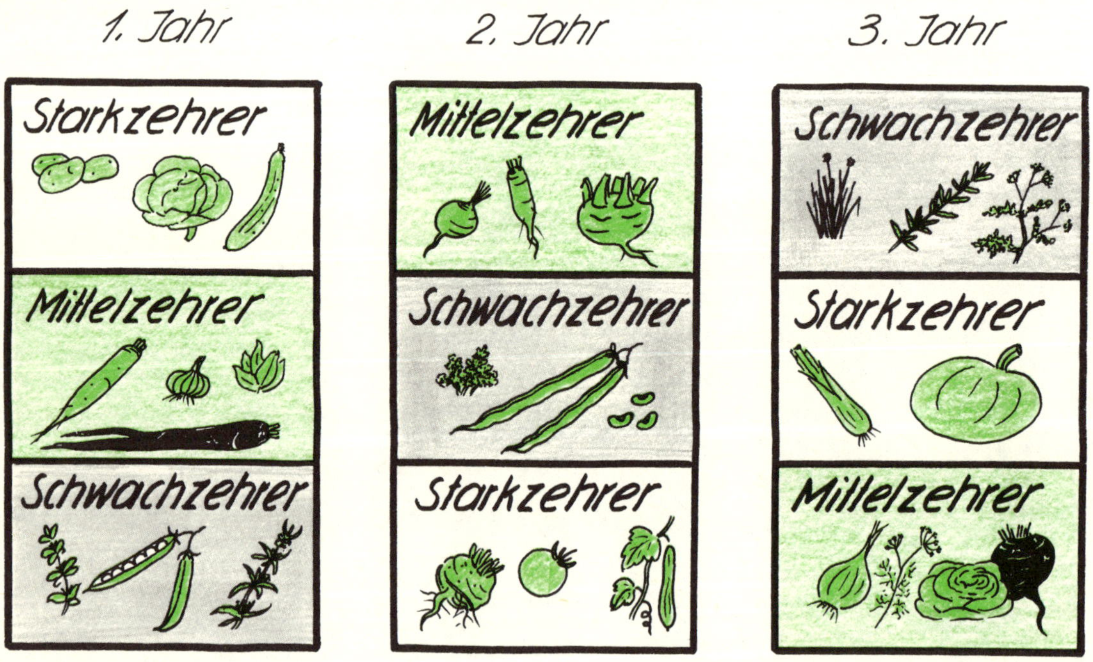

Die biologisch-dynamische Fruchtfolge

Gartengemüse können wir je nach ihrer Nutzbarkeit für den Menschen in Blatt-, Frucht- und Wurzelgemüse einteilen. Dazu kommen als 4. Gruppe die Blütenpflanzen: Kräuter und Blumen.

Die biologisch-dynamische Anbauweise geht davon aus, daß Pflanzen den Boden aufbauen.
Die verfügbaren Bodenstoffe kommen bei der Kulturpflanze in einem Jahr hauptsächlich der Ausbildung der Blätter oder der Früchte, der Wurzeln oder der Blüte zugute.
Im Nutzgarten können wir statt der Blüten die Frühkartoffeln einsetzen. Wer Erdbeeren in seinem Garten anbauen will, benötigt ein 5. Beet.

So hat sich in 30-jähriger Erfahrung im Garten eine Fruchtfolge folgender Art bewährt:

	Beet 1	**Beet 2**	**Beet 3**	**Beet 4**	**Beet 5**
1. Jahr	Frucht	Wurzel	Blatt	Blüten	Erdbeere
2. Jahr	Blüten	Frucht	Wurzel	Blatt	Erdbeere
3. Jahr	Blatt	Blüten	Frucht	Wurzel	Erdbeere
4. Jahr	Wurzel	Blatt	Blüten	Frucht	

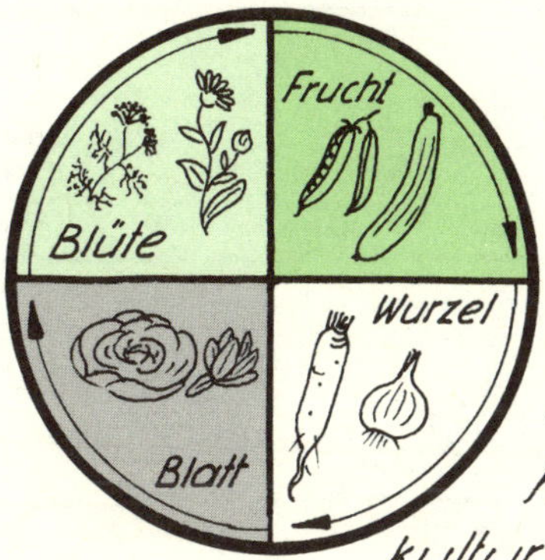

Die ganze Einteilung gilt für die Hauptkultur. Vor-, Nach- und Zwischenkulturen werden neutral behandelt. Das sind vor allen Dingen Feldsalat (Rapunzel) und sämtliche Salat- und Spinatarten. So kommen wir auch hier zu einer Mischkultur, die gesunden Gemüseanbau fördert.

Mischkultur nach Gertrud Franck

Gertrud Franck hat in vielen Jahren diese einfach zu handhabende Fruchtfolge erprobt, die sich bei ihr und in vielen Gärten ausgezeichnet bewährt hat.

Wir können den Reihenabstand, je nach Gartengröße, 40 oder 50 cm groß wählen.
In die Zwischenräume der Reihen (a,b,c, siehe Skizze) wird als Vorfrucht Spinat gesät oder an dessen Stelle die stickstoffsammelnde Ackerbohne.
Diese Vorfrucht wird geerntet oder abgehackt, wenn sie Gemüsepflanzen zu beeinträchtigen beginnt.

Der Raum zwischen zwei Reihen wird im Laufe des Sommers mit Rasenschnitt, Gartenabfällen oder Kräutern wieder gemulcht, und wir können bei nicht zu nassem Wetter diese Abdeckschicht betreten.
Natürlich können wir, je nach Bedarf, von dieser oder jener Gemüseart mehr oder weniger anbauen.

Im folgenden Jahr setzen wir die Reihen um 20 bzw. 25 cm weiter, also in die Zwischenräume des Vorjahres (ehemalige Spinatreihen) und wechseln die Kulturen.

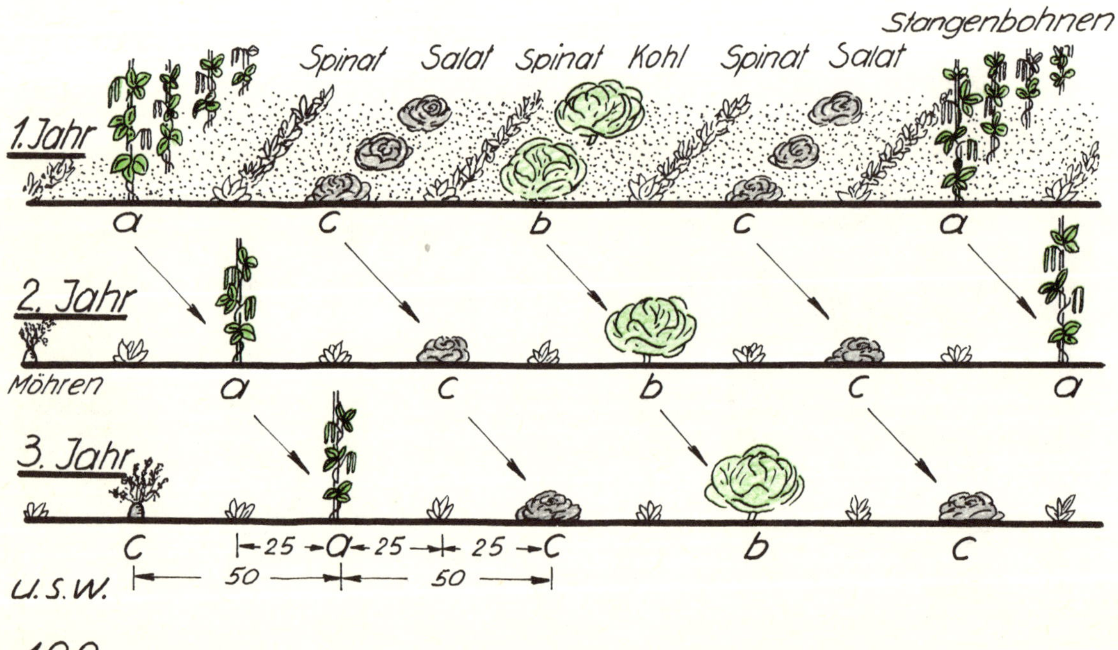

Als „**a**" Reihen bezeichnet G. Franck Reihen, die erst ab Mai angebaut werden und nur mit einer Hauptkultur versehen werden (Ausnahme Erbsen).

„**b**" Reihen liegen von den „a" Reihen in einer Entfernung von 100 (80) cm und werden mit Gemüse bebaut, das nur eine kurze Vor- oder Nachkultur erlaubt.

Die „**c**" Reihen liegen zwischen den „a" und „b" Reihen. Viele Gemüsearten der „c" Reihen sind niedrige Pflanzen mit geringem Platzbedarf. Ihre kurze Entwicklungszeit gestattet eine 2–3 malige Bestellung der Reihen.

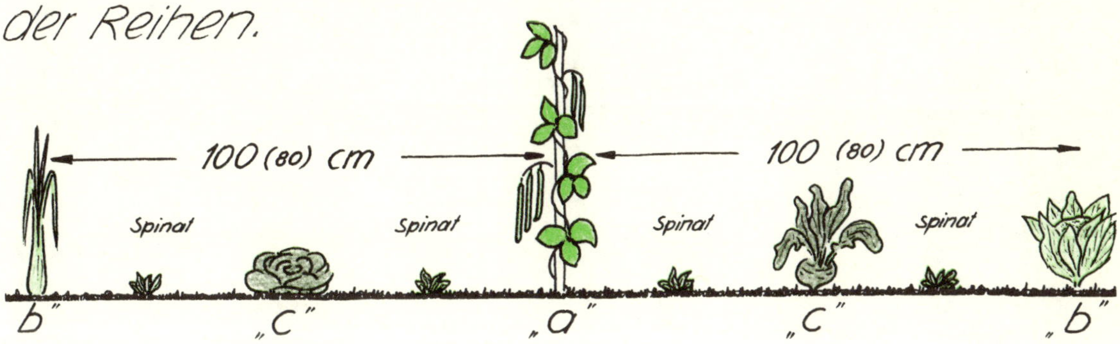

Gemüse mit kurzer Vor- oder Nachkulturzeit.	Pflanzen mit kurzer Entwicklungszeit und wenig Platzbedarf.	<u>Hauptkultur</u> Tomaten, Gurken, Stangenbohnen, Erbsen, Sellerie, Spätkohl.	Salat, Kohlrabi, Radieschen, Karotten, Möhren, Rote Rüben.	Steckzwiebeln, Lauch, Frühkartoffeln, Blumenkohl, Frühkohl, Buschbohnen.

Die großen Vorteile dieser Methode liegen im Verzicht auf den Anbau von Monokulturen und auf Wege zwischen Beeten. Wege führen bei schweren, nassen Böden zu betonartigen Verdichtungen, in denen jedes Bodenleben fehlt, darum lassen wir die Wege bei dieser Anbaumethode weg.

Wenn wir bei anhaltender Nässe den Garten betreten müssen, um zu säen, zu pflanzen oder zu ernten, legen wir Bretter zwischen die Reihen und betreten nur diese Bretter, die dann wieder entfernt werden.

Mischkulturtabelle nach Gertrud Franck

Haupt-, Zwischen-, Vor- und Nachkultur

In allen 3 Fruchtfolgearten können wir platznutzend Haupt-, Zwischen-, Vor- und Nachkultur einplanen.

Zuerst sollten wir überlegen, wieviel Gemüse einer bebestimmten Art wir benötigen.
Das Gerüst des Anbauplanes bilden die Hauptkulturen.

Anfänger sollten die Tabellen „Mischkultur nach Vorbild der Natur," „Kulturanweisung der wichtigsten Gemüsarten," und „Saat-, Pflanz- und Erntezeiten für Gemüse" benutzen, um die Aussaat-, Pflanzzeiten und Entwicklungsdauer einplanen zu können.

Günstig für gutes Planen ist folgender Zeitplan:

V = Vorkultur, **H** = Hauptkultur, **N** = Nachkultur.

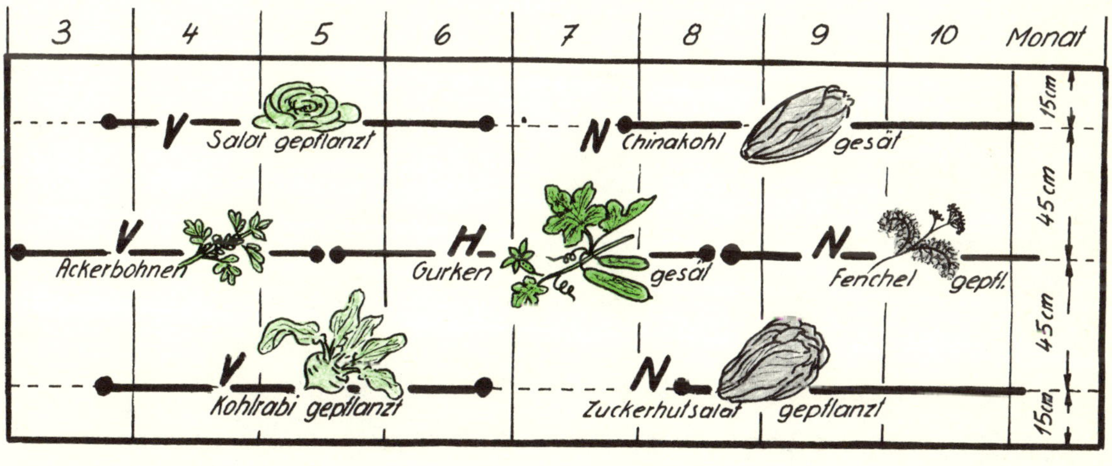

Beispiel 1: Gurken
Das obenstehende Beispiel zeigt die Gurke als Hauptkultur. Anfang März legen wir 1 Reihe Ackerbohnen in die Beetmitte. Ende März bis Anfang April (je nach Witterung) pflanzen wir auf eine Seite Salat und auf die andere Seite grünen Kohlrabi.

(Zur Ernteverfrühung können wir mit Schlitzfolie oder Folientunnel abdecken.)

Ab etwa 10. Mai werden nun die Gurken gelegt. Wir entfernen die Ackerbohnenpflanzen oder lassen nur wenige stehen.
Die Reihe ist im Herbst gut mit Reifkompost versehen worden.
Wir legen nun die Gurkenkerne, je 4 Stk., in Abständen von 20 cm und vermindern später auf je 2 Pflanzen.

Die Gurken wachsen nun zügig heran. Inzwischen werden Salat und Kohlrabi groß; sie werden nach und nach geerntet, bis etwa zum 20.-30. Juni hin auch die letzten vom Beet verschwinden.

Nun benötigen die Gurkenreihen die ganze Breite des Beetes.

In den letzten Julitagen schieben wir die Gurkenranken an einem Beetrand etwas zur Seite, um eine Reihe Chinakohl auszusäen (weil Chinakohl gesät und nicht verpflanzt werden sollte).

Mitte August etwa ist die Gurkenernte beendet und die Gurkenpflanzen werden ausgerissen.

Jetzt wird in die Mitte des Beetes vorgezogener Fenchel, auf die andere Beetseite vorgezogener Zuckerhutsalat gepflanzt; der aufgelaufene Chinakohl vereinzelt und bald ist das Beet erneut bewachsen.

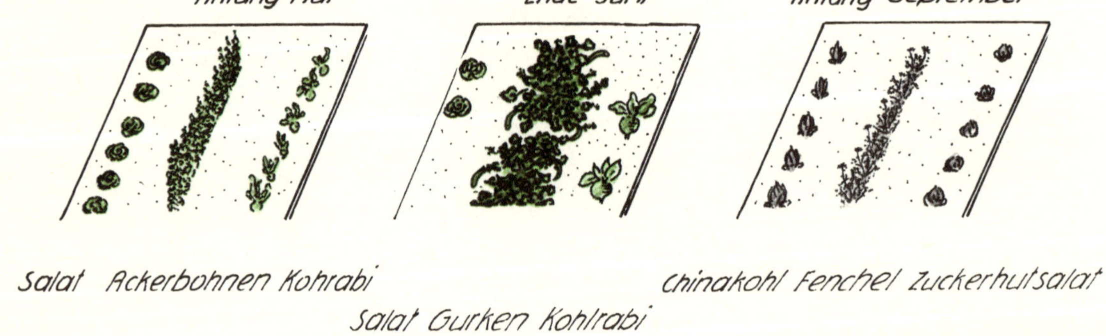

Beispiel 2: Erbsen - Spätkohl

V = Vorkultur **H** = Hauptkultur **N** = Nachkultur

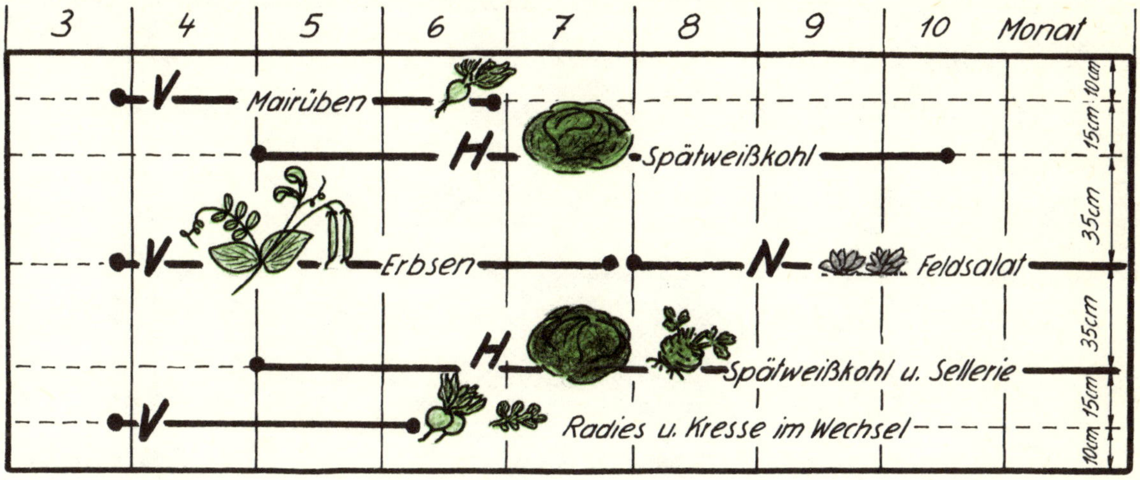

Wir bestellen ein Beet von 120 cm Breite mit Schalerbsen in dessen Mitte. Jeweils 10 cm vom Rand des Beetes säen wir als Vorkultur abwechselnd Radieschen und Kresse und in die andere Reihe Mairüben.

Mit der Bestellung beginnen wir (je nach Witterung) vom 20. März bis 10 April.

Ende April säen wir als Hauptkultur 2 Reihen Spätweißkohl.
Die Pflanzen wachsen geschützt zwischen Erbsen, Radieschen bzw. Mairüben heran und werden, wenn sie groß genug sind, vereinzelt.

Anfang Juni werden einige Selleriepflanzen dazwischen gepflanzt.
Sie dienen dem Kohl als Schutz vor dem Kohlweißling und anderen Schädlingen.
Radieschen und Kresse sind Anfang Mai, Mairüben Ende Mai bis Anfang Juni abgeerntet.

Die Erbsenernte ist Ende Juni beendet.
Kohl und Sellerie können sich nun ausbreiten.

In die Erbsenreihe können wir Anfang August den Feldsalat aussäen. (Für Feldsalat ungewöhnlich früh, weil er zwischen den Kohlpflanzen etwas langsamer heranwächst, aber noch gut gedeiht.)
Ähnlich wie bei diesen beiden Beispielen können wir den ganzen Garten planen, gleichgültig ob wir Beeteinteilung haben oder den Garten nach der Gertrud-Franck-Methode bewirtschaften.

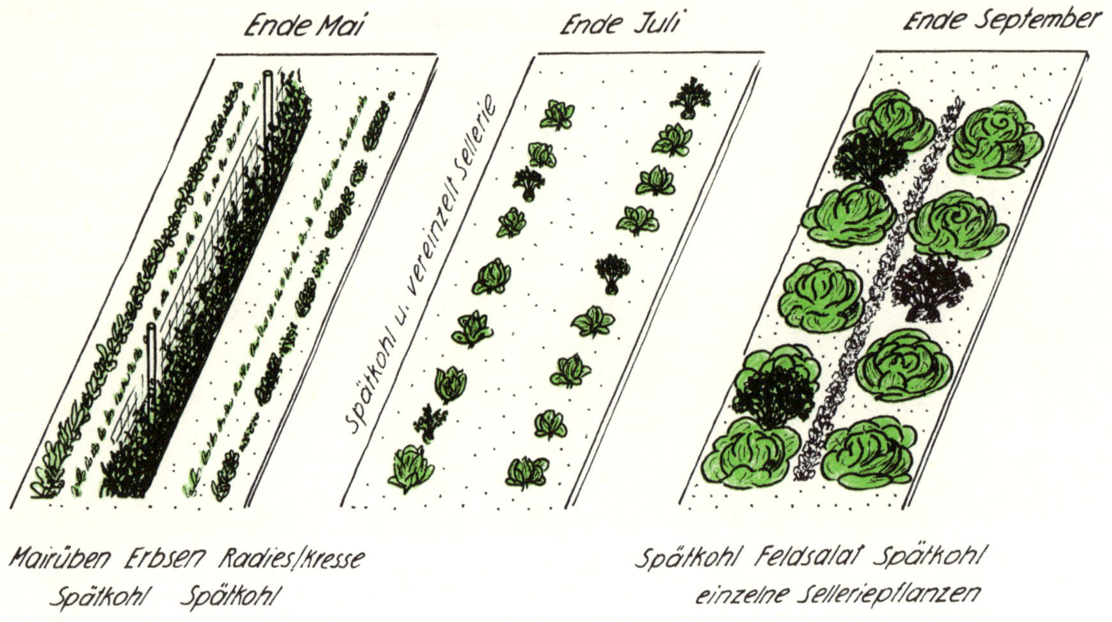

Etwas schwieriger gestaltet sich die biol.-dynamische Gartenplanung bei der Mischkultur, weil hier ein Beet jeweils mit Wurzel-, Frucht- oder Blattgemüse bestellt werden sollte. Das erfordert noch mehr Überlegung.

Unsere Vorschläge sollen nur zur Anregung dienen. Jeder muß für sich ausprobieren, wie groß die Kombinationsmöglichkeiten sind.
Experimentierfreudigen Gärtnern bieten sich hier unerschöpfliche Betätigungsfelder.

Phytonzide

So bezeichnet man bestimmte biologische Wirkstoffe, die von allen Pflanzen gebildet und in Boden, Luft und Wasser wirksam werden.

Wir können Phytonzide für Pflanzenschutz und -förderung einsetzen, denn es gibt einen ständigen Stoffaustausch zwischen verschiedenen Pflanzen, welcher Wuchsförderung, Wuchshemmung oder neutrales Verhalten hervorruft.

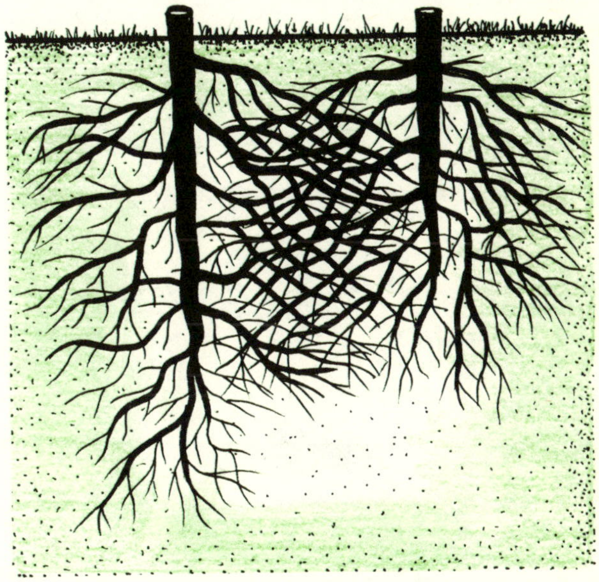

Das können wir unter anderem daran merken, daß die Wurzeln sich gegenseitig anziehender Pflanzen ineinander wachsen, Wurzeln von Pflanzen, die sich nicht mögen, auseinander streben.

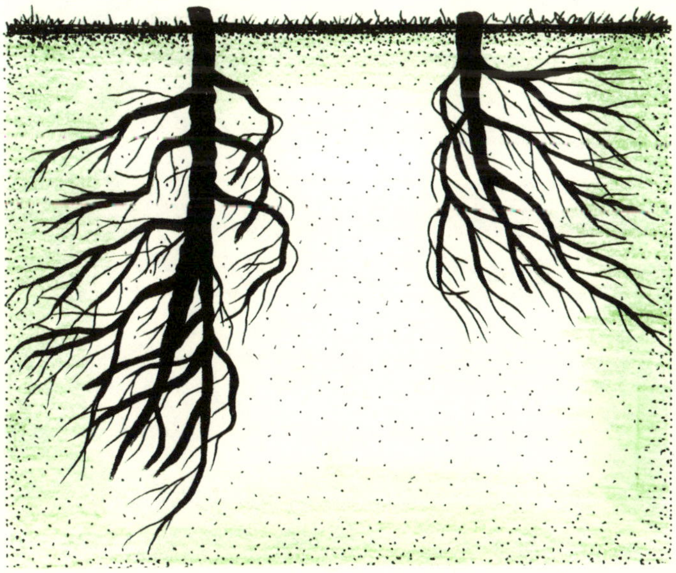

Diese Vorgänge sollten bei der Zusammenstellung der Gemüse- und Obstkulturen beachtet werden.

(Siehe Mischkulturtabellen)

Die Forschungen über Phytonzide und ihre Wirkungen sind vor allem in der Sowjetunion vorgenommen worden. Die Ergebnisse können sehr wichtige Beiträge für die Ernährung der wachsenden Erdbevölkerung liefern, gibt es doch bei richtigen Pflanzenzusammenstellungen bis zu 30% Ertragssteigerungen.

Bestimmte Phytonzide wirken auf Insekten, Bakterien und Pilze abwehrend, vereinzelt sogar toxisch.
(Siehe Kräuterbrühen und -jauchen)

Beispiel:

Die Kraut- und Knollenfäule der Kartoffeln läßt sich

mit dem Aufguß der trockenen äußeren Zwiebelschalen vorbeugend verhindern.

Der Stärkegrad der Phytonzidbildung ist wiederum von der Gesundheit einer Pflanze abhängig, das heißt, in der Praxis ist die Phytonzidwirkung um so höher, je belebter und gesünder der Boden ist.

Wertvolle Nachbarschaften der Mischkultur

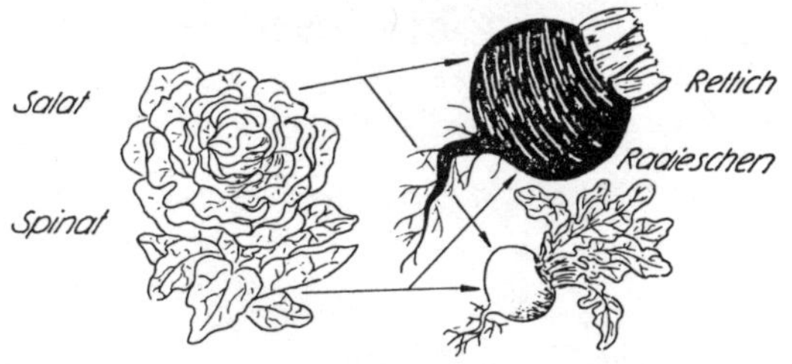

Spinat- und Salatgeruch vergrault den Erdfloh an Radieschen und Rettich.

Knoblauch wirkt durch seinen starken Geruch schädlings- und krankheitsabwehrend, insbesondere gegen Pilzbefall.
Außer Erbsen, Bohnen und Kohlgewächsen vertragen ihn alle Gartenpflanzen.

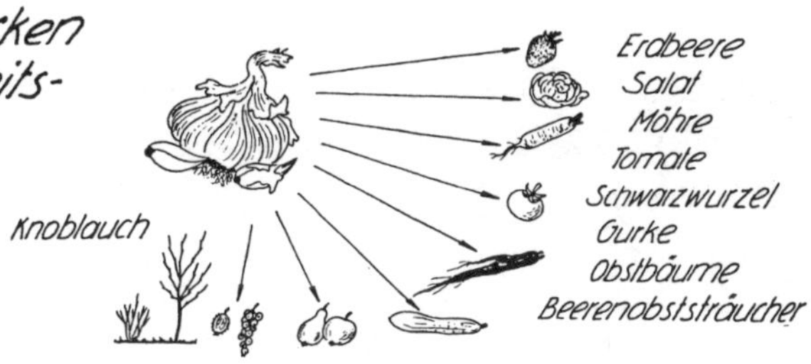

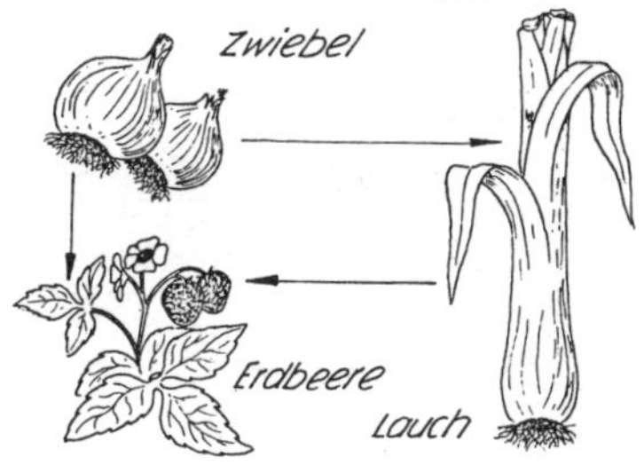

Wirkt gegen Schimmelbefall und Schadinsekten.

Gegenseitige Abwehr von Schadinsekten (Möhrenfliege, Zwiebelfliege).

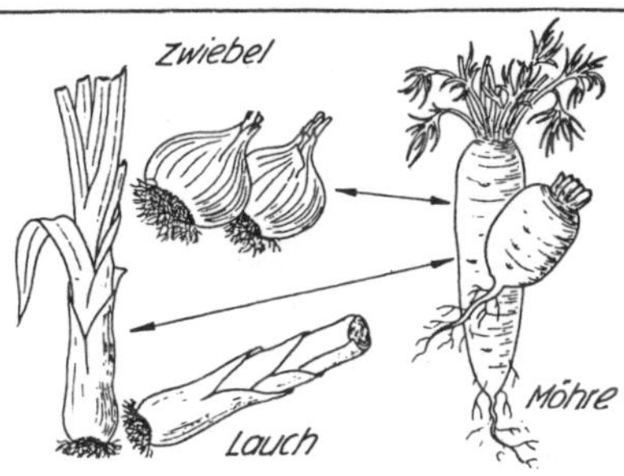

Die Tomate ist dank ihrer Duftausscheidungen ebenso wie der Sellerie eine gute Abwehrpflanze und hält Schadinsekten fern.
Kohl verhütet Sellerierost.

Befruchtung wird gefördert, indem Basilikum Bienen anlockt, er wehrt auch Mehltau ab.

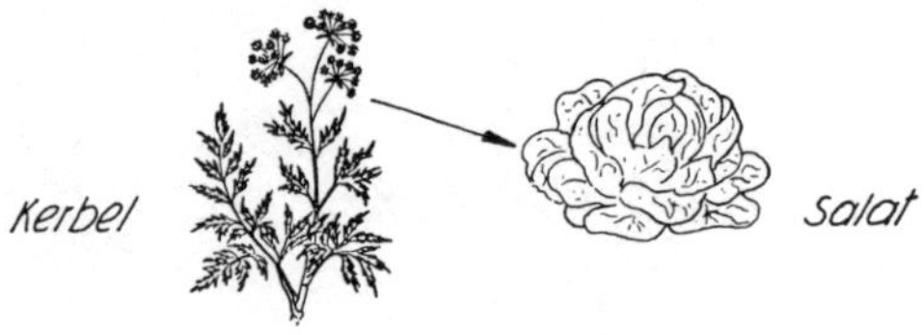

Der starke Geruch des Kerbels vertreibt die Ameisen, wehrt Läuse und Mehltau ab.

Dieses Kraut wirkt vor allem gut gegen die schwarze Bohnenlaus.

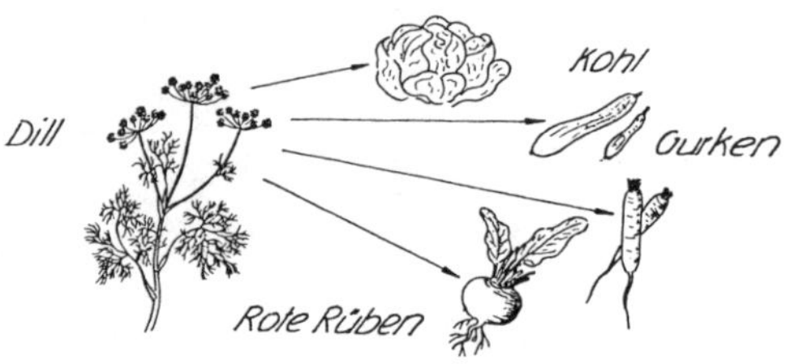

Dill fördert die Keimfreudigkeit anderer Samen (Möhren!). Durch seine Geruchsausscheidungen bleiben Möhren, Rote Rüben, Gurken und Kohlarten gesund.

Die Wurzelausscheidungen der Möhre fördern das Wachstum der Erbse.

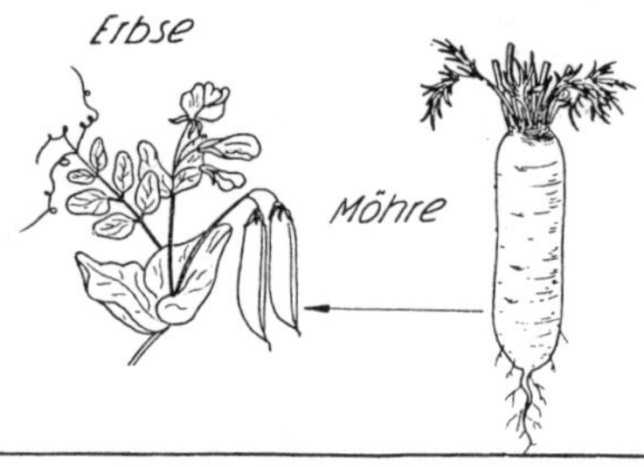

Lavendel und Kapuzinerkresse sind durch ihren starken Duft ameisen- und läuseabwehrend.

Studentenblume und Ringelblume dezimieren Nematoden in von diesen befallenen Böden.

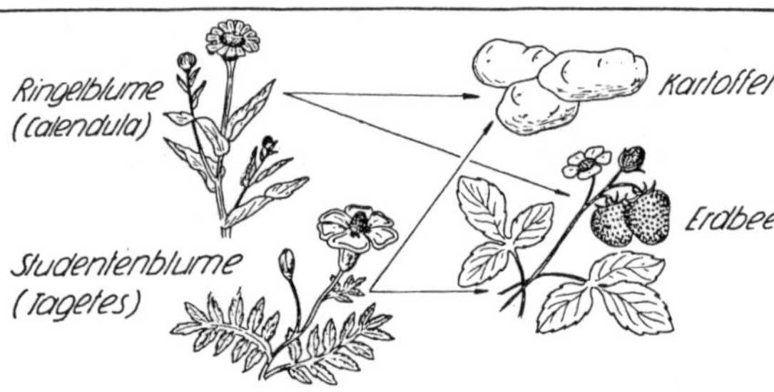

Gemüse

Hier kann sich der Leser aus Tabellen über die Anbaubedingungen, Saat-, Pflanz- und Erntezeiten der verschiedensten Gemüsearten informieren. Die wichtigsten Gemüsesorten, ihre Schädlinge und Krankheiten werden einzeln behandelt.

Beachtet werden sollten für den Gemüseanbau außerdem die Kapitel Fruchtfolgen-Mischkultur und Bodenbedeckung.

Gemüse in roher und schonend gegarter Form ist als Vitamin- und Mineralstoffspender unersetzlich.

Im biologischen Gartenbau greifen wir möglichst auf alte, durch Jahrzehnte bewährte Sorten zurück. Hochzüchtungen und Hybriden sind auf Kunstdünger und chemische Spritzmittel getrimmt, und wir sollten sie nur als Ausnahmen benutzen. Wir verwenden ungebeizten Samen. Selbstgezogenen Pflanzen geben wir den Vorzug.

Mindestens zweimal im Jahr sollte der ganze Garten vorbeugend gegen Pilzkrankheiten mit verdünnter Schachtelhalmbrühe gegossen werden; 1mal Anfang März und 1mal im Juni.

Bei Wachstumsstockungen sollten wir Brennesseljauche oder Algenpräparate geben.

Kulturanweisung der wichtigsten Gemüsearten

Gemüseart B = Blatt F = Frucht W = Wurzel (L) = Leguminose	Bodenanspruch	Reihenabstand in cm	Abstand in der Reihe in cm	Saattiefe in cm	Keimzeit in Tagen	Anzucht und Kultur
F Aubergine	M	50	50	2-3	15-18	Freiland nur im Weinklima, sonst im Tunnel.
F (L) Bohnen Busch-	Sch	40-50	40-50	3-4	4-12	Hacken, häufeln, mulchen, zu dicht
F (L) Bohnen Puff-	Sch	50	20	5-6	10-14	stehende Pflanzen vereinzeln,
F (L) Bohnen Stangen-	M	80	50-60	4	4-12	10 Körner um 1 Stange legen.
B Chinakohl	St	40	30	3-4	3-10	Direktsaat vorteilhaft.
W Chicoree	M	30	15-20	4-6	5-12	Direktsaat, Wurzeln in Kisten graben, ab Januar antreiben.
B Eissalat	M	30	30-35	2	4-10	Sommersalat, schießt selten.
B Endivien	M	30-40	30	4-5	6-10	Direktsaat und Pflanzung.
F (L) Erbsen	Sch	6-14	5	3-4	6-14	Hohe Sorten an Reisig oder Draht.
B Feldsalat	Sch	10-15	dicht	1	8-14	Reihen- oder Breitsaat.
B Fenchel	St	40-50	25-30	1-2	15-25	Direktsaat, vereinzeln, hacken, häufeln.
F Gurken	St	100	30-35	5	5-10	Salatgurken im Tunnel.
B Kohlrabi	St	30-40	25-30	4-5	5-6	Frühbeet oder Direktsaat.
B Kohl Brokkoli	St	40-50	50	3-4	3-10	Frühbeet oder Freilandsaat,
B Kohl Weiß-	St	50	50	3-4	6-8	tief pflanzen, pH-Wert 7
B Kohl Rot-	St	50	50	3-4	6-8	nötig feucht halten,
B Kohl Wirsing-	St	50	50	3-4	6-8	hacken, häufeln, mulchen,
B Kohl Blumen-	St	50	50	3-4	6-8	tiefgründiger Gartenboden,
B Kohl Rosen-	St	60	60	4-5	4	Kompostgaben, 5 jährlicher
B Kohl Grün-	St	45	45	4-5	5-7	Fruchtwechsel erwünscht.
W Kohlrübe	M	50	40	4-6	4-7	Direktsaat, vereinzeln.
B Kopfsalat	M	30	30	2	5-14	Früher im Tunnel, später Freilandsaat, flach pflanzen
W Knollensellerie	St	40-45	40	4-5	15-25	Anzucht auf Fensterbank. Anfang April ins Frühbeet pikieren, flach pflanzen.
W Knoblauch	M		15	5		Humoser, nährstoffreicher Boden.
B Kresse	Sch	10	dicht	2-4	2-4	Nicht zu tief schneiden, wächst nach.

Sch = Schwachzehrer M = Mäßigzehrer St = Starkzehrer

Gemüseart B = Blatt F = Frucht W = Wurzel (L) = Leguminose	Bodenanspruch	Reihenabstand in cm	Abstand in der Reihe in cm	Saattiefe in cm	Keimzeit in Tagen	Anzucht und Kultur
F Kürbis	St	150	100	5-6	10	Nährstoffreicher humoser Boden, feucht halten.
B Mangold	M	25-30	40	3-4	8-14	Hacken, mulchen.
W Möhren	M	25	5-8	2	15-30	Markierungssaat mit Dill oder Radieschen.
B Neuseeländer-Spinat	M	65	65	3	5-30	Vorkultur in Töpfen, schoßfest.
F Paprika	M	45	45	2-3	8-20	Vorkultur im warmen Frühbeet oder Gewächshaus.
W Pastinake	M	25-30	8-12	2	28-35	Kein Schädlingsbefall, winterhart.
B Porree	St	30	15	1-2	12-18	Hacken, häufeln, mulchen.
W Radieschen	Sch	10-15	5	1	5-8	Bei Trockenheit hacken und gießen.
W Rettich	M	10-15	10	4	4-10	Bei Trockenheit gießen, gegen Erdflohbefall Mischkultur, Salat und Spinat mit in die Reihe säen.
W Rote Rübe	M	20-25	15	3-4	9-14	Direktsaat, vereinzeln.
B Schnittsalat	M	10-15	dicht	2	5-14	Direktsaat, vereinzeln.
B Sellerie (Bleich)	St	35	20	4	15-25	Ab Mitte August bleichen.
W Schwarzwurzel	M	25-30	10	1	10-16	Direktsaat, winterhart.
B Spinat	M	20-25	dicht	3	5-14	Direktsaat, winterhart.
F Tomate	M	80	75	2-3	6-14	Vorkultur in Kästen, 2× pikieren, ab 15. Mai ins Freiland pflanzen.
B Zichoriensalat	M	25-30	10	2	3	Direktsaat, vereinzeln, hacken, frosthart bis -5°C.
F Zuckermais	St	40	15-20	3	14	Direktsaat, Ernte wenn die herausragenden Staubgefäße schwarz werden.
F Zucchini	St	100	80	4	10	Direktsaat.
W Zwiebel	M	20-30	5	1-2	10-25	Direktsaat oder Steckzwiebeln.

Sch = Schwachzehrer M = Mäßigzehrer St = Starkzehrer

Saat-, Pflanz- und Erntezeiten für Gemüse

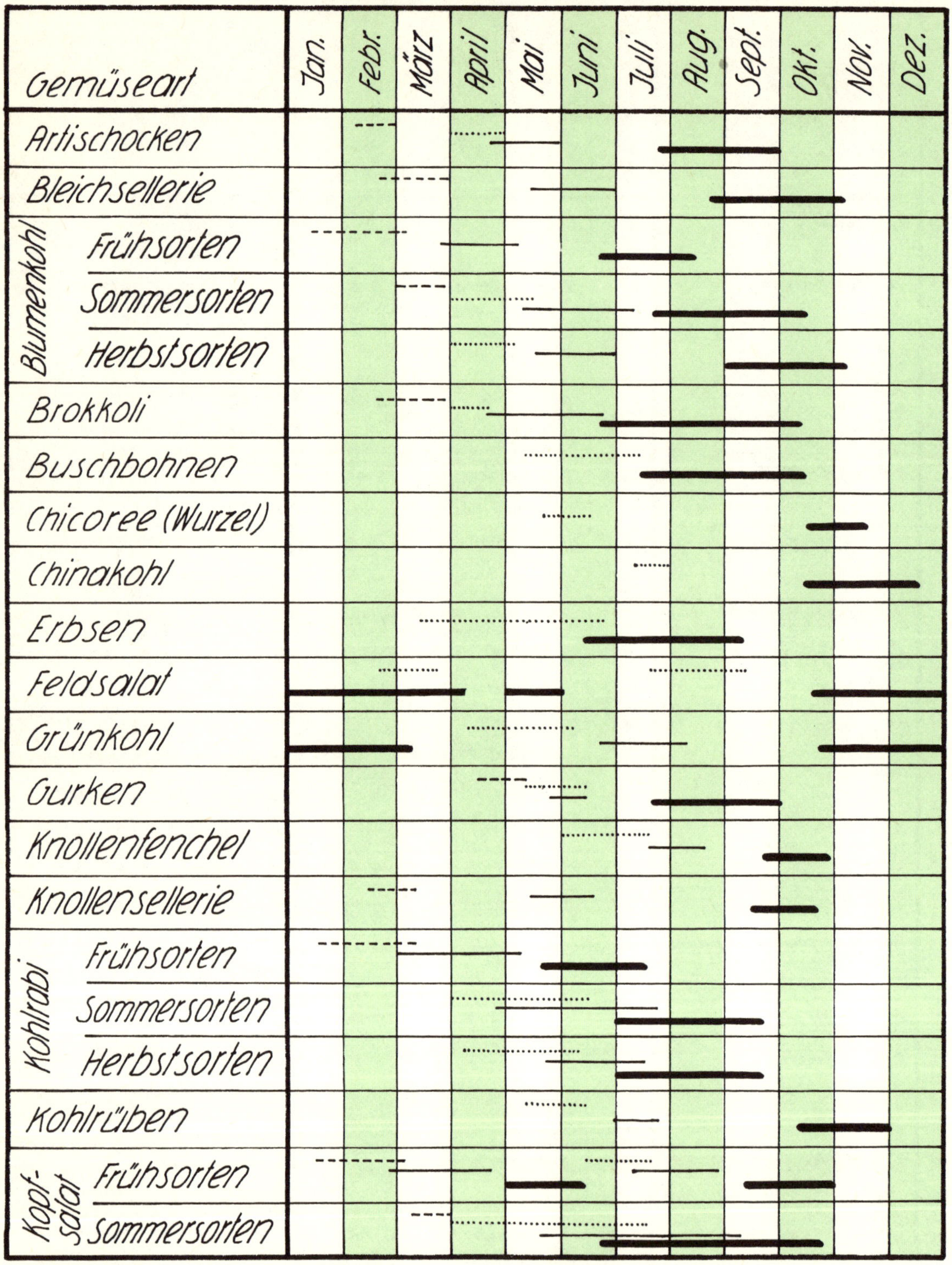

Unter Glas - - - - - -
Aussaat ....
Pflanzzeit ———
Erntezeit ▬▬▬

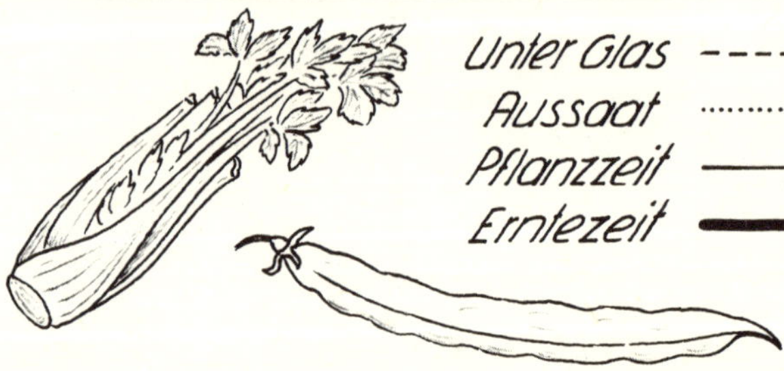

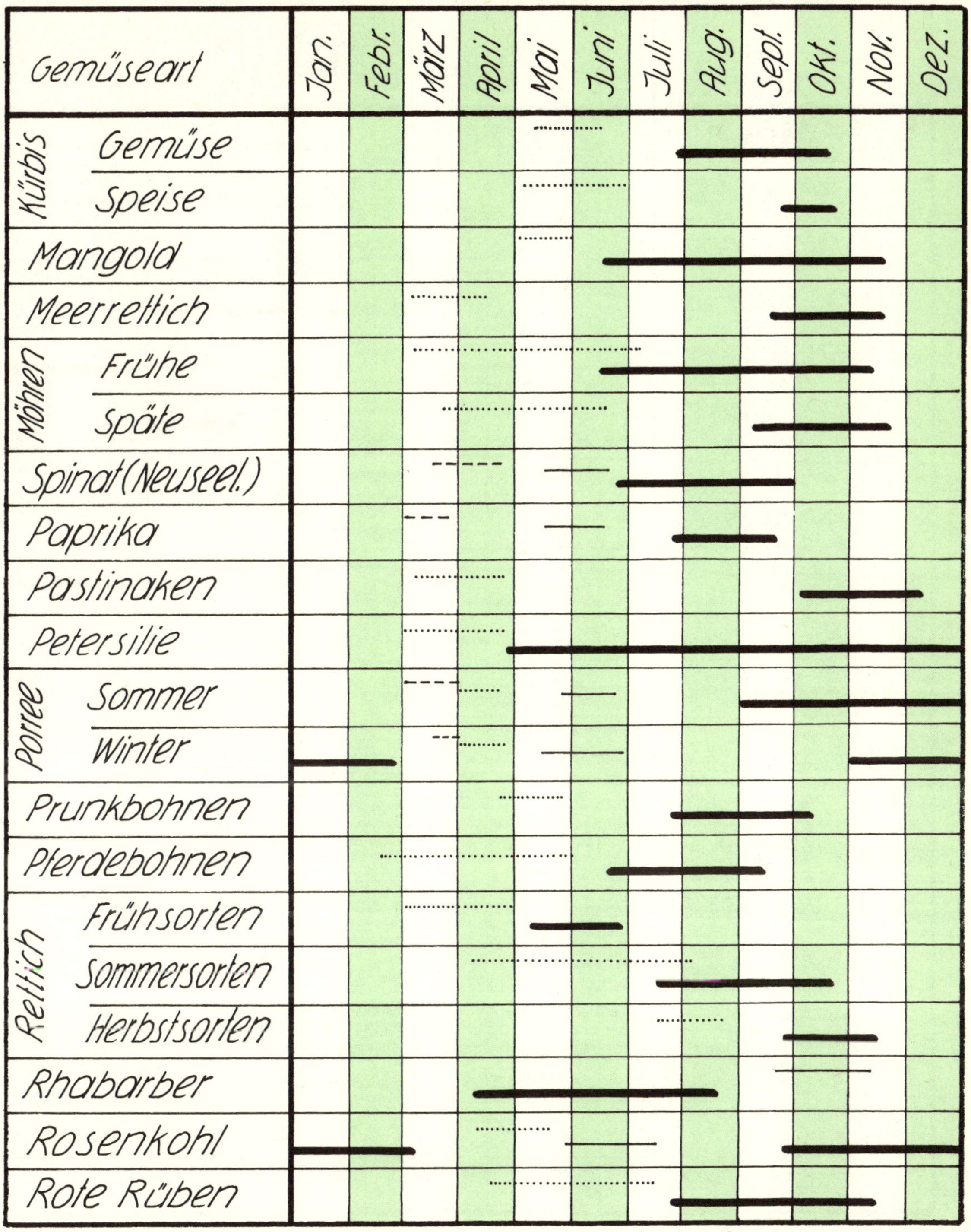
Gemüseart
Jan.
Febr.
März
April
Mai
Juni
Juli
Aug.
Sept.
Okt.
Nov.
Dez.
Kürbis
Gemüse
Speise
Mangold
Meerrettich
Möhren
Frühe
Späte
Spinat (Neuseel.)
Paprika
Pastinaken
Petersilie
Porree
Sommer
Winter
Prunkbohnen
Pferdebohnen
Rettich
Frühsorten
Sommersorten
Herbstsorten
Rhabarber
Rosenkohl
Rote Rüben
Unter Glas
Aussaat
Pflanzzeit
Erntezeit

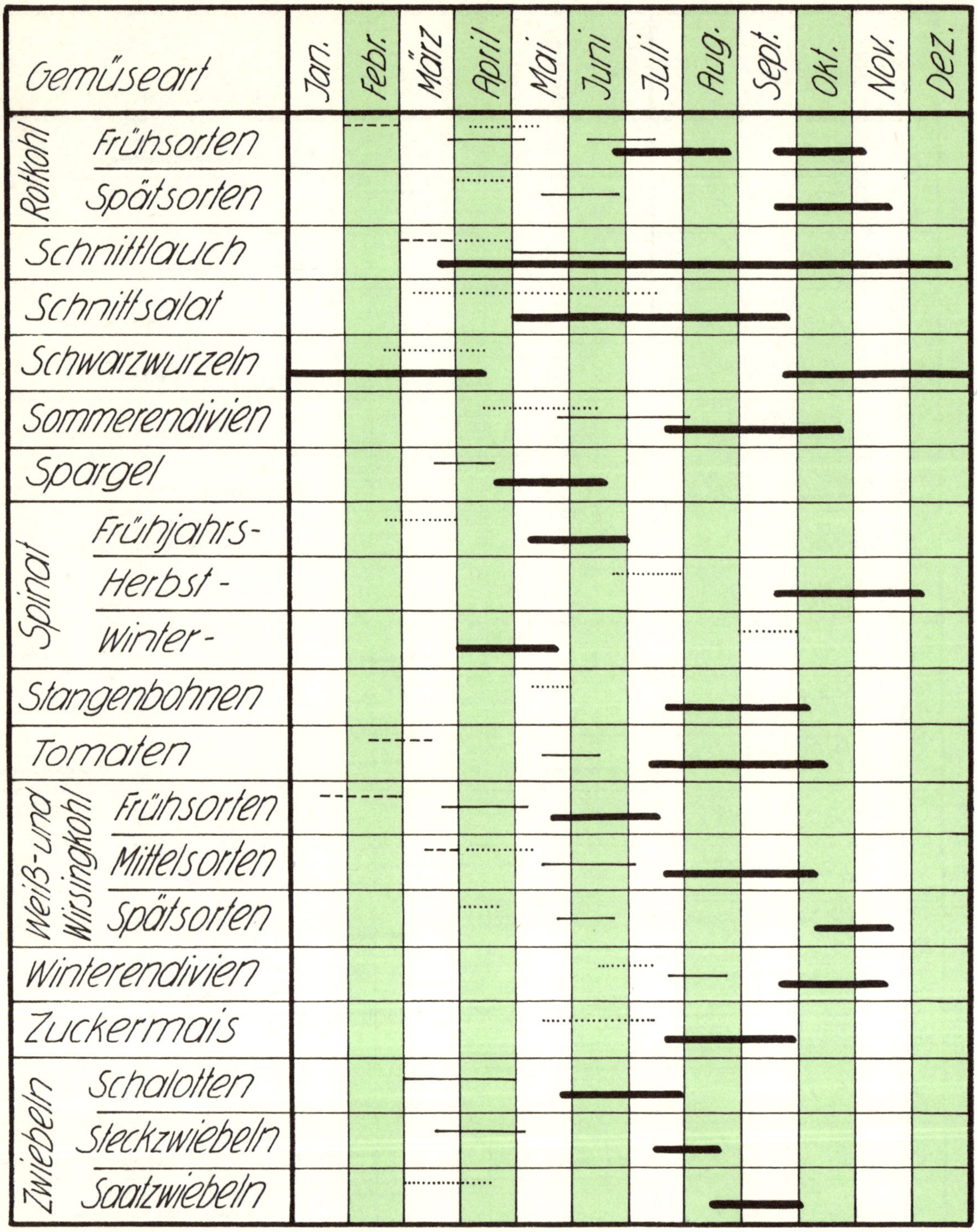
Gemüseart
Jan.
Febr.
März
April
Mai
Juni
Juli
Aug.
Sept.
Okt.
Nov.
Dez.
Rotkohl
Frühsorten
Spätsorten
Schnittlauch
Schnittsalat
Schwarzwurzeln
Sommerendivien
Spargel
Spinat
Frühjahrs-
Herbst-
Winter-
Stangenbohnen
Tomaten
Weiß- und Wirsingkohl
Frühsorten
Mittelsorten
Spätsorten
Winterendivien
Zuckermais
Zwiebeln
Schalotten
Steckzwiebeln
Saatzwiebeln
unter Glas
Aussaat
Pflanzzeit
Erntezeit

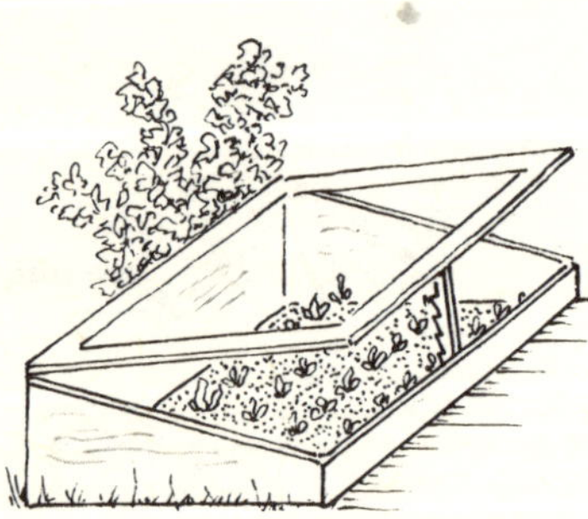

Mischkultur nach Vorbild der Natur

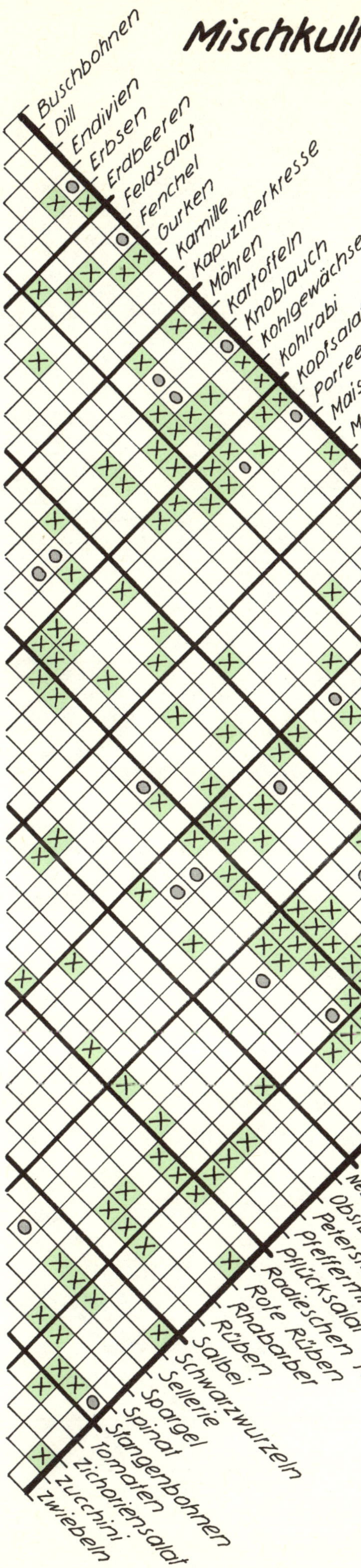
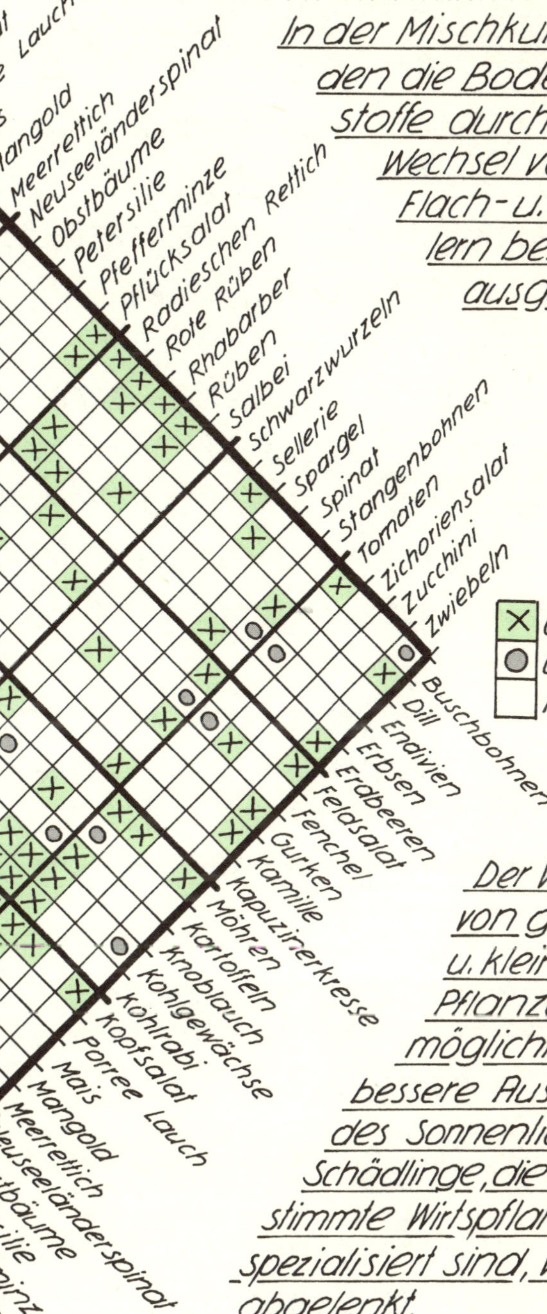

In der Mischkultur werden die Bodennährstoffe durch den Wechsel von Flach- u. Tiefwurzlern besser ausgenutzt.

Der Wechsel von großen u. kleinen Pflanzen ermöglicht eine bessere Ausnutzung des Sonnenlichtes. Schädlinge, die auf bestimmte Wirtspflanzen spezialisiert sind, werden abgelenkt.

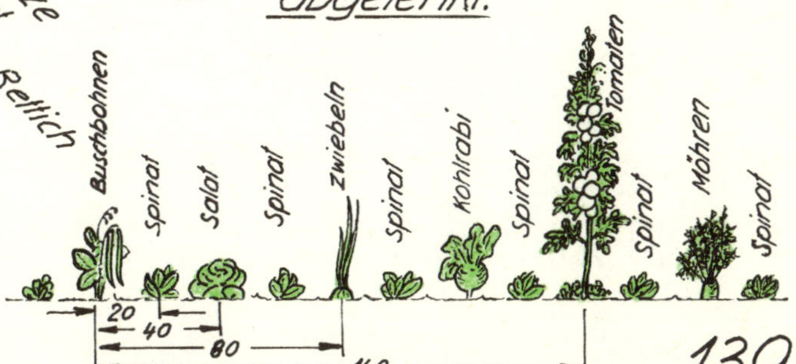

Gemüse im Freiland

Pflücksalat

Salate durch das gesamte Gartenjahr.
Salat benötigt einen humosen, gut gedüngten, feucht gehaltenen Boden und eignet sich gut für Vor-, Nach- und Zwischenkultur.
Schnitt- und Pflücksalat entwickelt sich schneller als Kopfsalat.
In Reihen von nur 15 cm Abstand paßt er in jede Lücke.

Kopfsalat

Bei Kopfsalat unterscheiden wir zwischen Langtagsorten für den Frühjahrs- und Herbstanbau und Sommersalat, der nicht so schnell schießt. Beliebter Sommersalat ist auch der Eis- oder Krachsalat.

Eissalat

Winter-Endivien säen wir im Juli, ebenso Zichoriensalat der Sorte Zuckerhut. Diese leicht bitter schmeckenden Sorten vertragen, leicht abgedeckt, Fröste bis -6 °C.

Endiviensalat

Chinakohl findet roh als Salat und gedünstet als Gemüse Verwendung.
Schnecken fressen ihn gern, darum müssen wir den Kohl vor ihnen schützen.

Zuckerhutsalat

Zuletzt (Ende August bis Anfang September) kommt der Acker- oder Feldsalat an die Reihe. Wir säen in Reihen oder breitwürfig.
Wir können den Feldsalat auch als Untersaat oder Gründünger verwenden.

Chinakohl

Feldsalat

Spinat

Spinat ist als Mäßigzehrer mit geringer Kompostgabe zufrieden.
Überdüngung sollte der leichten Nitratanreicherung wegen vermieden werden.

Spinat schießt leicht bei trockenem und warmen Wetter und sollte darum recht früh ausgesät werden (März bis Anfang April).
Für die Herbsternte kommen Aussaaten Anfang August und zur Überwinterung ab Mitte September in Frage.

Spinat läßt sich gut im Mischkulturanbau einsetzen. Als Zwischenreihe zwischen anderen Gemüsereihen eignet er sich, seiner Schnellwüchsigkeit wegen, als Gründünger und Schutz für keimende Saaten.
Nicht in der Küche verwendbarer Spinat sollte abgehackt und als Mulch liegengelassen werden, denn er bildet mit seiner weichen Blatt- und Wurzelmasse rasch verarbeitbare Nahrung für Bodenorganismen.

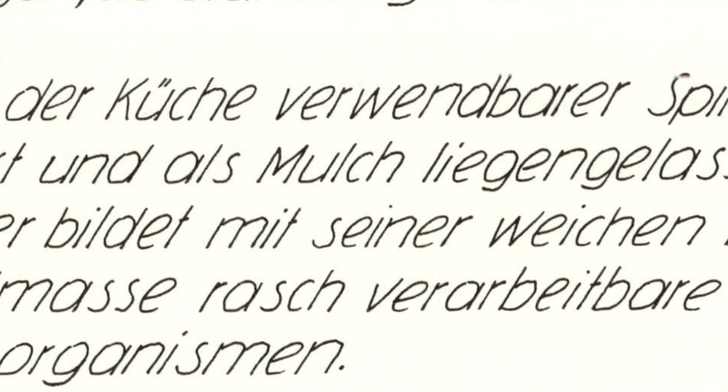

Mangold

Es gibt zwei Mangoldarten: den Blatt- und den Rippenmangold. Es genügen mäßige Kompostgaben und Steinmehl als Düngung.

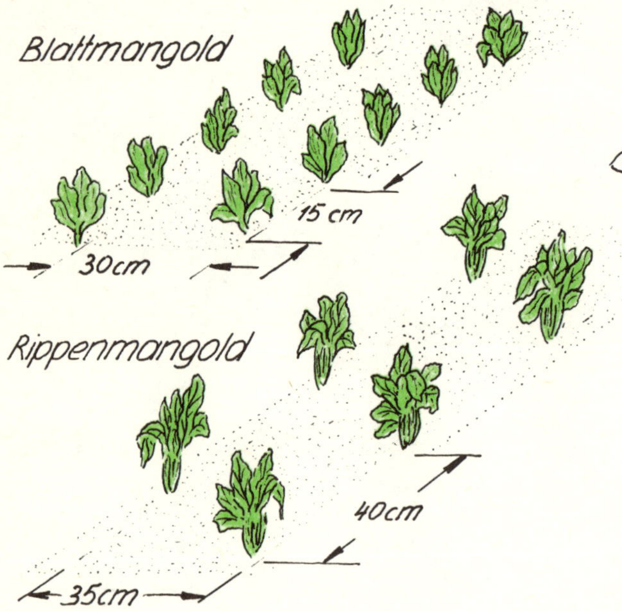

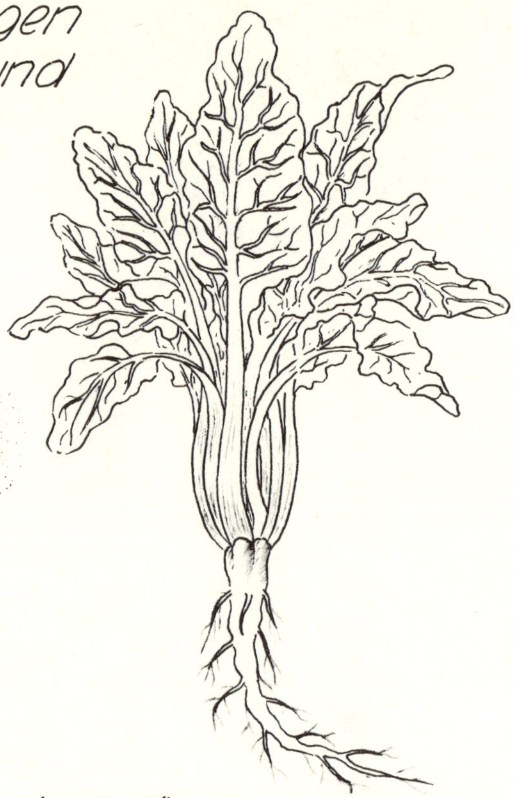

Frühe Aussaaten im April sind für den laufenden Jahresbedarf gedacht, spätere Aussaaten (bis Juli) überwintern und bringen frühe Ernten.

Das Mulchen ist auch bei dieser Gemüseart sehr günstig. Um Mehltaubefall vorzubeugen, sollten die Pflanzen auf die angegebenen Abstände vereinzelt werden und die Jungpflanzen mit verdünnter Zwiebel- oder Ackerschachtelhalmbrühe gespritzt werden.

Geerntet werden die äußeren Blätter, die inneren bleiben stehen und wachsen laufend nach.

Blattmangold wird wie Spinat zubereitet, bei Rippenmangold werden die breiten Rippen wie Spargel gedünstet.

Kohl

Kopf-, Blumen-, Rosen-, Grünkohl und Brokkoli:
Alle Kohlarten benötigen einen tiefgelockerten, humus- und nährstoffreichen Boden mit einem pH-Wert von 7.

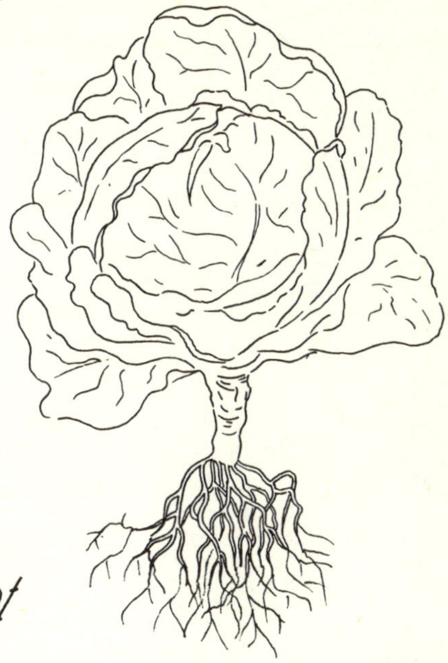

Früh-, Grün- und Wirsingkohl gedeihen auch auf leichterem Boden.

Die Kohlsorten benötigen viel Feuchtigkeit, Platz und Licht.
Ihr Wurzelwerk ist weit verzweigt und reicht in Tiefen bis zu 1 m.

In der Fruchtfolge ist ein Abstand von 4 Jahren einzuhalten. Kohlpflanzen vertragen keine verdichteten Böden, müssen also gehackt und gemulcht werden.

Brennesseljauche, Schachtelhalmbrühe und Algifert bei der Aufzucht haben sich gut bewährt.
Wir ziehen die Pflanzen zunächst in Frühbeeten oder gesonderten Vorzuchtbeeten auf und achten darauf, daß sie nicht zu dicht stehen und nicht austrocknen. Noch besser gedeihen sie in Einzeltopfanzucht.

- Beim Pflanzen achten wir auf das Abkneifen der Wurzelspitzen,
- auf das Eintauchen der Pflanzen in Schachtelhalmtee oder SPS-Lösung mit Bentonit verrührt,
- auf das tiefe Einpflanzen,
- auf die richtige Mischkultur und
- auf den richtigen Pflanzenabstand (50 × 60 cm).

Kohlschädlinge

<u>Kohlweißling</u> (Pieris brassicae)
Der Kohlweißling befällt außer dem Kohl auch andere Kreuzblütler. Die goldgelben Eier werden häufchenweise im April - Juni und Juli - August an die Blätter gelegt.

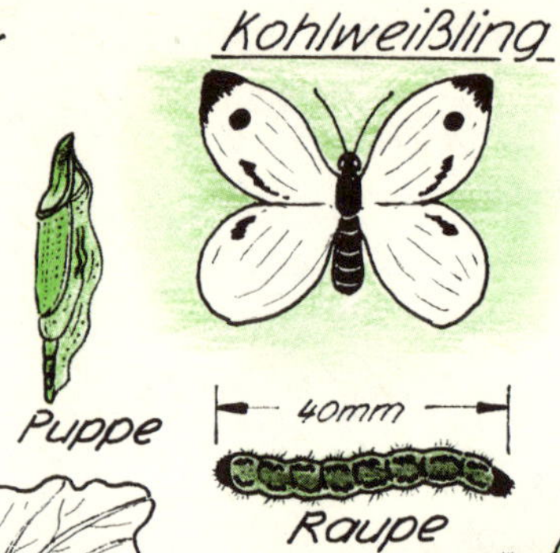

<u>Maßnahmen:</u>

- Nützlinge, vor allem Schlupfwespen fördern
- Weitere Maßnahmen siehe Kohleule
- Bei starkem Befall Pyrethrum-Mittel spritzen
- Gegen die Raupen: Dipel stäuben

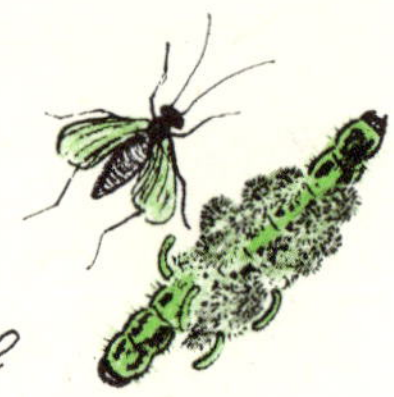

von Schlupfwespe parasitierte Kohlweißlingsraupe

<u>Kohleule</u> (Mamesta brassicae)
Die lichtscheuen Falter fliegen im Juni - Juli und August - September. Die Eier werden einzeln an die Blätter der Kohlpflanze gelegt und werden darum oft übersehen.
Die grau-grünen Raupen treten ebenfalls einzeln auf. Sie fressen vorwiegend nachts. Durch ihren Fraß im Kopfinneren und ihren Kot ist der Schaden unangenehm. Die Larven überwintern im Boden.

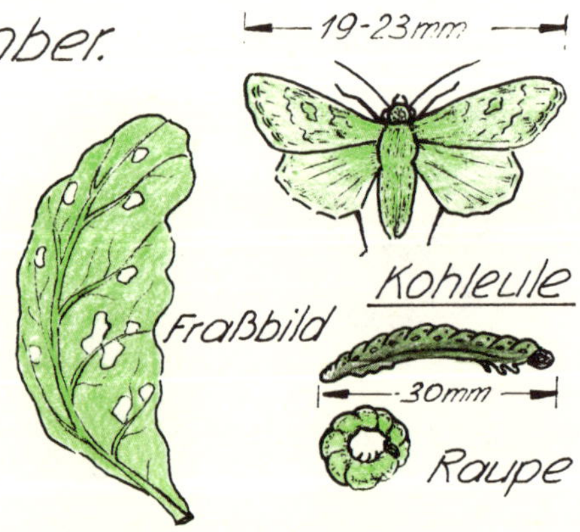

Maßnahmen:

- Mischkultur mit Tomaten und Sellerie
- Algenkalk stäuben
- Rainfarn-, Wermuttee oder Tomatenblätterauszug zur Geruchsüberdeckung spritzen
- Raupen ablesen, sie kommen nur bei Dunkelheit aus ihrem Versteck
- Mit Dipel (Bacillus thuringiensis) stäuben

Kohlfliege (Delia brassicae)

Die Fliege legt ihre Eier Ende April-Mai am Wurzelhals der Pflanzen ab. Außer Kohl befällt sie auch Rettich und Rüben.

Jährlich sind 2-3 Generationen möglich.

Der Fraß der Larven am Wurzelhals führt bei starkem Befall erst zum Verfärben (bleigrau) der Blätter, dann zum Absterben der Pflanze.

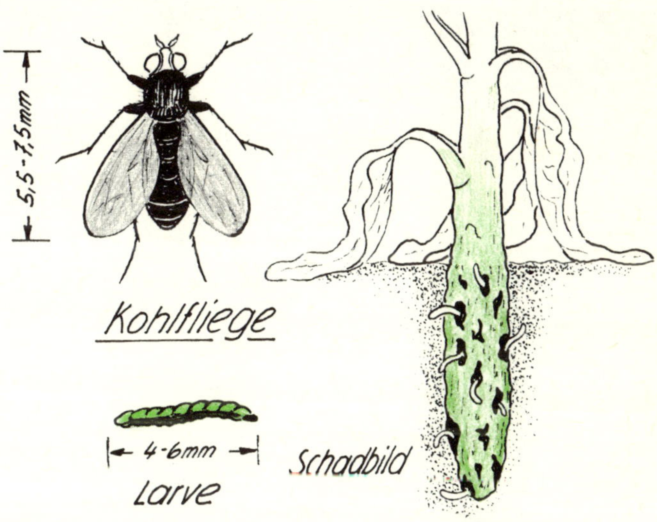

Maßnahmen:

- Setzlinge tief setzen
- Pflanzen mit Pappkragen versehen
- Weitere Maßnahmen siehe Kohleule

Pappkragen als Abwehrmaßnahme gegen die Kohlfliege

Kohlerdfloh (Phyllotetra Arten)

Die Käfer fressen im Frühjahr an Kohlpflanzen und anderen Kreuzblütlern. Eier werden im Mai in die Erde gelegt. Die Verpuppung der Larven findet tief im Boden statt. Ab Juni tauchen die jungen Käfer der neuen Generation auf.

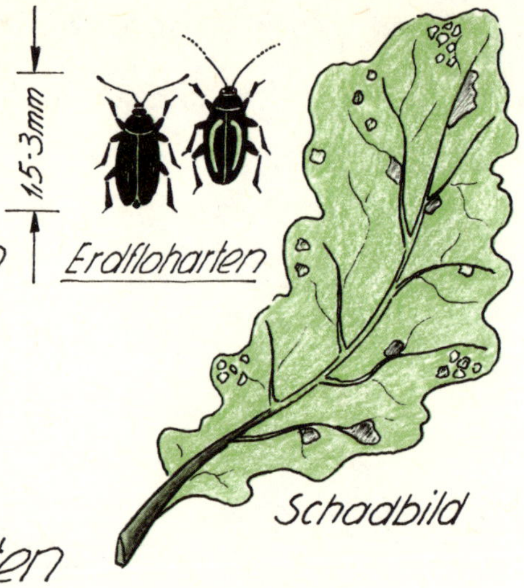

Maßnahmen:

- Boden feucht und locker halten
- Mulchen
- Mischkultur mit Salat und Spinat
- Rainfarn- und Wermuttee spritzen
- Bei starkem Befall Spruzit oder Rotenon-Mittel auf Pflanze und Boden bringen

Kohlschnake (Tipula oleracea)

Die Larve frißt am Wurzelhals und an Wurzelteilen von Salat und Kohlpflanzen.

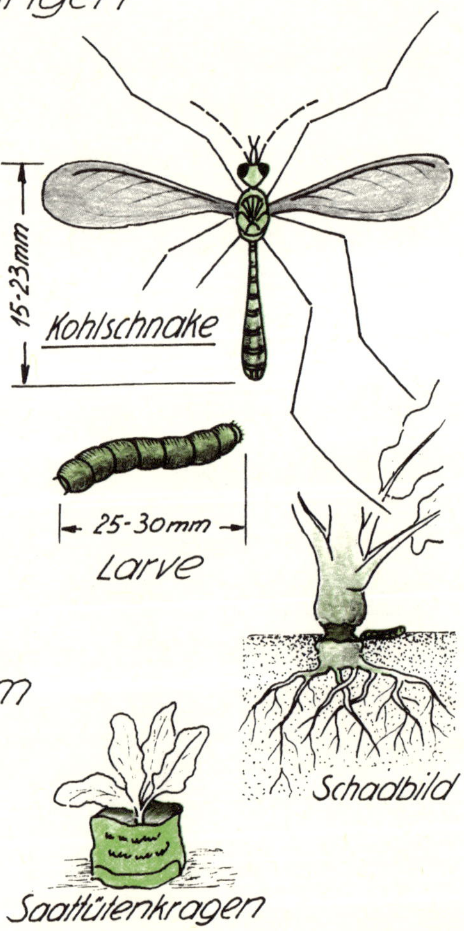

Maßnahmen:

- Tief pflanzen
- Holzasche oder Algenkalk dick um die Pflanze streuen
- Papp- oder Saattütenkragen um die Kohlstiele setzen
- Feinde fördern: Igel, Spitzmaus
- Gute Bodenbearbeitung und Drainage

Kohlgallenrüßler (Ceuthorrhynchus pleurostigma)
Der Käfer frißt in der Zeit von März bis Mai in den unteren Stengelteil Löcher und legt da hinein seine Eier ab.
Um die Eier wächst eine Galle, deren Gewebe den Larven als Nahrung dient.
Oft sind es mehrere Gallen pro Pflanze.
Die haselnußgroßen Gallblasen werden oft mit Kohlhernieauswüchsen verwechselt, enthalten aber keinen Schleim, sondern die Larve oder ihren Fraßgang.

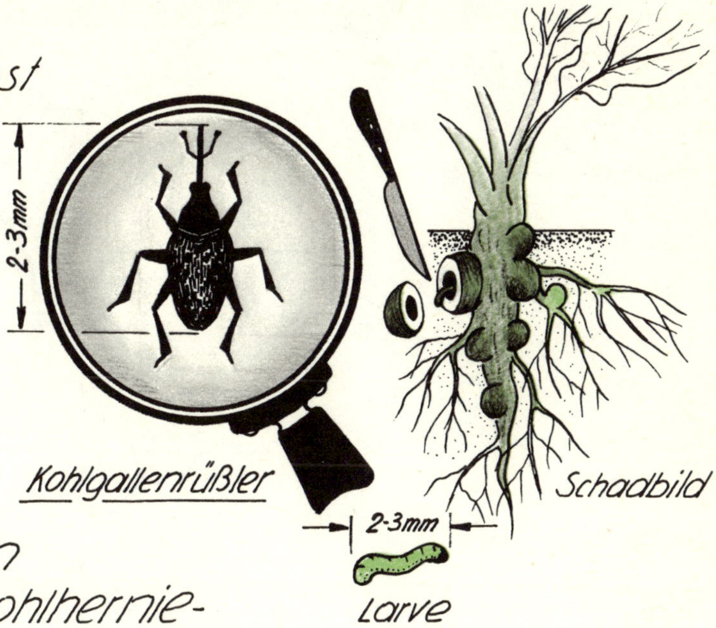

Die Larve verläßt im letzten Entwicklungsstadium die Pflanze und verpuppt sich im Boden.
Bei starkem Befall sterben die Pflanzen ab.

Maßnahmen:
- Setzlinge auf Befall überprüfen und aussortieren
- Setzlinge tief pflanzen
- Befallene Pflanzen vernichten
- Algenkalk stäuben
- Rainfarntee spritzen
- Mit stark duftenden Kräutern mulchen
- Einzelne Gallen mit dem Fingernagel auskneifen
- Bei starkem Befall im Abstand von 2 Wochen (ab April) mehrmals mit Rotenon- oder Pyrethrum-Mittel spritzen

Mehlige Kohlblattlaus (Brevicoryne brassicae)
Bei trockenem Wetter treten Kohlblattläuse oft in großen Mengen an den Unterseiten der Kohlblätter auf. Jüngere Pflanzen gehen oft ein, stabilere Pflanzen leiden sehr bei Massenbefall.

Maßnahmen:
Siehe Blattläuse

Drehherzmücke (Contarinia nasturtii)
Die erste Generation der 1,5-2mm großen, hellbraun gefärbten Drehherzmücke fliegt Mitte Mai bis Anfang Juni und legt ihre Eier an junge Herzblätter der Kohlpflanzen.

Die Larven fressen an den Blattstieloberseiten, die dadurch im Wachstum gehemmt werden. Die Blattstielunterseiten wachsen weiter, dadurch entstehen diese merkwürdigen Blattdrehungen.
Zuweilen werden die Pflanzen herzlos und Erträge sind nicht mehr möglich.
Die Drehherzmücke bringt 3-4 Generationen im Jahr.

Maßnahmen:

- Mischkultur und Fruchtwechsel
- Anbau in sonnigen, windoffenen Lagen
- Algenkalk oder Gesteinsmehle alle 14 Tage über Kohlsetzlinge stäuben
- Bei Befall Pflanzen ausreißen und vernichten

Pilzkrankheit

Kohlhernie (Plasmodiophora brassicae)

Diese Schleimpilze leben im Boden. Sie befallen die Wurzeln aller Kreuzblütler und lassen diese krebsartig wuchern.
Durch das Verfaulen dieser Wucherungen gelangen die Sporen wieder in den Boden.

In verseuchten, kalkarmen Böden sollte darum nur im Abstand von 5 Jahren Kohl angepflanzt werden.

Maßnahmen:

- Boden gut lüften und kalken (pH-Wert 7-7,5)
- Setzlinge 10 Min. in SPS- oder Schachtelhalmbad legen
- Jungpflanzen mit verdünnter Kohlblattjauche gießen
- Schachtelhalmtee spritzen
- Befallene Pflanzen sofort vernichten

Kohlrabi

Kohlrabi gedeiht auf fast jedem Boden bei mäßiger Düngung.
Er eignet sich gut als Vor-, Zwischen- oder Nachkultur.

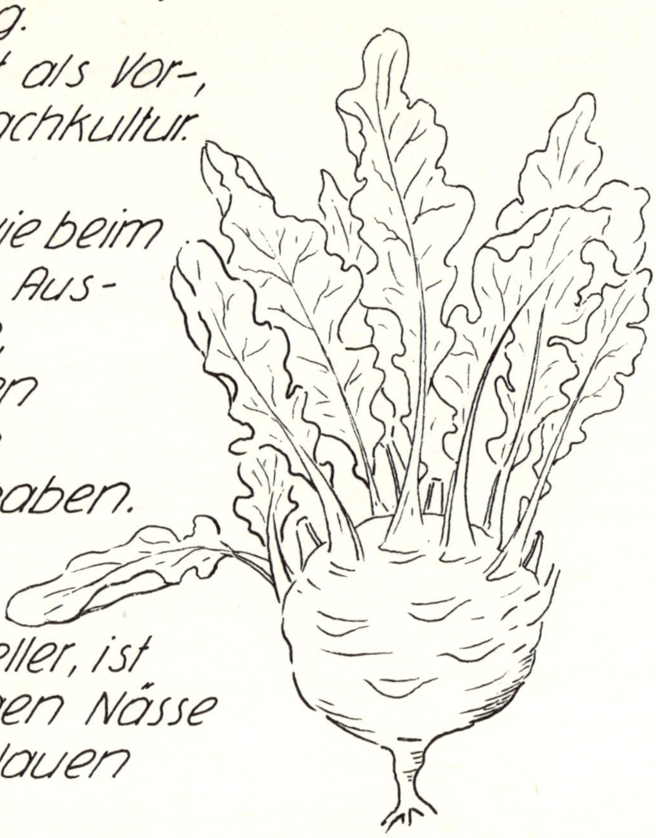

Wir sollten, genau wie beim Salat, öfter kleinere Aussaaten vornehmen, um ständig Pflanzen für die Beetlücken zur Verfügung zu haben.

Weißer Kohlrabi entwickelt sich schneller, ist aber anfälliger gegen Nässe und Kälte als die blauen Sorten.
Letzte Aussaat ist bis Mitte Juli möglich.

Viele Schädlinge der Kohlpflanzen befallen auch den Kohlrabi.

Mißerfolge, wie Platzen und Holzigwerden, gibt es häufig bei zu kaltem Anzuchtwetter, bei großen Temperatur- und Feuchtigkeitsschwankungen.

Geplatzter Kohlrabi

Folge von extremen Witterungsbedingungen.

Bei Kohlrabi auf gleichmäßige Feuchtigkeit achten.

Rettich, Radieschen und Mairüben

Der Boden sollte humusreich, aber nicht frisch gedüngt sein. Wir unterscheiden den Treib-, Sommer- und Herbstrettich.
Alle Sorten sind gut als Vor-, Zwischen- oder Nachkultur und in Mischkultur anzubauen.

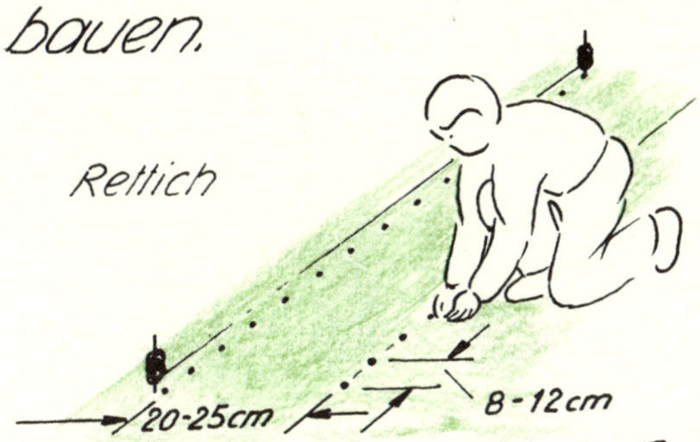

Radieschen

sind rund oder zylinderförmig, benötigen gleiche Bodenarten wie der Rettich und brauchen viel Sonne. Wie keine andere Gemüseart eignet sich das Radieschen, wegen der im Sommer nur 4 wöchigen Entwicklungszeit, als Lückenfüller. Wichtig für die Sommeraussaaten ist es, die richtigen Sommersorten zu nehmen.

Radieschen und Rettich leiden unter Erdflohbefall. Wir sollten etwas Salat oder Spinat mit in die Reihe oder in die Nähe säen, den Boden hacken, bei Trockenheit gießen und mulchen. Das mindert den Erdflohbefall.

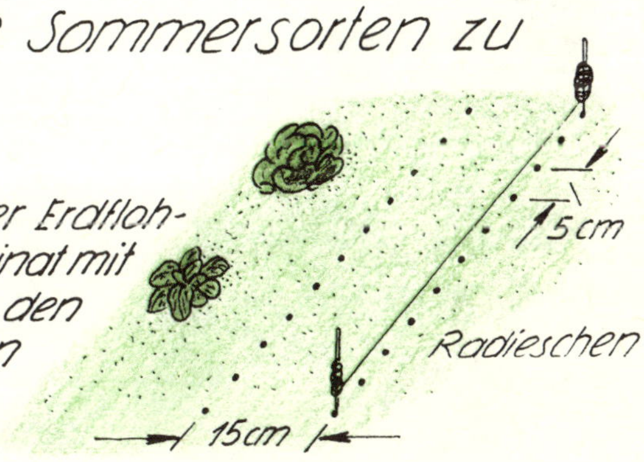

Weniger bekannt ist die Mairübe. Ähnliche Anbaubedingungen wie bei dem Rettich sind auch für diesen Kreuzblütler günstig.
Kinder knabbern diese Rüben gern, und wir haben ein zusätzliches frühes Gemüse.

Sellerie

Es gibt Schnitt-, Bleich- und den weitverbreiteten Knollensellerie. Alle Sorten benötigen reichlich Kali und Stickstoff. Der Boden sollte gut mit Kompost und Steinmehl versehen sein.

Reichliche Feuchtigkeit und eine zusätzliche Kalidüngung in Form von Holzasche lassen dieses Gemüse gut gedeihen.

Sellerie ist ein Flachwurzler. Er darf darum nicht tief gepflanzt und ab Juli nicht mehr gehackt werden.

Er gedeiht am besten in Mischkultur. Setzen wir ihn zwischen Buschbohnen oder in Reihenwechsel mit Lauch, Tomaten oder Kohl, ist dies für beide Teile vorteilhaft.

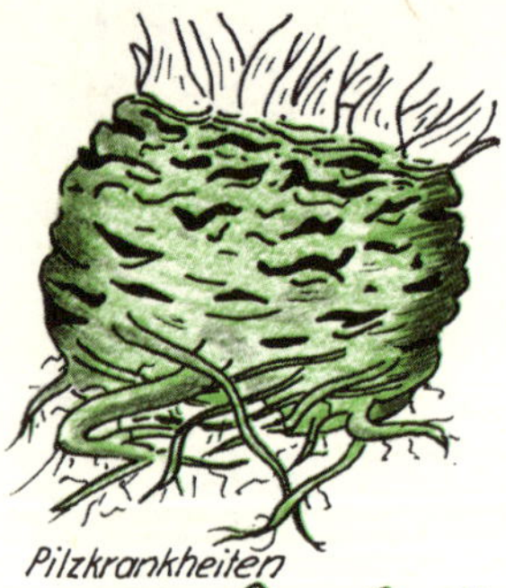

Pilzkrankheiten

<u>Sellerieschorf</u> Bei sehr nassem Wetter bekommen die Knollen zuweilen rötlich-braune Flecken. Die Schale wird rauh und rissig. Fäulnispilze können in die Knolle eindringen und sie zum Verfaulen bringen. Gesunde Anzuchterde und Fruchtwechsel wirken vorbeugend.

<u>Blattfleckenkrankheit</u>

Auf den Blättern werden helle bis braune Flecken sichtbar. Das Blatt kräuselt sich und beginnt zu trocknen. Oberhalb der Befallstelle stirbt das Pflanzenteil ab. Die Knolle bleibt klein.

Das Überbrausen der Pflanzen mit SPS-Lösung oder Schachtelhalmtee hilft gegen Pilzkrankheiten. Sellerie sollte so spät wie möglich geerntet werden. Er verträgt leichte Nachtfröste. Erst nach 4 Jahren darf Sellerie wieder den gleichen Platz einnehmen.

Möhren

Möhren gedeihen besonders gut auf Lehm-, aber auch auf humosen Sandböden. Schwere Böden dürfen nicht zu stark gedüngt sein (je mehr Dünger, desto stärker kommt die Möhrenfliege). Außerdem darf keine unverrottete organische Substanz im Boden sein (nicht auf frisch angelegte Hügelbeete säen), sonst bekommen die Möhren die Schwarzfäule.

Der Kalibedarf ist sehr hoch und kann mit Holzasche oder bedingt mit Kalimagnesia gedeckt werden. Die Holzaschen oder Kalimagnesia mit rasch pflanzenverfügbaren Nährstoffen sollten jedoch nicht vor der Aussaat gegeben werden, weil Kali eine Keimhemmung hervorruft.

Wir geben leichtlösliche Kalidünger darum erst, wenn die Pflanzen eine Höhe von 4-8 cm haben.

Die ideale Vorfrucht ist Lauch, Getreide, Bohnen oder Salat.
Gute Lockerung des Bodens ist nötig.

Wir säen etwa 1 cm tief und in einem Reihenabstand von 25 cm.

Da die Möhre eine lange Auflaufzeit hat, säen wir zum besseren Erkennen der Reihen einige Körner Radieschen oder Salat mit in die Möhrenreihen.

Frühe Sorten sind die Karottenarten; bis Weihnachten hält sich die bekannte „Nantaise", und als Lagersorten werden für schwere Böden „Rothild" und für leichte Böden die „Lange rote Stumpfe" empfohlen. Eine bemerkenswerte neue Züchtung ist die „Sperlings Rotin" mit hohem Karotin- und Zuckergehalt. Empfehlenswert für Babynahrung, Rohkost und Saftherstellung. Die Lagermöhren können leichte Nachtfröste vertragen und sollten nicht zu früh geerntet werden.

Schädlinge

<u>Nematoden</u> Das sind farblose 1mm lange Älchen. Sie rufen durch Saugen am Pflanzengewebe Veränderungen und Wachstumsbeeinträchtigungen hervor.

<u>Maßnahmen:</u>

- Weite Fruchtfolge
- Studentenblume (*Tagetes nana*) beipflanzen (oder in der vorhergehenden Gründüngung)

<u>Möhrenfliege</u> (*Psila rosae*)
Die 1. Generation fliegt von April bis Juli, eine 2. Generation ab Ende August.

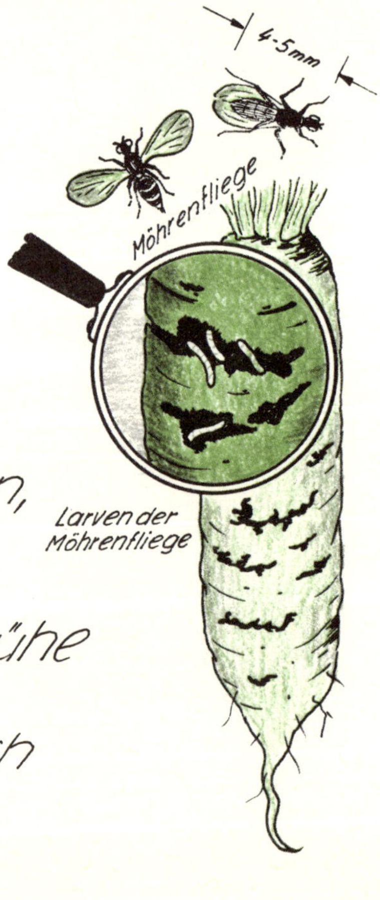

<u>Maßnahmen:</u>

- Weite Fruchtfolge
- Windige Lagen bevorzugen
- Stark riechende Kräuter, Rainfarn, Dill, Lavendel oder Farnkraut zwischen die Reihen streuen
- Mit Zwiebel- oder Knoblauchbrühe 2× wöchentlich überbrausen
- Mischkultur mit Zwiebeln, Lauch oder Knoblauch

Möhrenfliege

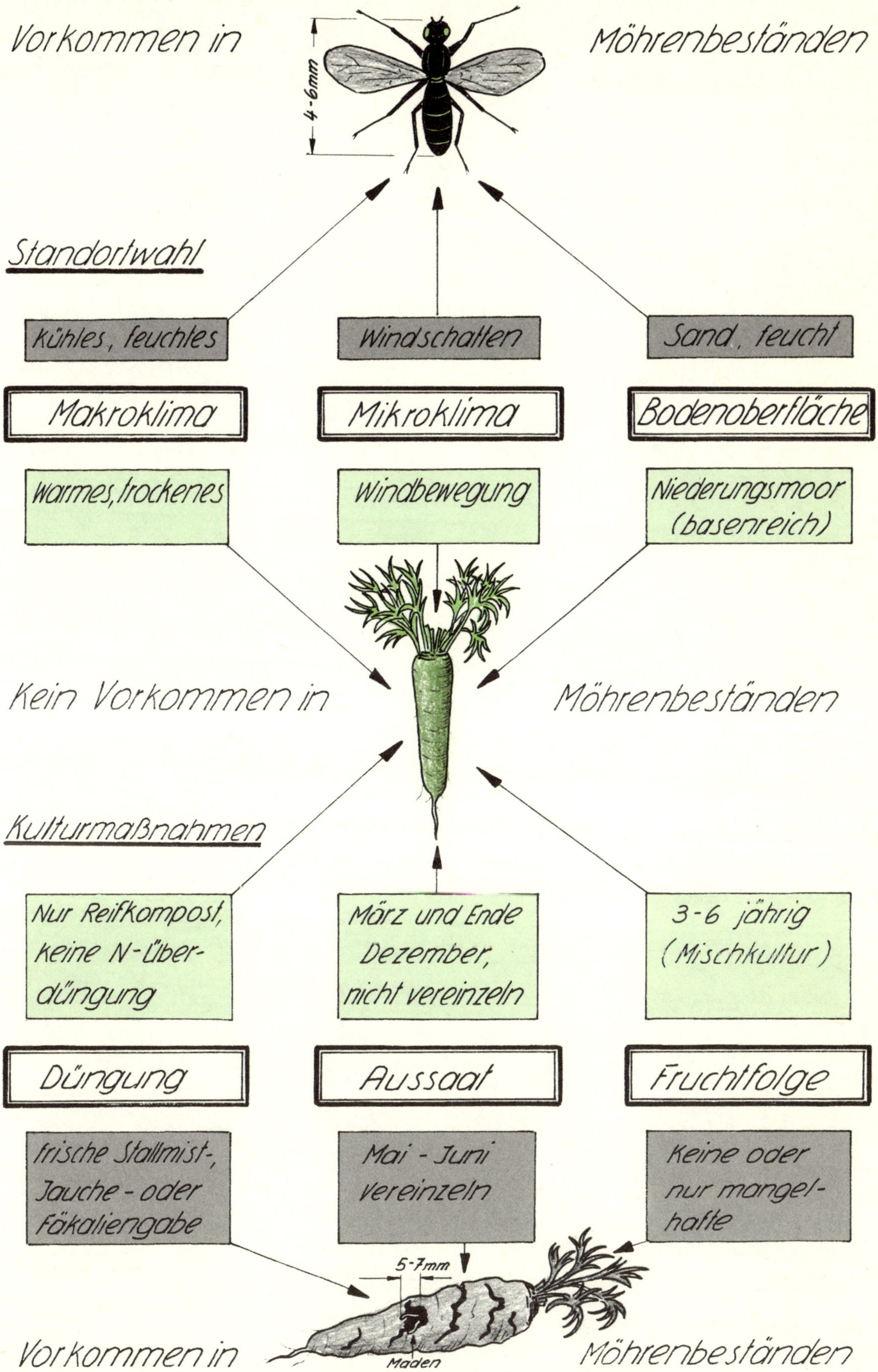

Zwiebeln

Zwiebeln gedeihen am besten auf lehmigen Böden. Sie werden in der Fruchtfolge als Mäßigzehrer eingeordnet und vertragen keinen frischen Dünger.

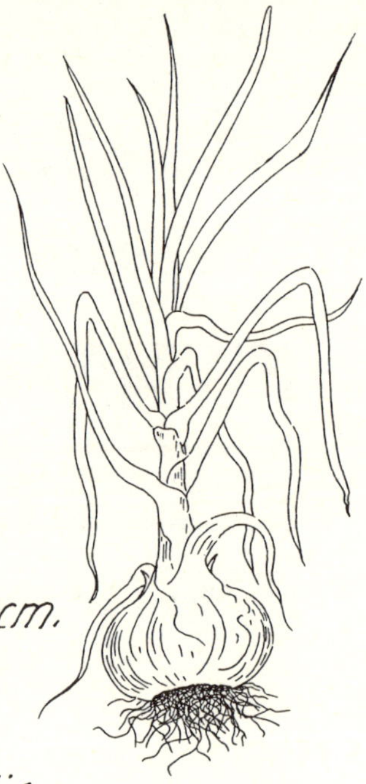

In der zweiten Märzhälfte werden Saat- und Steckzwiebeln im Reihenabstand von 30 cm in Mischkultur mit Karotten oder Möhren gelegt.

Steckzwiebeln werden groß, Saatzwiebeln bleiben kleiner.
In der Reihe beträgt der Abstand ca. 10 cm.

Steckzwiebeln sollten wir 24 Std. in Regenwasser vorquellen lassen. Wir pflanzen sie an Wurzeltagen (biol.-dynamischer Anbau).

Das Vorquellen und der richtige Aussaattermin verhindern erfahrunosgemäß ein Herausspringen der Steckzwiebeln.

Das Umknicken der Schlotten verzögert das Reifen der Zwiebeln und wird darum abgelehnt. Stattdessen können wir Ende Juli bis Anfang August die Zwiebeln mit der Grabegabel leicht anheben. Das unterbindet die Wasseraufnahme der Pflanzen. Bald danach beginnt das Kraut abzusterben.

Zwiebelsaat muß festgeklopft oder -getreten werden.

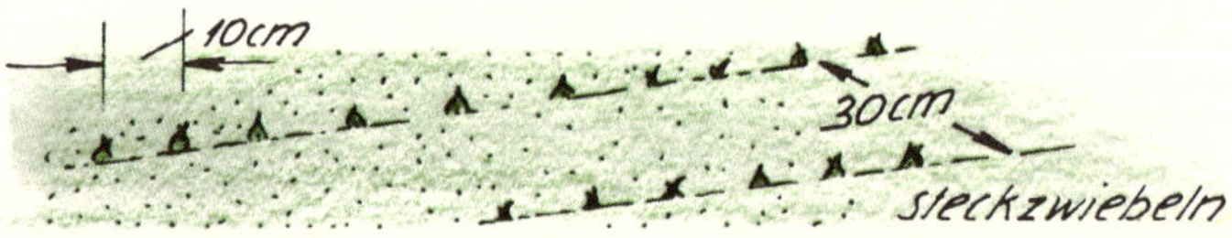

Wir lassen die ausgegrabenen Zwiebeln bei trockenem Wetter noch einige Tage auf dem Land liegen. Lose gebündelt, kühl und frostfrei aufgehängt halten sich Zwiebeln am besten.

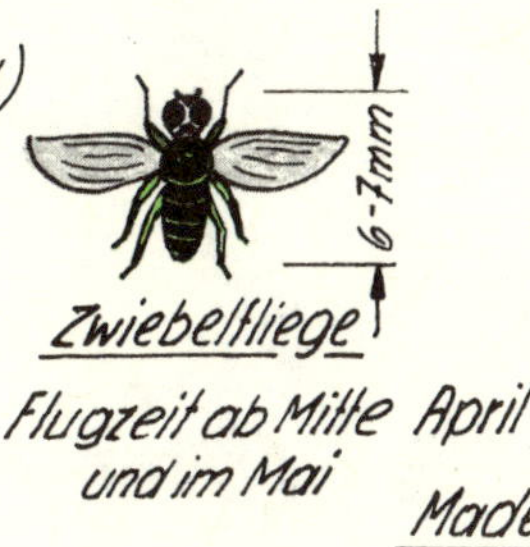

Zwiebelfliege (Hylemya antiqua)
Die Zwiebelfliege legt ihre Eier am Grund der Zwiebel ab. Die Maden fressen sich in die Zwiebel ein. Nach 3 Wochen erfolgt die Verpuppung im Erdreich. Eine 2. Generation frißt sich ab Juli-August vom Boden her in die Zwiebel ein. Meist folgt eine Fäulnis verursachende Bakterienkrankheit nach. Auch Lauch und Knoblauch können befallen werden.

Maßnahmen:
- Zwiebeln mit Algenkalk oder Gesteinsmehl bestäuben
- 2× wöchentlich mit stark riechenden Kräutern gießen
- Mischkultur mit Möhren

Knoblauch

Knoblauch können wir zu Speisezwecken wie auch zur Schädlingsabwehr anbauen. Außer Bohnen und Kohl mögen ihn alle Gartenpflanzen in ihrer Nähe; er schützt sie vor Insekten und Pilzbefall.
Knoblauch benötigt einen humosen nährstoffreichen Boden. Die einzelnen Zehen werden im September oder Ende März bis Anfang April 3cm tief in den Boden gesteckt. Ab August sterben die Blätter ab und wir können die Knoblauchzwiebeln ernten und luftig aufhängen.

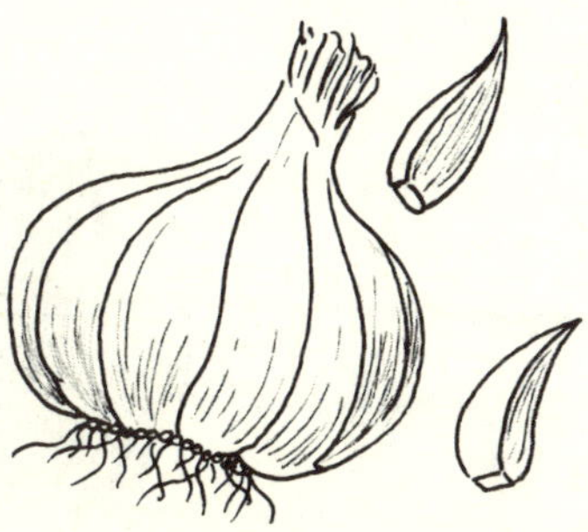

Porree (Lauch)

Porree oder Lauch benötigt nährstoffreichen Boden, besonders Kali. Es gibt Sommer- und Winterporree.

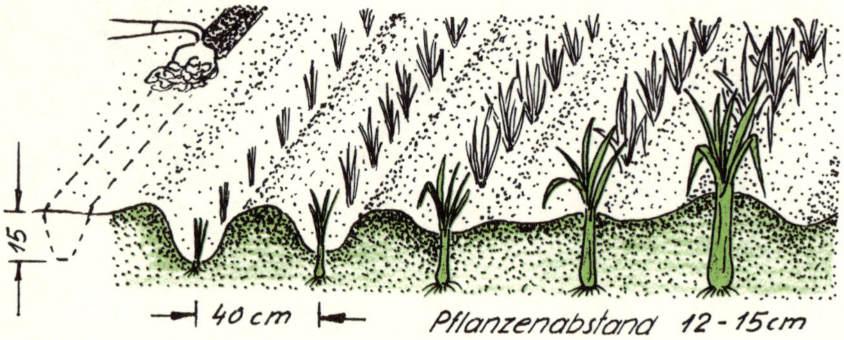

Porree wird in Rillen gesetzt (die mit der Zeit vollschlämmen) und kann bis Ende September angehäufelt werden. Diese Maßnahmen ergeben einen langen Schaft. Blattspitzen sollen beim Pflanzen nicht, Wurzelenden nur wenig gekürzt werden, weil der Ertrag sonst leidet.

Lauchmotte (Acrolepiopsis assectella)

Die 1. Generation der Lauchmotte fliegt im Mai, die 2. im Juli-August. Die Raupe frißt erst an den Blättern, später im Schaft, dies kann zum Absterben der ganzen Pflanze führen.

Fraßbild der Lauchmottenraupe

Maßnahmen:

- Neben dem Anbau in windoffenen Lagen und in Mischkultur mit Möhren und Sellerie sollten wir mehrmals mit Schachtelhalmbrühe gießen
- Werden Pflanzen trotzdem befallen, sollten wir die Maden mit der Hand zerdrücken und die Blätter stark zurückschneiden

Lauchmotte

Raupe der Lauchmotte

Gurke

Wie Kürbis und Zucchini liebt auch die Gurke leicht erwärmbare, humose Böden, braucht aber im Gegensatz zu Kürbis eine nur mäßige Stickstoffmenge.

Haben wir schwere nasse Böden, setzen wir Gurkenpflanzen auf kleine Hügel, die gut mit Komposterde verbessert werden.

Auf sandigen, trockenen Böden lieben die Gurken dagegen die Rille, die Erdvertiefung.

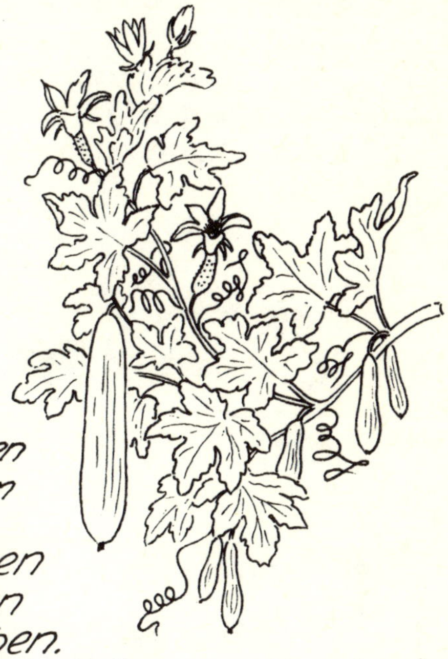

Schwere nasse Böden — Sandige trockene Böden

Pflanzenabstand in der Reihe etwa 15cm

Gurken stehen windgeschützt zwischen 2 Reihen Stangenbohnen. Die Reihen sollten 2m Abstand voneinander haben. Es bekommt den Gurken gut, wenn die Reihen so angelegt werden, daß noch Sonne an die Pflanzen gelangt.

Gurken müssen wir im trockenen Sommer gießen. Weil Gurkenblätter, -stengel und -früchte mit Gießwasser nicht in Berührung kommen sollten, haben wir uns folgende Anbauweise ausgedacht:

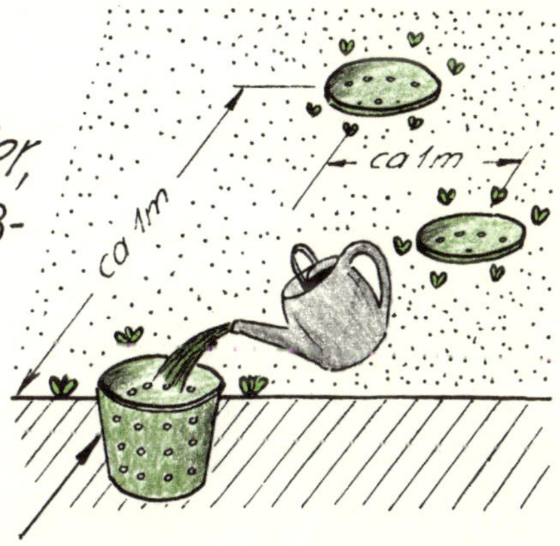

Gelochter Eimer

Wir durchlöchern einen 5 l Kunststoffeimer reichlich und graben ihn zu 90% in den Boden ein. Dann legen wir in kompostangereicherte Erde um den Eimer ca 10 Gurkenkerne oder setzen 6 vorgezogene Pflanzen. Bei trockenem Wetter gießen wir in diese Eimer Regen- oder gut abgestandenes Leitungswasser (Gurken sind chlorempfindlich) und auch je 3-4 mal verdünnte Brennesseljauche und Schachtelhalmtee. (Vorsicht! Keine starkfarbigen Eimer verwenden, Cadmiumgefahr!)

Gurken sind Flachwurzler, nicht hacken sondern mulchen.

Wir können Gurken am Spalier oder Draht in die Höhe ziehen.

Für Schlangengurken (Pflanzen im Frühbeet vorgezogen) würden wir es besonders empfehlen, weil die Früchte hängend besser geraten. Auch Gurken der Sorte Delikatess eignen sich dafür.

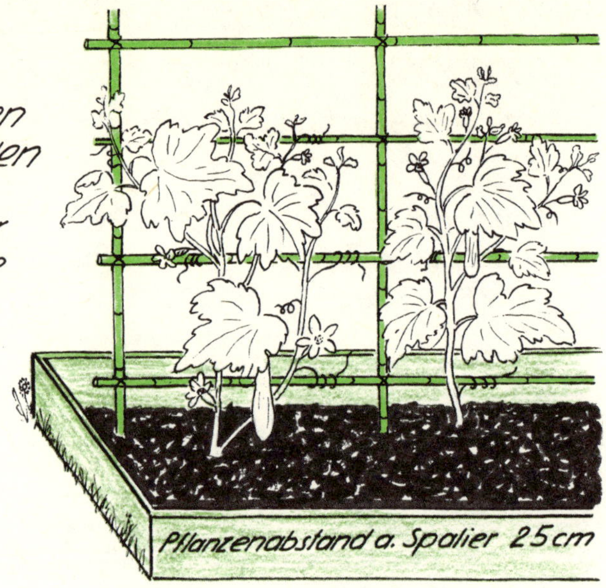

Viele Pflanzen bekommen am Ende ihrer Wachstumszeit Mehltau, der Schaden ist meist gering.
Wir kennen in nassen Jahren den grauen flächigen Schimmelbelag des Grauschimmels.

Die Blattfleckenkrankheit ist eine Bakterienkrankheit, die durch kranken Samen und verseuchten Boden auftritt.

Es erscheinen, häufig nach Verletzungen, eckige, gelbbraune Flecken mit Schleim an der Unterseite der Blätter. Diese Bakterienkrankheit befällt auch die Früchte.
Dann haben wir, gurkenschädigend, auch noch eine Spinnmilbenart, die an den Blattunterseiten saugt.

Maßnahmen:

- Zu stickstoffhaltige Düngung vermeiden
- Nicht zu dicht pflanzen, insgesamt 3-4 mal die Pflanzen mit verdünnter Schachtelhalmbrühe spritzen
- Das Jugendwachstum durch Algenextrakte fördern
- Befallenes Gurkenkraut entfernen und verbrennen
- Nicht vor 3 Jahren Gurken auf die gleiche Fläche bringen

Kartoffeln

In kleineren Gärten werden hauptsächlich Frühkartoffeln in kleineren Mengen angebaut. Diese wenigen Reihen können wir gut in die Mischkultur einplanen. Sie profitieren dann von den Wurzelausscheidungen günstiger Nachbarschaften.

Im Selbstversorgergarten werden Einkellerungskartoffeln in größerer Menge angebaut. Dazu eignet sich ein separates Gartenstück.

Bei Kartoffeln sollte auf den 4 jährlichen Fruchtwechsel geachtet werden.

Kartoffelland versorgen wir im Herbst mit einer reichlichen Gabe von nährstoffreichem Kompost.

Ist noch nicht genügend Kompost vorhanden, können wir im Herbst Steinmehl auf das vorgesehene Land bringen und im Frühjahr biologischen Mehrbereichsdünger und Holzasche einarbeiten (Holzasche enthält nützlichen Kali aber auch 30% Kalk). Vorsicht! pH-Wert überprüfen. Er sollte (je nach Bodenart) bei 5,5 - 7 liegen.

Vorschlag für den Anbau der Kartoffeln in Mischkultur

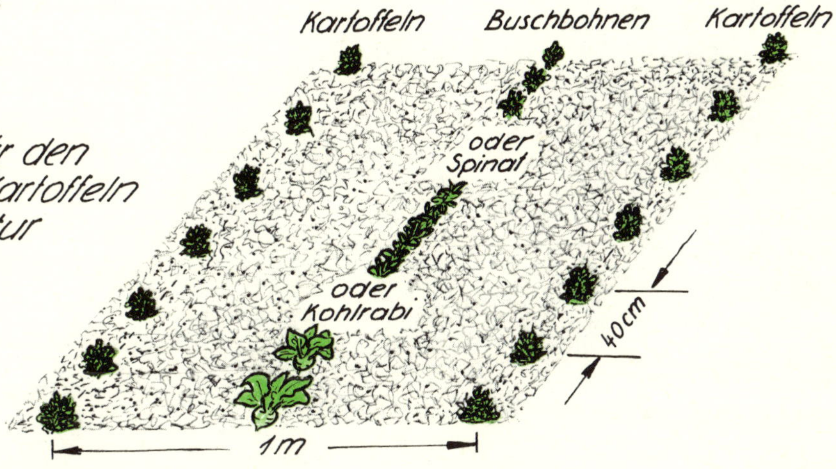

Sehr gut gedeihen Kartoffeln auch nach einer vorjährigen Gründüngung. Wir säen im August die schnellwüchsigen Ackerbohnen oder Rotenburger Kombigemenge, beides luftstickstoffsammelnde Leguminosen.

Wir beginnen in den ersten Märztagen, unsere Frühkartoffeln vorzukeimen.

Zuerst legen wir sie in 2%ige SPS-Lösung (im Handel erhältlicher, pilztötender, keimfördernder Kräuterextrakt), lassen sie gut abtrocknen und setzen sie in eine Kiste (siehe Abb).

Keimtemperatur ca. 12 °C

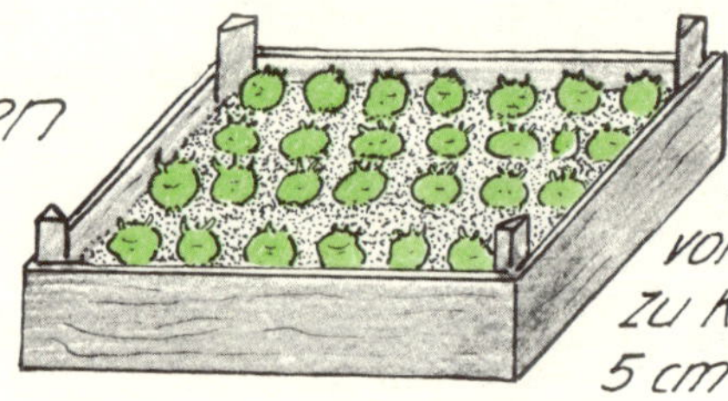

Füllmaterial • Gemisch aus
Torf und Perlit 1:1
Hell, aber nicht in Sonnenlicht stellen

Anfang April haben diese Kartoffeln meistens gedrungene, kräftige Keime und einen kleinen Wurzelballen.

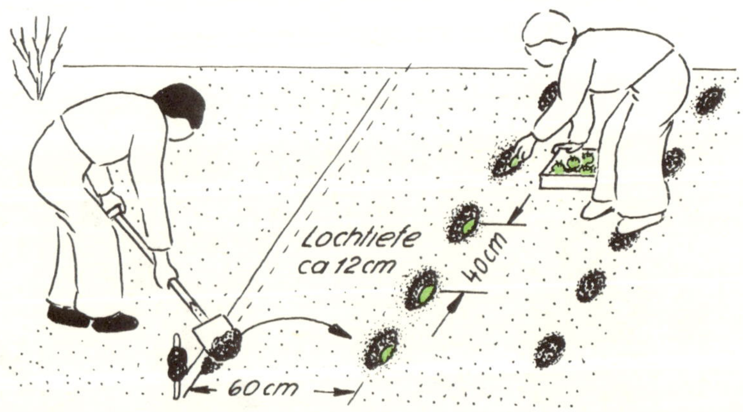

Wir setzen sie mit diesen Wurzeln und 3 belassenen Keimen in die Pflanzlöcher. Dieser Arbeitsgang sollte keim- und wurzelschonend durchgeführt werden.

Nach dem Erscheinen der ersten Blätter werden die Reihen mit Heu, abgeharktem Wintermulch oder ähnlichem Material abgedeckt.
Die Kartoffel ist sehr frostempfindlich, deshalb muß sie vor Bodenfrost geschützt werden.

Eine Mulchschicht auf den Kartoffelhügeln erspart uns das Wässern und hält das Unkraut zurück.

Genauso können wir bei Spätkartoffeln verfahren, nur wird bei größeren Mengen der Vorkeimaufwand nicht immer durchführbar sein.

Bis zur Ernte sind noch einige Pflanzenpflegemaßnahmen nötig:
3maliges Gießen mit Brennesseljauche und (oder) das Spritzen mit Algifert dient allgemeiner Pflanzenkräftigung.

Kraut- und Knollenfäule
(Phytophthora infestans)
Diese Pilzkrankheit kann durch infiziertes Saatgut oder Ernterückstände übertragen werden und verbreitet sich bei feuchtwarmem Wetter besonders rasch. Sie tritt bei Kartoffeln, Tomaten und Paprika auf.

Braune Flecken erscheinen auf Blättern und Stengeln. Das Kraut stirbt vorzeitig ab. Auf Kartoffelknollen zeigen sich braune Flecken mit rostroten, verfärbten Fäulnisstellen.

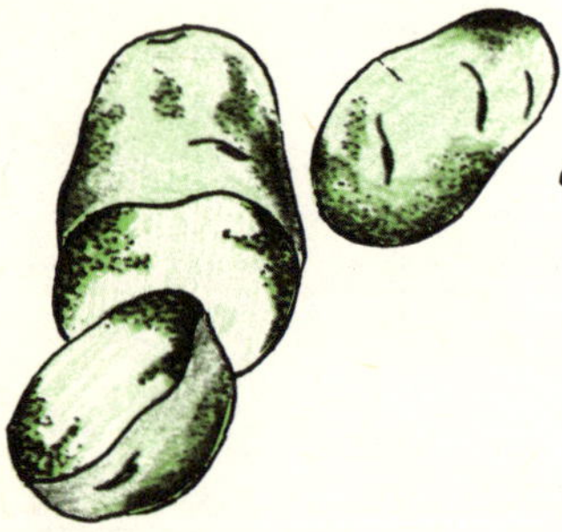

Knollenfäule an der Kartoffel

Krautfäule am Kartoffelkraut

Auf Tomatenfrüchten zeigen sich braungrüne bis schwarze Flecken, die Früchte sind nicht genießbar.

Knollenfäule an der Tomate

<u>Maßnahmen:</u> (Vorbeugend)

- 4 maliges Stäuben mit Algenkalk oder Gesteinsmehl, ab Mitte Mai für Früh- und ab Juni für Spätkartoffeln, im 7-Tage-Abstand.
- Das Spritzen mit Knoblauch- oder Zwiebelschalentee im gleichen Zeitraum wie beim Stäuben
- Oder das 3 malige Spritzen mit Bio-S.

Neueren Forschungen zufolge ist eine 8 tägige Sonnenbestrahlung frisch geernteter Pflanzkartoffeln ein erprobtes Mittel gegen die Krautfäule. Die Knollen werden in dieser Zeit grün und bilden Solanin. Dieses Solanin immunisiert gegen Pilzbefall. Eine Giftwirkung auf die Kartoffeln der nächsten Ernte ist nicht zu befürchten.

Kartoffelkäfer (Leptinotarsa decemlineata)

Die Käfer überwintern in Tiefen von 25-50 cm im Boden. Bei Temperaturen von ca. 15°C kommen sie an die Oberfläche und beginnen mit dem Blattfraß. Nach ca. 2wöchiger Fraßzeit an Jungpflanzen beginnt die Eiablage.

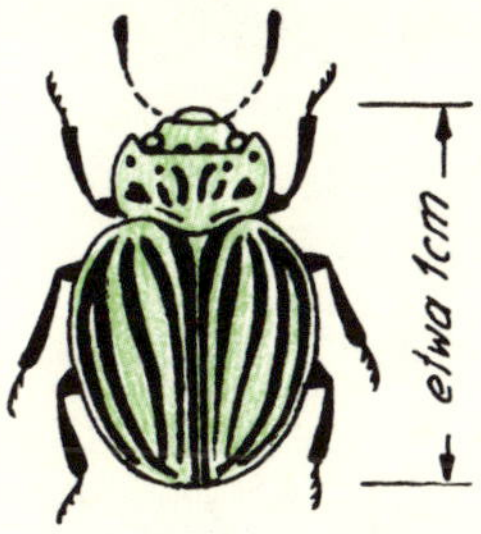

Kartoffelkäfer

Eigelege

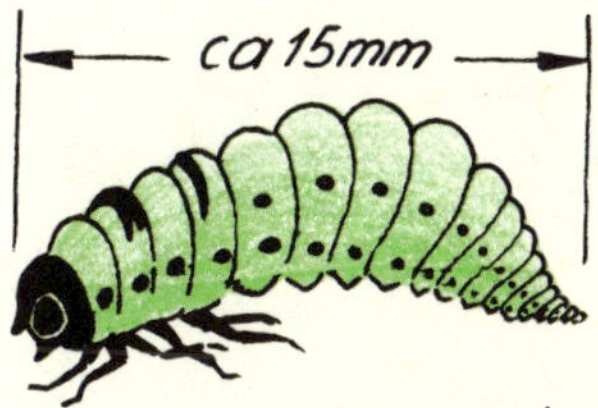

gelblich-rote Larve des Kartoffelkäfers

Das Eigelege besteht aus 20-25 gelblich-ovalen, 1,5mm großen Eiern, die an den Blattunterseiten von Nachtschattengewächsen (vorwiegend Kartoffeln) abgelegt werden.

Schadbild

Die Larven ernähren sich vom Kartoffelkraut. Zur Verpuppung kriechen sie in den Boden. Nach 1-2 Wochen schlüpft der Käfer.
Ab August beginnt dann die Überwinterung im Erdreich.

Die Ertragsminderung kann groß sein, wenn das Kraut stark abgefressen wird.

Maßnahmen: (vorbeugend)

- Humuswirtschaft betreiben
- Brennesseljauche, Algifert und Gesteinsmehle stärken die Pflanzen und lassen sie weniger anfällig werden.

In witterungsmäßig ungünstigen Jahren kann es trotz biologischem Anbau zu Befall kommen. Dann sollten wir Käfer und Larven von Hand ablesen. Bei sehr starkem Befall benutzen wir Rotenon-Pyrethrum Mittel (wirkt gegen die Larven).

Kartoffelschorf (Streptomyces scabies)

Er tritt besonders bei trockenem, warmem Wetter in kalkhaltigen Böden auf.
Pusteln und Schorfstellen mindern die Qualität der Knollen.

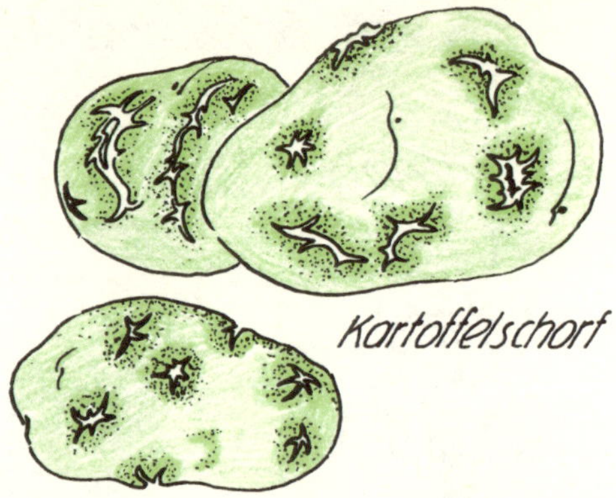

Kartoffelschorf

Maßnahmen: (vorbeugend)

- Ein 3wöchiges Feuchthalten, beginnend etwa 2 Monate nach dem Auspflanzen, verringert die Schorfgefahr
- Kartoffelland nicht kalken
- Nicht so anfällige Sorten wählen
- Böden gut mit Gesteinsmehlen versorgen
- Bei Trockenheit Algenkalk oder Gesteinsmehle mehrmals auf die Pflanzen stäuben

Auswahl aus Kartoffelsortenempfehlung

	Sortenname	Züchter bzw. Nutzungsber.	i. Hdl. seit	Boden-anspr.	Stärke-gehalt	Anfälligk. f. Krautfäule	Kochtyp
Sehr frühe Sorten	Gloria N	Soltau-Bergen	1972	mittel	12-14%	mittel-stark	festkochend
	Hela	Ebstorf	1964	mittel	10-12%	mittel	festkochend
	Ukama N	Lange	1977	mittel	10-12%	gering-mitt.	festkochend
	Atica	Ragis	1971	ger.-mitt.	10-12%	stark	festkochend
Frühe Sorten	Birgit	Wallmüller	1979	mittel	14-16%	gering	festkochend
	Allegro N	Nordd. Pflanzenz.	1980	mittel	12-14%	gering	festkochend
	Jessica	Böhm KG	1979	mittel	12-14%	mittel	festkochend
Mittelfrühe Sorten	Linda	Fr. Böhm	1974	ger.-mitt.	12-14%	gering-mitt.	festk. f. Salate
	Granola N	Saka	1975	mittel	12-14%	gering	festkochend
	Nicola N	Soltau-Bergen	1973	mitt-hoch	12-14%	gering-mitt.	festk. f. Salate
	Culpa N	Ragis	1974	ger.-mitt.	12-14%	gering	festkochend
	Dunja	Berding	1977	gering	12-14%	gering	festkochend
Mittelsp. b. s. sp. Sort.	Aula N	Ragis	1974	ger.-mitt.	14-16%	mittel	mehlig-festk.
	Condea	Pomm. Saatz.	1958	ger. mitt.	14-16%	gering	festkochend

Erarbeitet von Mitgliedern des „Versuchs- und Beratungsrings ökologischer Landbau Niedersachsen e.V."

Tomaten

Sie haben als Nachtschattengewächse ähnliche Düngeransprüche und starke Wuchskräfte wie die Kartoffeln, aber auch ähnliche Krankheiten und sollten darum nicht neben den Kartoffelreihen stehen.

Ein humoser, kräftig gedüngter, aber nicht überdüngter Boden ist für ein gesundes Aufwachsen nötig.

Tomaten möglichst einreihig in Nord-Süd Richtung anpflanzen.
Sollte 2 reihig gepflanzt werden, ist ein Abstand von 1m erforderlich.

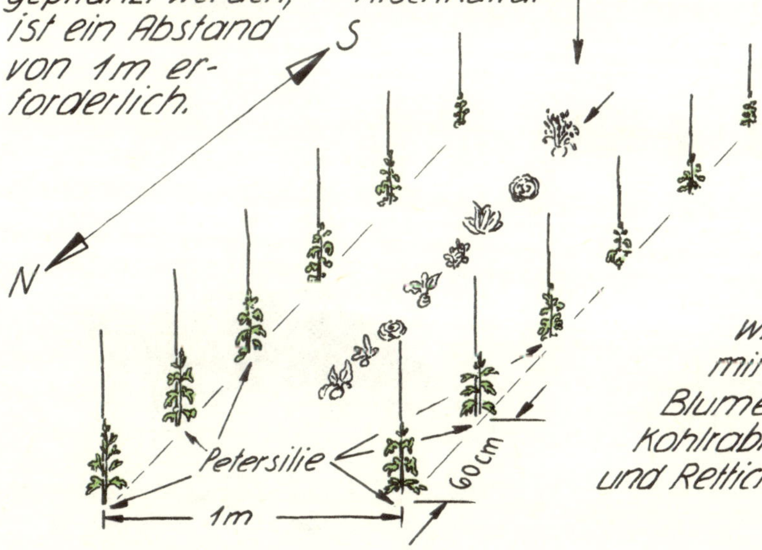

Neben der geschmackverbessernden Petersilie bauen wir Tomaten gern mit Sellerie, Weiß- und Blumenkohl, Buschbohnen, Kohlrabi, Salat, Radieschen und Rettich in Mischkultur an.

Die Tomate liebt Feuchtigkeit im Wurzelbereich, nicht aber am Kraut und an den Früchten, das heißt wir gießen nur den Boden im Wurzelbereich. Gleichmäßige Feuchtigkeit ist erwünscht und mindert die Platzfreudigkeit der Tomatenfrüchte.

Tomaten stehen gut auf Hügelbeeten, weil sie hier viel Sonnenlicht bekommen und nach Regen rasch abtrocknen.

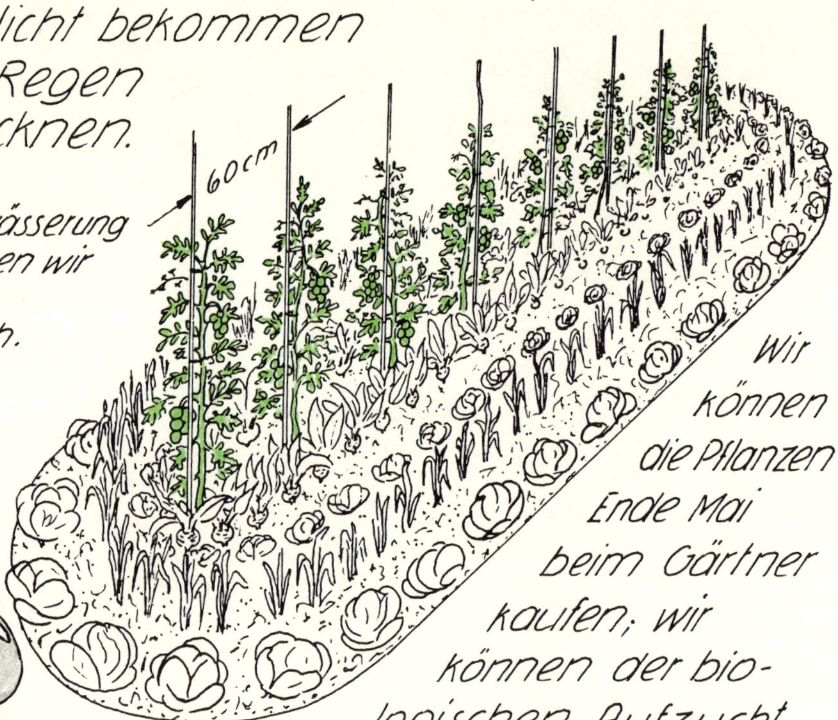

Zur besseren Bewässerung der Pflanzen setzen wir Blumentöpfe ins Erdreich.

Wir können die Pflanzen Ende Mai beim Gärtner kaufen; wir können der biologischen Aufzucht wegen die Pflanzen aber auch selbst ziehen.
Damit sollten wir Anfang März beginnen.

Erdgemisch für Saatanzucht

Samen in 3 cm Abstand 1 cm tief legen

Erde mit Schachtelhalmbrühe überbrausen

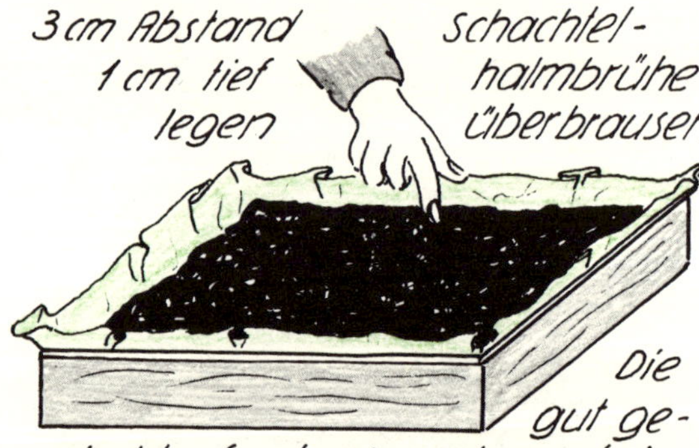

Die gut gemischte Saaterde geben wir in eine Holzkiste, die vorher mit Folie (kein PVC) ausgelegt wurde.

Wir kaufen ungebeizten Samen oder nehmen Samen aus eigener Ernte. Wir beizen die Samenkörner in Baldrianblütenextrakt oder SPS in der angegebenen Verdünnung (2%ig) etwa 15 Min.

Stelle die Kisten warm und dunkel (Zeitung überlegen). Bei Temperaturen um 21°C keimen die Samen in 5–10 Tagen.

Stehen die Keimlinge zu dicht, müssen sie bald pikiert werden.

Erdmischungen für größere Kisten oder Töpfe

(Sie kann für größere Pflanzen statt einem Teil drei Teile Komposterde enthalten).

Jungpflanzen bei jedem Pikieren bis zum Blattansatz in die Erde setzen und mit Schachtelhalmbrühe oder SPS-Lösung übersprühen.

Pikierholz

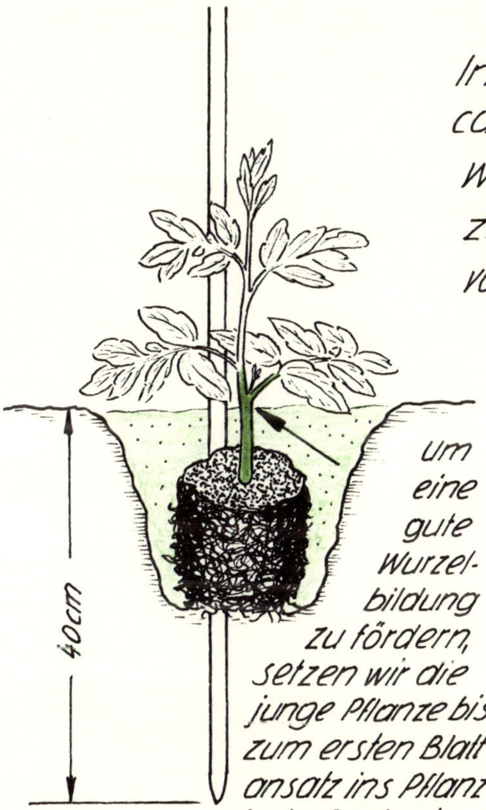

Um eine gute Wurzelbildung zu fördern, setzen wir die junge Pflanze bis zum ersten Blattansatz ins Pflanzloch. Dadurch bildet sie am Stamm weitere Wurzeln.

Insgesamt wird 2× pikiert und ca. 5× überbraust.

Wenn die Pflanzen hell und nicht zu dicht stehen (bei Temperaturen von ca. 15-18 °C), werden wir kräftige Pflanzen bekommen.

Ausgepflanzt ins Freiland wird ab Mitte Mai (wenn keine Nachtfröste mehr zu erwarten sind).

Tomaten können immer wieder an die gleiche Stelle gepflanzt werden, wenn im Vorjahr an diesem Ort keine kranken Pflanzenrückstände hinterlassen wurden.

Die Beete sollten vor dem Pflanzen mit Schachtelhalmtee gegossen werden. Die Tomatenpfähle werden mit Schachtelhalmtee abgebürstet.

Die Stützpfähle, oder noch besser gewellte Stahlstäbe, werden vor dem Pflanzen gesetzt.

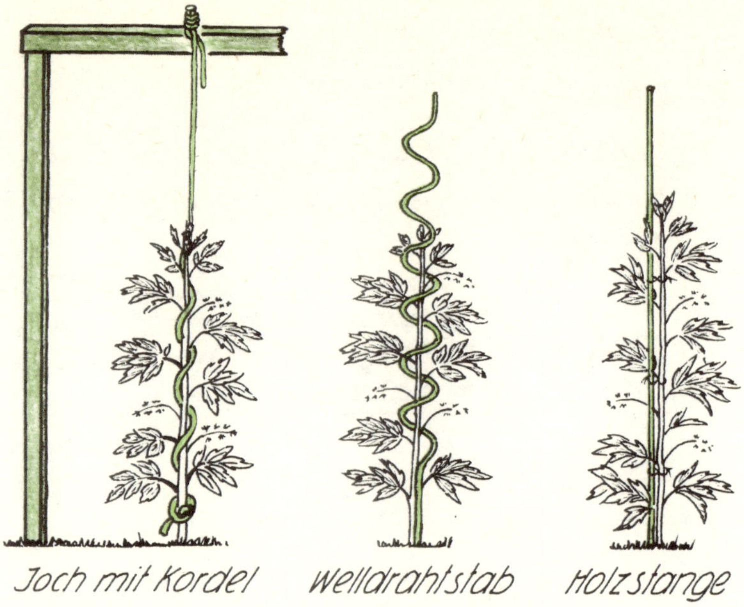

Verschiedene Befestigungsmöglichkeiten

Tomaten werden meistens eintriebig gezogen, das heißt wir kneifen die Seitentriebe (Achseltriebe) aus, wenn sie 3-6 cm lang sind (dieser Vorgang wird auch als Ausgeizen bezeichnet).

Das Ausgeizen

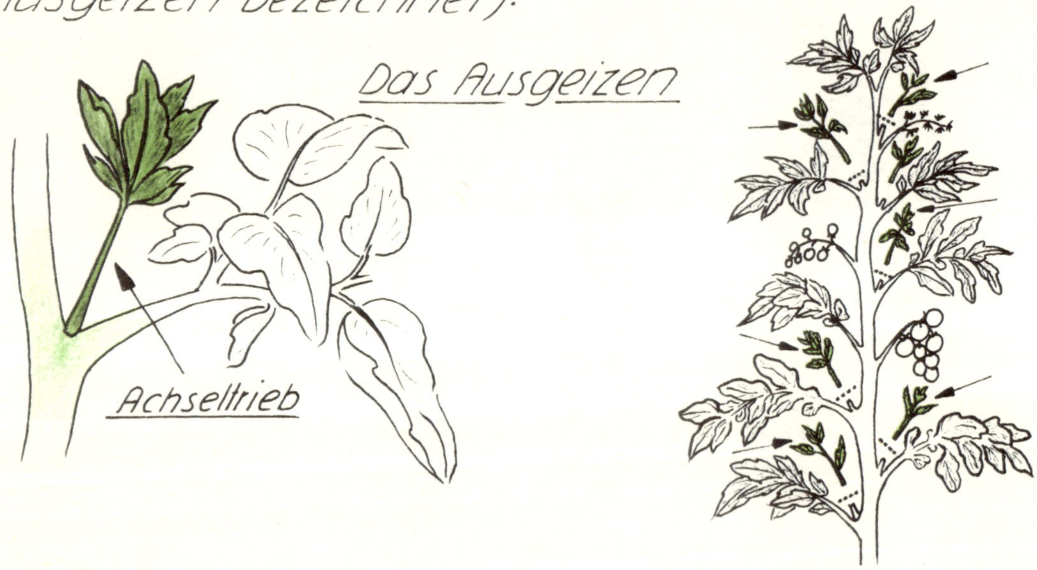

Tomaten sollten stets gemulcht werden. Sie können öfters verdünnte Brennesseljauche vertragen. Sehr gut bekommt ihnen auch Tomatenjauche (hergestellt aus übrigen Pflanzen und ausgegeizten Trieben, angesetzt in Regenwasser).

Bakterienwelke (Corynebacterium michiganense)

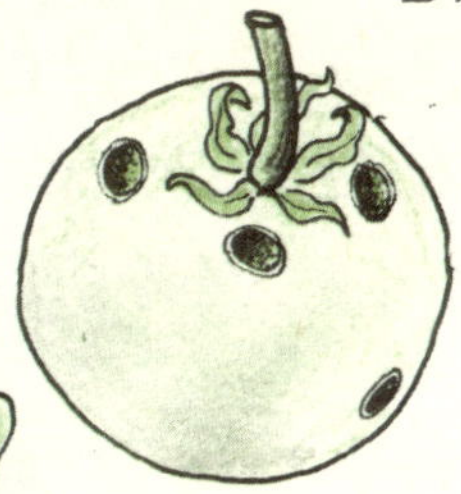

Diese Bakterienkrankheit befällt zuerst nur Teile einiger Blätter, diese werden erst gelb, dann braun und vertrocknen. Später stirbt die ganze Pflanze ab.

Die Früchte zeigen braune, eingesunkene Flecken, die von einem hellen Hof umgeben sind.

Maßnahmen:

- Befallene Pflanzen entfernen und vernichten
- An diese Stelle 4 Jahre keine Tomaten anbauen
- Von befallenen Pflanzen keinen Samen verwenden

Krautfäule (Didymella lycopersici)

Tritt an Blättern, Stengeln und Früchten auf.

Maßnahmen:

- Siehe unter Kartoffel

Blattrollen ohne Verfärbung:

Witterungsbedingte Wachstumsstörungen und Überdüngung.

Schmetterlingsblütler

Als Nahrungspflanzen dieser Gattung haben wir im Garten die Erbse und Bohne. Durch die luftstickstoffbindende Wirkung der Knöllchenbakterien benötigen sie keinen zusätzlichen Stickstoffdünger.

Bohnen

Buschbohnen haben einen schwachen, Stangenbohnen einen mittleren Nährstoffbedarf, d.h. wir können Buschbohnen auf ungedüngtem Boden anbauen, wenn der Boden einigermaßen mit Kali und Phosphor versorgt ist. Stangenbohnen benötigen Kompostgaben.

Bohnen mögen Bodentemperaturen von 10-12°C und sind frostempfindlich.

Wollen wir frühe Bohnen, können wir sie im Frühbeet vorziehen oder unter einem Folientunnel heranziehen.

Bis Mitte Juli können wir im Freiland Folgesaaten vornehmen.

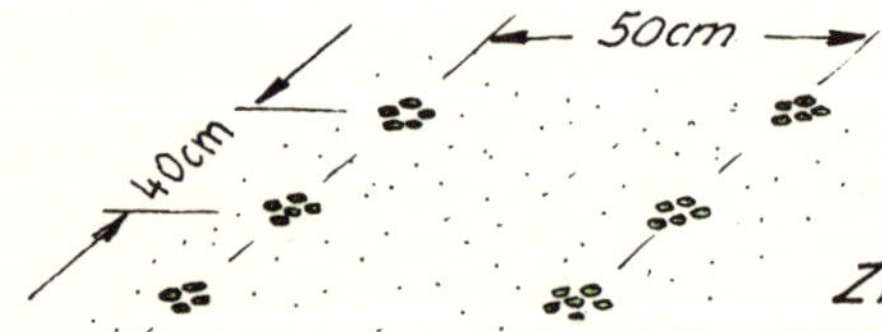

4-5 Bohnen pro Horst werden 2cm tief in die Erde gelegt.

Bohnen stehen gern in Mischkultur (siehe Mischkulturtabelle).

In Bohnennähe keine Zwiebelgewächse, Erbsen und Fenchel anbauen.

Wachsbohnen sind empfindlicher gegen Witterungsunbilden als die grünen Sorten.

Stangenbohnen brauchen einen humosen Boden.

Mit einer schweren Eisenstange werden Löcher in den Boden gestoßen (etwa 30-40cm tief). In diese Löcher werden die Bohnenstangen senkrecht eingesetzt und die Löcher mit Erde gut geschlossen.

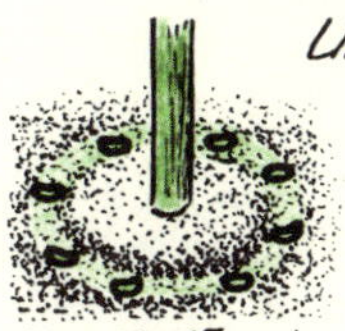

Um jede Bohnenstange ziehen wir eine 2 cm tiefe Rille und legen ca. 8 Bohnen hinein.

Es ist günstig Bohnenstangen senkrecht einzusetzen. Wenn sie sich gegenseitig nicht berühren, trocknen bei nassem Wetter die Bohnenpflanzen rascher ab. Dies hilft Pilzkrankheiten vermeiden.

Sobald Busch- und Stangenbohnen handhoch sind, häufeln wir sie an. Das verstärkt die Wurzelbildung und dient der Kräftigung der Pflanze.

Bohnen sollten auch gemulcht werden.

Anhäufeln und Mulchen.

Vorbeugend gegen Pilzkrankheiten spritzen wir Bohnen und den Gartenboden mehrmals mit Schachtelhalmbrühe.

Wir ernten Bohnen möglichst nicht bei nassem Wetter. Bei der Ernte von Bohnen und Erbsen sollten wir mit einer Hand den Fruchtstand festhalten, um nicht ganze Pflanzen zu lockern oder gar auszureißen.

Fettfleckenkrankheit (Pseudomonas phaseolicola)
Der bakterielle Befall tritt an Blättern und Früchten der Bohne besonders bei feuchtem Wetter auf.

Fettfleckenkrankheit

Die Flecken sind ölig-durchscheinend, mit gelbem Rand. Später werden die Blätter braun und die Pflanze stirbt ab.

Meistens kommt die Krankheit von infiziertem Samen.

Maßnahmen: (vorbeugend)

- Bohnenkerne vor der Aussaat auf Schadstellen überprüfen
- Weite Fruchtfolge einhalten
- Befallene Pflanzen sofort verbrennen

Puffbohne (Sau- Pferdebohne)
Zu Speisezwecken wird die Puffbohne heute seltener als früher angebaut. Sie sollte Ende Februar bis Anfang März gelegt werden.

Nach Maria Thun's Erfahrungen ist der Läusebefall bei diesen frühen Aussaaten gering. Hacken und Häufeln begünstigen das Wachstum.

Bohnenblattlaus (Aphis fabea)

Diese Blattlaus ist schwarz, mit gelblichen Fühlern und Beinen. Sie überwintert am Schneeball- und Pfaffenhütchenstrauch.

Im Frühling und Sommer befällt sie außer Bohnen und Puffbohnen Mohn, Gurke, Rhabarber, Dahlie und verschiedene Kräuter.

Verhütungs- und Bekämpfungsmethoden: Siehe Blattläuse.

Bei starkem Befall der Puffbohnen sollten die befallenen Spitzen ausgekniffen werden.

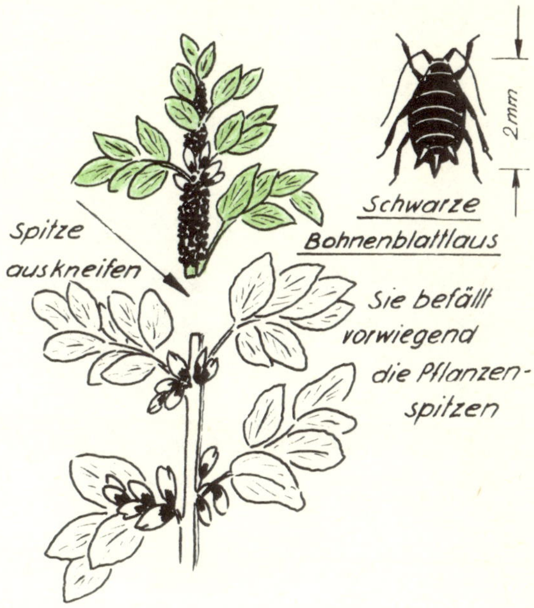

Schokoladenfleckenkrankheit (Botrytis fabae)

Etwa 5mm große braune Flecken treten an Blättern, Stengeln und Schoten der Puffbohne auf.

Beginnt der Befall schon im Frühsommer, gibt es erhebliche Ernteausfälle. Der Pilz überwintert im Boden.

Maßnahmen:

- Alle befallenen Ernterückstände vernichten
- Schachtelhalmtee oder Artanax spritzen
- Frühe Anbautermine wählen

Erbsen

Erbsen lieben humose, kali- und kalkhaltige Böden.

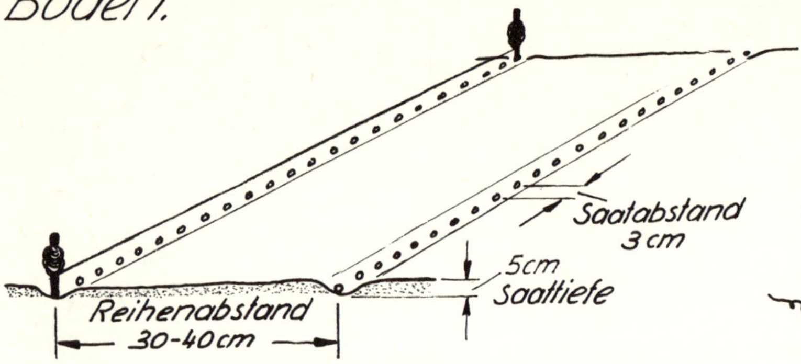

Erbsen sind Kletterpflanzen und gedeihen gut, wenn man sie mit Reisern oder Maschendraht stützt.

Der Draht steht gut in Windrichtung hinter den Pflanzen, so daß der Wind die Erbsen an das Gitter drückt.

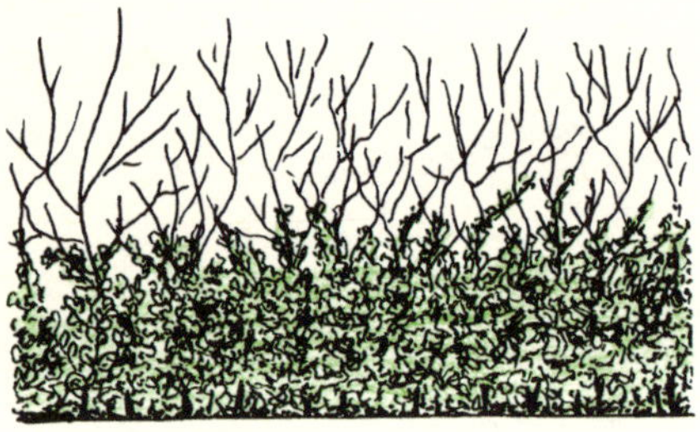

Frostharte Sorten sind die Schal- und Palerbsen. Markerbsen vertragen Kälte nicht so gut und sollen erst ab Mitte April gelegt werden.
Anhäufeln bei einer Höhe von 10 cm und Feuchtigkeit bis zur Blüte sind für gute Erträge erforderlich.
Bis Juli können Folgesaaten vorgenommen werden.

Mittel gegen Vogelfraß

- Beizen der Saat mit Wermuttee
- Saat tief legen (5-6 cm)
- Gleich nach dem Legen Netze spannen

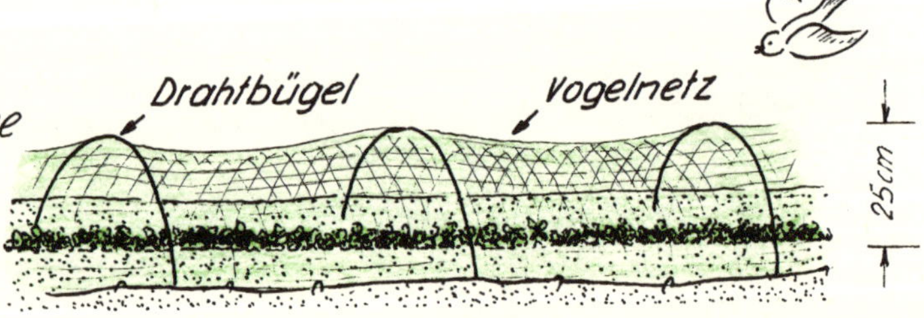

Erbsenschädlinge

Erbsenblattrandkäfer (*Sitona lineatus*) (Graurüßler)

Dieser grau-braune Käfer frißt (vor allem bei trockenem Wetter und dann nur nachts) bogenförmige Löcher in den Blattrand.

Schadbild

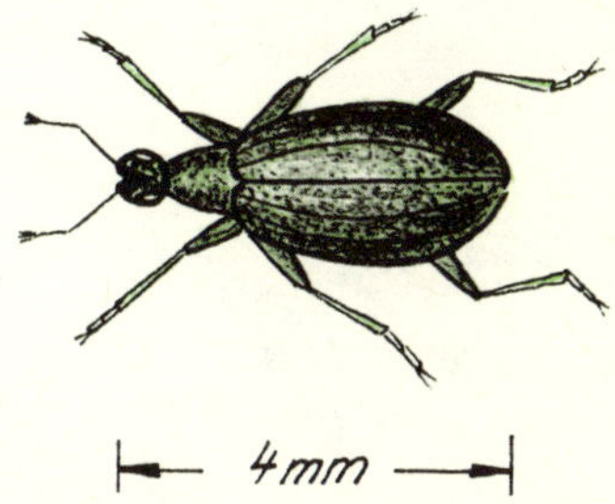

Erbsenblattrandkäfer

Maßnahmen:

- Jugendwachstum mit Algenextrakt oder Brennesseljauche fördern
- Fruchtwechsel beachten
- Stäuben mit Algenkalk
- Bei Befall Rainfarn- oder Wermuttee 1-2× spritzen

Erbsenwickler (*Laspeyresia nigricana*)

Der oliv-braune Schmetterling legt die Eier auf Blätter und Hülsen. Die Raupe bohrt sich durch die Erbsenschale und frißt an den Früchten.

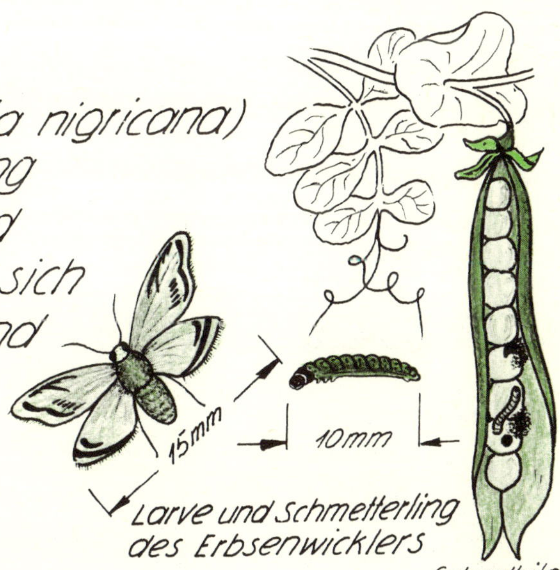

Larve und Schmetterling des Erbsenwicklers

Schadbild

Maßnahmen:

- Fruchtfolge einhalten
- Windoffene Lagen bevorzugen
- Entweder sehr früh oder sehr spät aussäen, damit die Flugzeit des Erbsenwicklers (Mai-Juni) nicht mit der Blütenzeit der Erbse zusammenfällt
- Bei starkem Befall Pyrethrum-Mittel spritzen

Brennfleckenkrankheit (Bei Erbsen Ascophyta pisi)
(Bei Bohnen colletotrichum lindemuthianum)

Verbreitete Pilzkrankheit bei Bohnen und Erbsen an Blättern, Stielen und Früchten.
Auch schon am Keimling tritt sie auf und führt meist zum Absterben der jungen Pflanze.

Brennfleckenkrankheit an Bohnen

Brennfleckenkrankheit an Sämlingen

Brennfleckenkrankheit an Erbsen

Maßnahmen: (vorbeugend)

- Nur von gesunden Pflanzen Samen nehmen
- Saatgut auf Flecken untersuchen
- Mit Bio-S oder Wasserglas ca. 15 Minuten beizen
- Alle befallenen Pflanzen verbrennen
- Fruchtfolge weit halten

Bohnen und Erbsenmosaik (Virose)

Fahlgrüne bis gelbe Blattflecken treten bei dieser Viruskrankheit auf. Übertragen werden diese Viren durch Blattläuse. Darum müssen die Blattläuse bekämpft werden, wenn sie in großen Mengen auftreten.
(Siehe Blattläuse)

Erbsenmosaik

Bohnenmosaik

Topinambur

Dieses, auch als Diabetiker-Kartoffel bezeichnete, Gemüse liebt mehr sandigen als tonigen Boden.

Topinambur ähnelt in der Blatt- und Stengelform sowie in der Wuchshöhe der Sonnenblume, bringt aber nur kleine schlichte Blüten hervor.

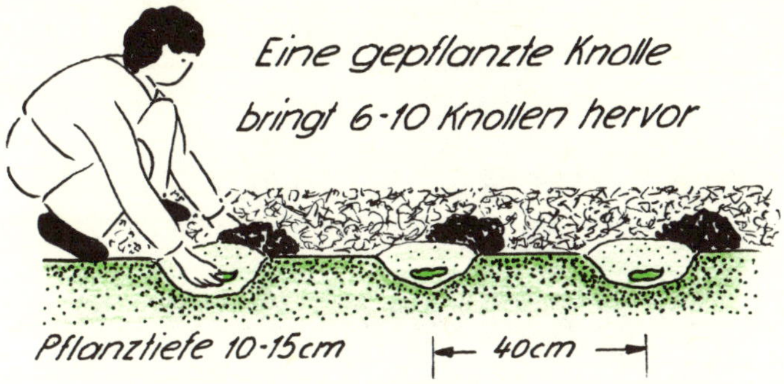

Die Pflanze braucht wenig Pflege und ist überhaupt nicht krankheitsanfällig.

Wir können sie auch als Sichtschutzhecke pflanzen.

Der große Vorteil dieser Gemüseart ist seine Winterhärte (bis -15 °C). Wir können die Knollen bei frostfreiem Wetter frisch aus dem Garten holen und haben hiermit eine zusätzliche Winterrohkost.

Durch den Verzehr der Topinamburknolle ist bei Zuckerkranken eine Senkung des Blutzuckerspiegels beobachtet worden.

Die Knollen können zeitlich begrenzt in feuchtem Sand oder Torf im Keller aufbewahrt werden.

Weil dieses Gemüse noch nicht sehr verbreitet ist, hier noch einige Tips zur Zubereitung:

Knollen sollten nicht geschält sondern nur gebürstet werden.

Sie können gedämpft werden wie Kartoffeln.

Mit Tomaten zusammen gedünstet schmecken sie sehr gut.

Vor allem ist die Rohkostzubereitung von Topinambur wichtig (der Inhaltsstoffe wegen) und schmackhaft.

Die Knollen schmecken nußähnlich.

Geraspelt, mit einem Schluck Sahne zubereitet, sind sie (ohne jedes Gewürz) ein Genuß.

Rote Rüben - Sellerie - und Rettichrohsalate gewinnen durch die Beimischung von Topinambur an Wohlgeschmack.

Achtung: Topinambur kann erhebliche Blähungen verursachen. Dies ist individuell sehr unterschiedlich!

Heil- und Küchenkräuter

Wir beschreiben die bekanntesten Gartenkräuter, ihre Kultur und Wirkung, außerdem nennen wir einige Kräuterteerezepte.

Das Wissen von den Heilkräften, die in unseren Küchenkräutern stecken, ist leider in diesem Jahrhundert unter vielen Menschen in Vergessenheit geraten. Dabei bereiten sie nicht nur Gaumenfreuden, sondern können uns auch als „Medizin" dienen.
Es ist kein Rückfall in den Aberglauben, wenn wir den aromatischen Pflanzen Kräfte zuschreiben, die unserer Gesundheit zugute kommen und wir können nichts besseres für uns tun, als jeden Tag von unseren Kräutern zu essen.

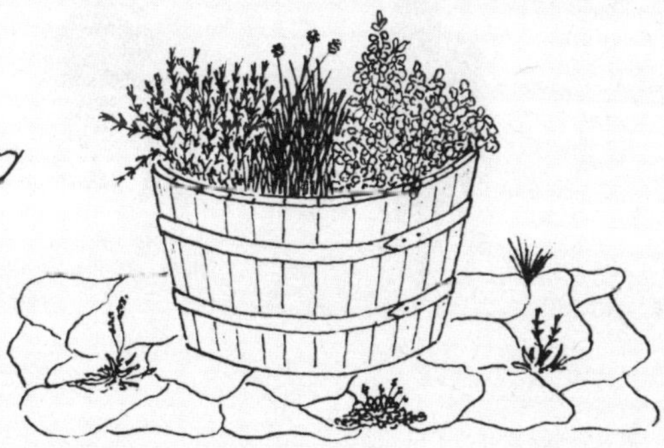

Wir können die Pflanzen zwischen Gemüse, eine extra Kräutergruppe aber auch in die Blumenrabatte setzen.
Viele Kräuter bringen im Sommer farbenprächtige Blüten hervor und werden gern von Insekten besucht.
Wir sollten beachten, daß jede triebige Düngung schädlich ist.

Die meisten Kräuter bevorzugen einen trockenen sonnigen Standort, dessen Boden ruhig etwas mager sein darf.

Pflanzen, die zuviel Kraut hervorbringen, besitzen einen geringeren Gehalt an ätherischen Ölen als schwachwüchsige.
Alle 2 Jahre etwas mit Kalk und Steinmehl angereicherter Kompost genügt völlig als Düngung.

Wenn man die Kräuter trocknen will, beachte man, daß der Gehalt an ätherischen Ölen kurz vor der Blüte am höchsten ist.
Die Ernte sollte in den frühen Vormittag eines sonnigen Tages fallen. Wir schneiden die Kräuter und hängen sie, locker gebündelt, luftig im Schatten auf, bis sie vollkommen trocken sind.

<u>Baldrian</u> wächst in Mitteleuropa noch häufig in der freien Natur. Trotzdem sollten wir der Pflanze in unserem Garten einen (feuchten) Platz einräumen, um unseren Bedarf an Schlaf- und Beruhigungstee und an Baldrianblütenextrakt aus eigenem Anbau decken zu können.

Die Pflanzen werden 80-100 cm hoch und blühen rosafarben. Sie brauchen außer einer Mulchdecke wenig Pflege.

Für den Tee nimmt man nur die Wurzeln, die man im Herbst ausgräbt, säubert und trocknet. Einige Wurzelstücke sollten allerdings der Pflanze zum Neuaustrieb gelassen werden.

Zur Herstellung des Baldrianblütenextraktes zerkleinert man die Blüten und preßt den Saft heraus. Dieser frische Saft kann verdünnt sofort verwendet oder unverdünnt in dunkle Flaschen abgefüllt werden.

<u>Basilikum</u> gibt es in zwei Arten: das kleinblättrige mit feinem Aroma und das großblättrige wiederstandsfähigere, im Geschmack kräftigere. Die Pflanze ist sehr wärmebedürftig. Sie sollte im Frühbeet vorgezogen werden.

In der Küche wird Basilikum zu Salaten und Gemüsen genommen. Es wirkt beruhigend und entkrampfend auf Magen und Nerven.

Beifuß ist eine ausdauernde Pflanze. Er ist mit dem Wermut verwandt und schmeckt auch wie dieser etwas bitter. Das Gewürz paßt zu Puten-, Gänse- und Hammelbraten.
Es hilft schwere Speisen zu verdauen, denn es regt die Sekretion der Verdauungsdrüsen an.

Bohnenkraut braucht im Garten viel Sonne und einen warmen Platz. Im Mai wird die einjährige Art ausgesät.
Daneben gibt es auch das ausdauernde Berg-Bohnenkraut. Das Aroma des letzteren ist schwächer.

Bohnenkraut wird in der Küche zu allen Hülsenfrüchten und allen Eintopfgerichten genommen.

Die Wirkung der ätherischen Öle auf uns Menschen ist krampfstillender, verdauungsfördernder und blähungstreibender Art.
Man verwendet Bohnenkraut frisch und getrocknet.

Borretsch hat sich in unseren Breitengraden so gut eingewöhnt, daß er häufig in Gärten, in denen er sich wohlfühlt, verwildert.

Die Pflanze braucht kräftigen, tiefgründigen, humosen Boden und wird dann bis zu 1 m hoch und ebenso breit.

Im Sommer blüht die Pflanze leuchtendblau und wird dann sehr gerne von Insekten besucht.
Sowohl die Blüten als auch die jungen Blätter sind eßbar. Sie haben einen zart gurkenähnlichen Geschmack.
In der Küche werden sie nur roh verwendet. Sie passen zu Salaten und Quarkgerichten.
Borretsch wirkt herzstärkend.

Die Brennessel ist bei uns als lästiges Unkraut verschrien. Doch die Pflanze ist ausgesprochen gesundheitsfördernd und auch in der Küche eine echte Bereicherung.

Wir sollten der Brennessel im Garten einen Platz einräumen und auch daran denken, daß in der Umgebung von Brennesseln andere Pflanzen sehr gut gedeihen.

In der Küche werden die jungen Blätter zu Salat, Gemüse und Suppen genommen.
Der gesundheitliche Wert der Brennessel liegt vor allem in dem hohen Gehalt an Kieselsäure und Eisen und der blutreinigenden Wirkung. Bei Rheuma, Gicht und zur Frühjahrskur wird die Pflanze verordnet.
Im Garten stellen wir aus dem Kraut die Brennesseljauche her.

<u>Comfrey</u> und <u>Beinwell</u>: Beide Stauden lieben im Garten tiefgründigen, humosen Boden und reichlich Kompost. Beinwell ist eine einheimische Pflanze, die auf feuchten Wiesen noch sehr häufig anzutreffen ist. Comfrey kommt aus Osteuropa, sieht äußerlich dem Beinwell sehr ähnlich, besitzt jedoch einen höheren Wirkstoffgehalt.
In der Küche werden die jungen Blätter für Salat und Gemüse genommen.

Für Tee werden sowohl die Blätter als auch die Wurzeln genommen.
Innerlich angewendet, wirkt die Pflanze bei rheumatischen Beschwerden, äußerlich bringt besonders die pulverisierte Wurzel rasch Hilfe bei Quetschungen und kleinen Wunden.
Im Garten stellen wir aus den großen Blättern eine Pflanzenjauche her, die ähnliche Wirkung zeigt

wie Brennesseljauche. Auch als Mulchabdeckung sind die Comfreyblätter gut einzusetzen.

Dill wächst in unseren Gärten gut. Er gedeiht am besten in Mischkultur mit Gemüse.

Wir verwenden in der Küche gern die aromatischen fein-gefiederten Blätter.
Sie enthalten viel Vitamin-C.

Die Samenkörner nimmt man zum Einlegen von Gurken.
Sie enthalten ätherische Öle, wirken entkrampfend und magenstärkend.

Estragon liebt einen warmen, geschützten Platz. Er wird 1-1,5 m hoch und ist, mit etwas Winterschutz, ausdauernd.

Die frischen Triebe werden in der Küche zu Salaten und feinen Suppen benötigt.

Estragon wirkt appetitanregend und harntreibend.

Er wird Rheumatikern zum regelmäßigen Verzehr empfoh-len.

Kerbel kann man schon im März aussäen und bereits nach 6 Wochen ernten.

Er wird nur jung und roh in Suppen, Soßen und Salaten verwendet. Deshalb sollten ihn Kerbelliebhaber regelmäßig nachsäen.
Kerbel wirkt blutreinigend und stoffwechselanregend.
Er wird zu Frühjahrskuren verwendet.

Liebstöckel kann über 2 m hoch werden. Er braucht deshalb einen kräftigen, tiefgründigen Boden.

Über Winter friert er vollständig zurück, treibt aber im zeitigen Frühjahr wieder aus.

Des starken Aromas wegen werden die jungen Blätter, roh wie gekocht, sparsam verwendet.
Sie sind sehr würzig und riechen maggiähnlich.
(Liebstöckel wird auch Maggikraut genannt).

Man nimmt die Blätter für Suppen und Soßen.
Liebstöckel wirkt harntreibend und löst Blähungen.

Majoran wird im März im Frühbeet vorgezogen und im Mai ausgepflanzt.

Die Pflanze ist sehr kälteempfindlich und liebt recht viel Wärme.

Die frischen Triebe kann man während des ganzen Sommers ernten. Aber auch getrockneter Majoran hat ein kräftiges Aroma. Man verwendet ihn in schweren, fettreichen Gerichten.

Das Kraut wirkt krampflösend und macht schwere Speisen magenverträglicher.

Melisse wird auch Zitronenmelisse genannt, denn sie besitzt ein starkes Zitronenaroma. Sie wünscht sich humusreichen Boden und im Winter etwas Frostschutz.

Die jungen Triebe passen zu Salat und Soßen. Allerdings sollte man das Kraut in der Küche nur roh verwenden.

Als Tee wird sie aufgebrüht, verliert dann allerdings etwas an Aroma.
Melisse wirkt beruhigend und das ganz besonders auf die Magennerven.

Petersilie gehört zu den zweijährigen Pflanzen. Nach der Blüte im zweiten Jahr werden die Blätter ungenießbar. Darum muß sie in jedem Frühjahr wieder ausgesät werden.

Petersilie benötigt einen feuchten humusreichen Platz im Garten.

Die frischen Blätter werden zerkleinert über Kartoffeln, Suppen, Soßen und Salaten gegeben.

Petersilie enthält sehr viel Vitamine und wirkt stark harntreibend.

Pfefferminze kennen die meisten Menschen nur als heilende Pflanze. In dieser Eigenschaft trinken wir Pfefferminztee als entspannendes, krampflösendes Mittel für den Magen-Darm-Bereich.

Außerdem kann man mit Blättern der Pfefferminze und mit denen der anderen Minzearten Salate, Gemüsegerichte und Fleischspeisen würzen.

Die Pflanze benötigt einen feuchten humosen Boden. Ihren Platz im Garten sollten wir begrenzen, da die Minzen zum Wuchern neigen.

Außer der Pfefferminze gibt es noch andere Minzearten. So finden wir als Tees im Handel: Apfel-, Ananas-, Orangen-, Polei- und Gewürzminze. Beim Anbau sind diese Sorten mit gleichen Standort- und Anbaubedingungen wie die der Pfefferminze zufrieden.

Ringelblume und Kapuzinerkresse zählen zwar zu den Blumen. Wegen ihrer vielseitigen Inhaltsstoffe dürfen auch sie jedoch bei den Heil- und Gewürzkräutern nicht fehlen.

Ringelblumen besitzen für die Gartenpflanzen eine nematodenhemmende und ihres starken Geruchs wegen schädlingsabwehrende Wirkung. Wir säen sie darum im Garten aus, verstreut zwischen Gemüse und Obst.

Sie gedeihen in normalem Gartenboden.

In ihren Blüten besitzt diese Blume Wirkstoffe, die als Salbengrundlage Wunden und Verbrennungen heilen helfen.

Für Tee können wir frische oder getrocknete Blüten und Blätter benutzen.
Er lindert Leber- und Gallenbeschwerden und unterstützt die Heilung von Magengeschwüren.

Kapuzinerkresse liebt zwar die Sonne, gedeiht aber auch noch im lichten Schatten von Obstbäumen. Den Bäumen als Unterkultur angebaut, dient sie als schädlingsabwehrende Pflanze.
Ihre Blätter und Blüten sind eßbar, enthalten viele Vitamine und Mineralstoffe, und wir können sie gut zu Salaten und Quarkspeisen verwenden.

Salbei benötigt im Garten eine warme, trockene Stelle mit kalkhaltiger, durchlässiger Erde.

Dieses Mittelmeergewächs braucht bei uns im Winter etwas Frostschutz.

Die grau-grünen Blätter schmekken würzig und aromatisch.

Auch getrocknet behalten sie die Würzkraft.

Salbei verwendet man in der Küche zu Eintopf, Käse, Fisch und salzigem Gebäck.
In der Heilkunde gebraucht man Salbei vor allem wegen seiner entzündungshemmenden Eigenschaften. Bei Halsschmerzen und Zahnfleischentzündungen ist Salbei-Tee als Gurgelmittel von gutem Nutzen.

Schnittlauch gehört zu den beliebtesten Gewürzkräutern.
Er wird in der Küche häufig wegen seines zwiebelartigen Geschmacks genutzt.

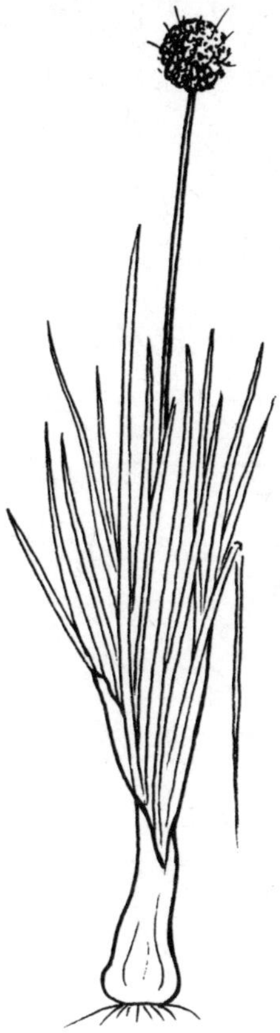

Daneben enthält der Schnittlauch viele Vitamine und Mineralstoffe und reichert damit (besonders im Winter und Frühjahr) unsere Nahrung an.
Im Garten will Schnittlauch feucht und halbschattig stehen. Der Boden soll humos und mit kräftigem Kompost gedüngt sein.

Thymian braucht im Garten unbedingt einen sonnigen, trockenen Platz.

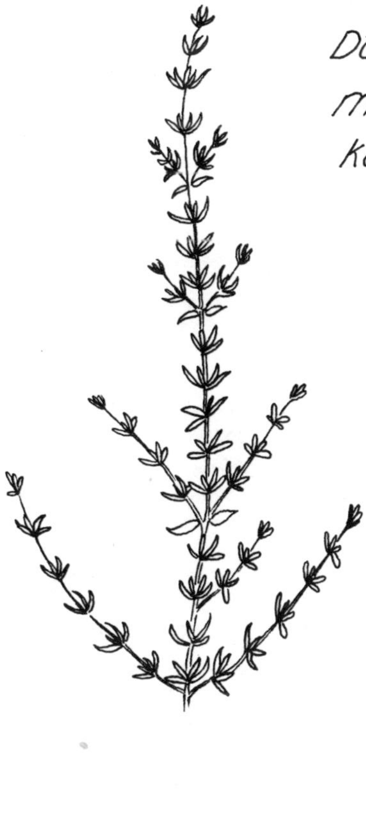

Das ausdauernde Kraut ist mit magerem Boden zufrieden und kann im Steingartenbeet stehen.

Das herbe kräftige Aroma des Thymians paßt gut zu Fleisch und kräftigen Eintopfgerichten.

Die ätherischen Öle dieser Gewürzpflanze wirken desinfizierend und krampflösend.
Bei Husten und anderen Erkältungskrankheiten leistet Thymiantee gute Dienste.

Die Weinraute ist eine ausdauernde Pflanze und wird etwa 80 cm hoch.

Mit ihren grau-grünen Blättern und ihren gelben Blüten bietet sie einen schönen Anblick.

Sie will im Garten trocken und sonnig stehen. Der Boden sollte mager sein.
In der Küche wird die Weinraute nur sparsam verwendet, denn ihre Blätter schmecken bitter und wirken, in großen Mengen genossen, giftig.

Das Kraut paßt zu Salaten, Soßen und Käse. Die Wirkstoffe der Weinraute sind hauptsächlich appetitanregender und beruhigender Art.

Wermut ist eine ausdauernde, anspruchslose Staude.

Sie wünscht sich dennoch einen sonnigen Standort.
Die Pflanze wird etwa 1 m hoch und auch sehr breit.
In der Nähe des Wermuts werden andere Pflanzen am Wachsen gehindert.
Einen Abstand von mindestens 1 m sollte man zu anderen Pflanzen einhalten.
Der Geschmack der Blätter ist bitter. Diese Bitterstoffe helfen uns, fette Speisen besser zu verdauen.

In der Küche nimmt man darum Wermut zu fettem Fleisch und schweren Eintopfgerichten.

Als Tee hilft das Kraut gut bei Magenbeschwerden und Störungen im Leber-Galle-Bereich.

Im Garten benutzen wir Wermuttee als Saatbeize und als schädlingsabwehrendes Spritzmittel.

Ysop benötigt im Garten einen trockenen, sonnigen Standort.

Das Kraut mit seinen herrlichen blauen Blüten ist ausdauernd, und mit etwas Frostschutz kommt es bei uns gut durch den Winter.

In der Küche wird das Gewürz zu Salaten, Soßen und Suppen genommen.

Es schmeckt etwas bitter. Diese Bitterstoffe wirken magenstärkend und blutreinigend.

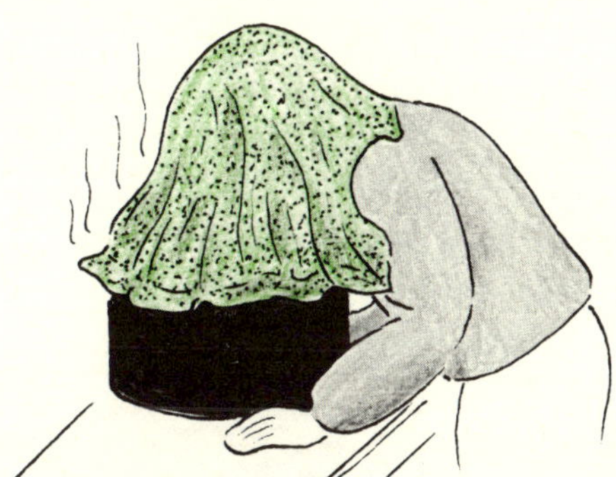

Bei drohendem Schnupfen bringt ein Ysopdampfbad Erleichterung.

Gute Tischteemischungen kann man selbst aus wildwachsenden oder im Garten angebauten Pflanzen herstellen.
Sie sind problemlos zusammenzustellen und kommen unserer Gesundheit sehr zugute. Anschließend folgen einige besonders wohlschmeckende Mischvorschläge.
Jeder kann natürlich selbst experimentieren und seinen eigenen Familien-Haustee komponieren.

1

50g Brennesselblätter
30g Blätter der schwarzen Johannisbeere
20g Pfefferminze

2

25g Erdbeerblätter
25g Himbeerblätter
25g Brombeerblätter
25g Lindenblüten

3

50g Heidekraut mit Blüten
30g Melisseblätter
20g Pfefferminze

4

50g Brennesselblätter
25g Brombeerblätter
25g Heidekraut mit Blüten

5

50g Erdbeerblätter
25g Himbeerblätter
25g Melisseblätter

6

30g Brombeerblätter
20g Himbeerblätter
20g Erdbeerblätter
25g Melisseblätter
5g Waldmeister

7

50g Blätter der schwarzen Johannisbeere
40g Brombeerblätter
10g Fenchelsamen

8

30g Holunderblüten
20g Lindenblüten
50g Hagebutten

9

30g Gundelrebe
30g Melisseblätter
40g Pfefferminze

Beerenobst

Hier wird alles über die Erdbeeren, Himbeeren, Stachelbeeren, Johannisbeeren und Brombeeren gesagt.

In einem kleinen oder neu anzulegenden Garten schlagen wir vor, Beerenobst anzubauen. Biologisch angebaut wächst Beerenobst gesund heran und erfreut uns durch frühzeitigem Ertragsbeginn.

Vorzüge der Beerenobstpflanzen:

- Ihre Robustheit und pflegeleichter Anbau
- Früher Ertragsbeginn
- Geringer Platzbedarf
- Die Möglichkeit Him-, Brom- und Johannisbeeren als Hecke anzubauen
- Die vielseitige Verarbeitbarkeit der Früchte

Nachteile:

- Geringe Haltbarkeit der Früchte (also: pflücken und essen, verarbeiten oder einfrieren).

Anbau:

Wir müssen den Platzbedarf der Pflanzen beachten.
Auf nährstoffarmen und undurchlässigen Böden sollte vor der Pflanzung für 1 Jahr eine tiefwurzelnde Gründüngung eingesät werden.
Wicken, Lupine und Rotenburger Combigemenge sind ausgezeichnete Voraussaaten.

Erdbeere (*Fragaria elatior grandiflora*)
Herkunft der Kulturpflanze: Nord- und Südamerika

Inhaltsstoffe:
Zitronensäure, Invertzucker, Entschlackungsmittel, günstig bei Leberleiden. Erdbeerblättertee ist harntreibend.

(Erdbeere = Rosengewächs)

Erdbeeren sind jahreszeitlich die frühesten Früchte im Garten. Sie sind wegen ihres köstlichen Aromas sehr beliebt. An sonnigem Standort und in sonnenreichen Sommern sind die Früchte am aromatischsten. Die Erdbeeren gedeihen aber auch noch im Halbschatten.
Sie lieben die Nachbarschaft anderer Pflanzen, besonders Blumen und Kräuter.
Der Boden sollte humushaltig sein und einen pH-Wert von 6-7 haben.
Nach einer Vorfrucht von Erbsen, Frühkartoffeln, Kohlrabi oder Salat pflanzen wir möglichst schon im Juli.

Gesteinsmehlhaltiger Kompost sollte vor dem Pflanzen in die Pflanzlöcher gegeben werden.

Von guttragenden einjährigen Pflanzen werden die ersten erdwurzelnden Ausläufer genommen. Wir pflanzen so hoch, daß das Herz der Pflanze aus dem Boden ragt und drücken die Wurzel gut an.

So kann man frühzeitig gesunde und kräftige Pflanzen heranziehen.

Vorzucht auf Töpfen

Zwischen den Reihen kann man Porree, Knoblauch, Feldsalat oder Gründünger anbauen. Ersatzweise Bodenabdeckung mit Mulchmaterial.

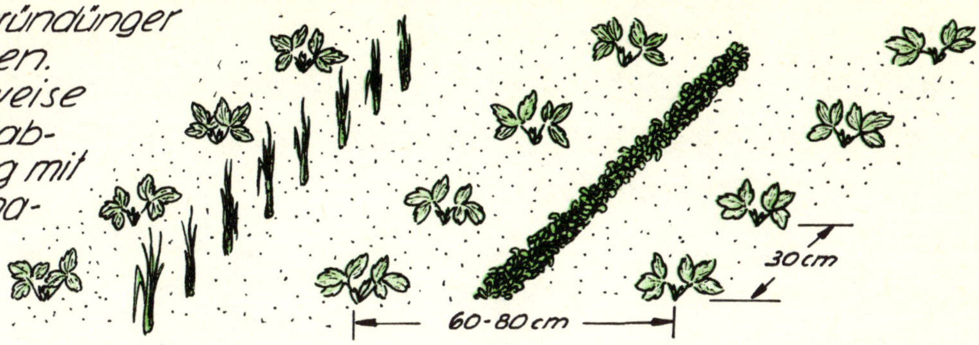

Gleich nach dem Pflanzen wird gegossen und gemulcht.

Im Frühjahr darf kein stickstoffhaltiger Dünger an die Pflanzen, jedoch wird während der ersten Blütenbildung entweder mit Rinde, Stroh, Holzwolle, trockenem Farnkraut oder zerkleinertem Laub der Boden bedeckt. Die Früchte liegen dadurch sauber und trocken.

5× werden Erdbeerkulturen mit Kiesel gespritzt (mit Hornkiesel im biol. dyn. Anbau, mit Schachtelhalmbrühe im biol. organischen Anbau), 1× vor, 1× während der Blüte und 3× nach der Ernte. Das ergibt gesunde Pflanzen und Früchte. Das Spritzen mit Baldrianblütenextrakt gibt Schutz vor leichten Spätfrösten.

Im Juni beginnt die Ernte. Wir sollten frühmorgens pflücken und möglichst nur den Stiel anfassen, so werden die empfindlichen Früchte geschont.

Nur in extrem trocknen Sommern darf während der Erntezeit gegossen werden.

Brauchen wir keine eigene Neupflanzung, wird gleich nach der Ernte das Erdbeerbeet gereinigt, d. h. alle Ableger werden entfernt.
Anschließend werden die Erdbeerpflanzen mit Komposterde versehen und gründlich mit verdünnter Brennesseljauche gegossen.
3-4 Jahre können wir gesunde reichtragende

Erdbeerpflanzen am gleichen Platz stehen lassen.

Wer dauer- oder zweimaltragende Erdbeeren schon ab August wieder ernten will, sollte die Frühjahrsblüten auskneifen.

Zur Vermeidung von Grauschimmel liegen gute Erfahrungen durch Abschneiden des Erdbeerlaubes nach der Ernte vor. Nur 2 Herzblätter bleiben stehen. Die Pflanzen treiben sofort wieder aus, und der Winterschutz der Erdbeerpflanzen ist gesichert.

Vor, und nach dem Schnitt

Schädlinge und Krankheiten

Grauschimmel (Botrytis cinerea)

Grauschimmel wirkt sich bei feuchtwarmem Wetter sehr schädigend auf die Erdbeerernte aus. Beginnend mit einem kleinen graubraunen Fleck, wird nach und nach die ganze Frucht mit grauem Pilzrasen überzogen. Die befallenen Früchte müssen gepflückt werden, weil die Ansteckungsgefahr sehr groß ist.

Maßnahmen:

- Nicht zuviel Stickstoffdünger geben
- Keine Düngung im Frühjahr
- Großen Pflanzenabstand einhalten
- Gesteinsmehl streuen
- Knoblauch, Porree und Zwiebeln zwischen die Erdbeeren pflanzen
- Schachtelhalmbrühe und bei Vorjahrsbefall vor der Blüte Bio-S spritzen
- Setzlinge vor dem Pflanzen 20 Min. in SPS oder Bio-S legen

Erdbeerblütenstecher (Anthonomus rubi)

Dieser Rüsselkäfer schädigt Erd- und Himbeeren. Der Schaden ist allerdings selten groß. Der Käfer legt 1 Ei in die Blüte und nagt den Stiel anschließend durch. Die Blüten vertrocknen und fallen ab. Der Erdbeerstengelstecher verhält sich ähnlich, nur daß durch ihn ganze Blütenstände umknicken.

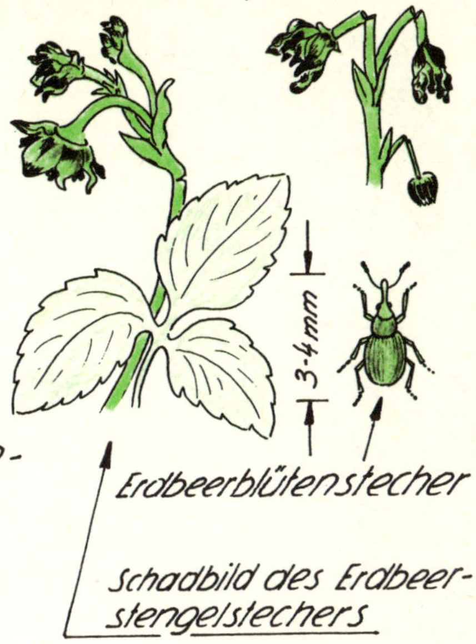

Maßnahmen:

- Boden mit Farnkraut bedecken
- Vertrocknete Blütenstände absammeln und verbrennen, bevor die Larve schlüpft
- Rainfarntee spritzen

Erdbeermilbe (Tarsonemus pallidus)

Die 0,3 mm großen Milben wohnen im Herz der Pflanze. Befallene Pflanzen zeigen gekräuselte Blätter, geringes Wachstum, Bräunung und Absterben der Herzblätter.

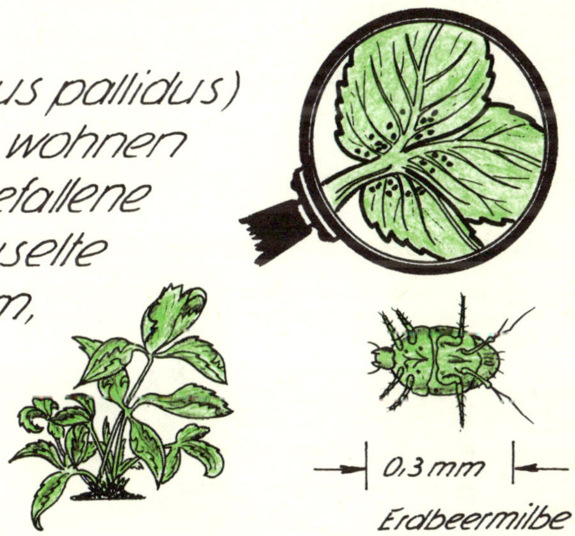

Maßnahmen:

- Gesunde Pflanzen kaufen
- Bei frühem Erkennen Kaltwasserstrahl ins Herz der Pflanze spritzen
- Zwiebelschalen- oder Rainfarntee spritzen
- Bei starkem Befall Pflanzen roden und verbrennen, Neupflanzung von Erdbeeren an einer anderen Stelle des Gartens vornehmen

Himbeere (Rubus idaen)

Die Himbeere ist in der gemäßigten Zone der nördlichen Erdhälfte beheimatet.

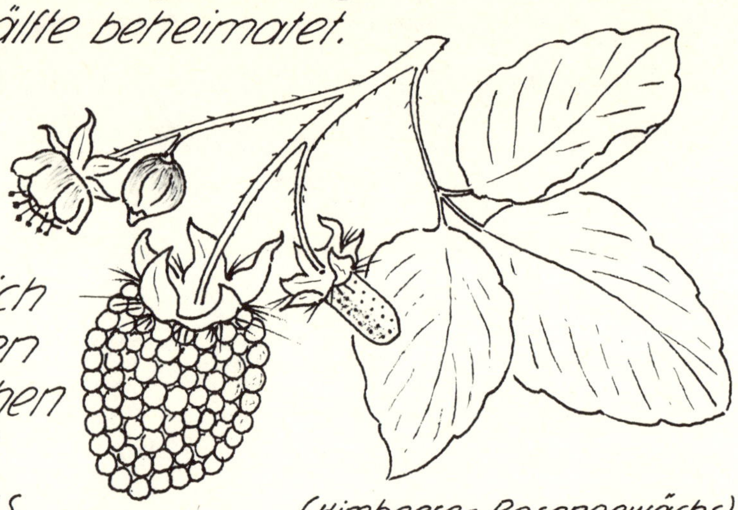

Inhaltsstoffe:

Viel Vitamin A, C und B. 7% Fruchtzucker und reichlich organische Säuren machen den hohen Gesundheitswert dieser Frucht aus.

(Himbeere = Rosengewächs)

Die Blätter sind Vitamin C-reich und gut für Tee und heilend bei Wundbehandlungen. Früchte und Tee sind gut bei Rheuma, Fieber, Bronchitis, Mundentzündung und Harnsystementzündung.

Himbeeren sollten wir in tiefgründigen humus- und feuchtigkeitshaltigen Böden anpflanzen.

Der günstigeren Wurzelbildung wegen findet eine Neupflanzung von Himbeeren besser im Frühjahr als im Herbst statt. Der pH-Wert des Bodens sollte zwischen 4,5 -6 liegen. Wir pflanzen im Abstand von 50cm in der Reihe, in gut mit Kompost versehenem Boden.

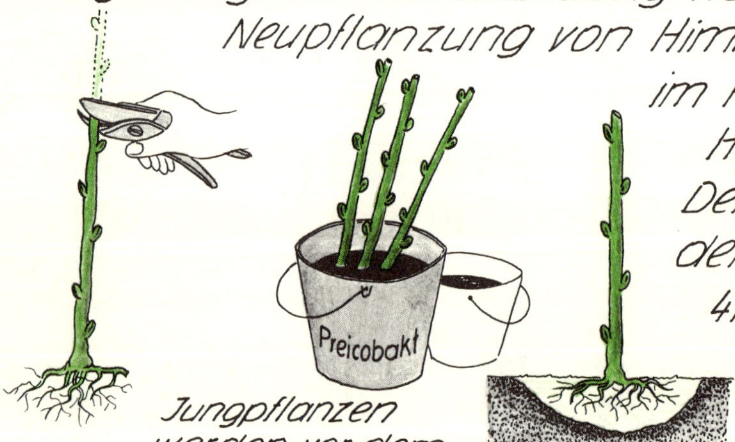

Jungpflanzen werden vor dem Pflanzen auf 5 Augen zurückgeschnitten.
Die Wurzeln werden in einem mit Schachtelhalmtee angerührtem Preicobaktbrei getaucht.
Wir setzen die Pflanze nicht zu tief.

Himbeeren gedeihen auch noch im Halbschatten, bringen aber in sonnigen Lagen höhere Erträge. Von ihrem Standort aus entziehen sie dem Boden noch bis zu 2-3 m Entfernung Nährstoffe. Darum sollten wir sie nicht zu nahe an Obstbäume pflanzen.

Himbeeren benötigen einen feuchten Fuß. Dieses Bedürfnis können wir durch Mulchen und die Aussaat von Gründüngungspflanzen wie Esparsette, Weiß- und Gelbklee, Schneeglöckchen oder Serradella befriedigen.

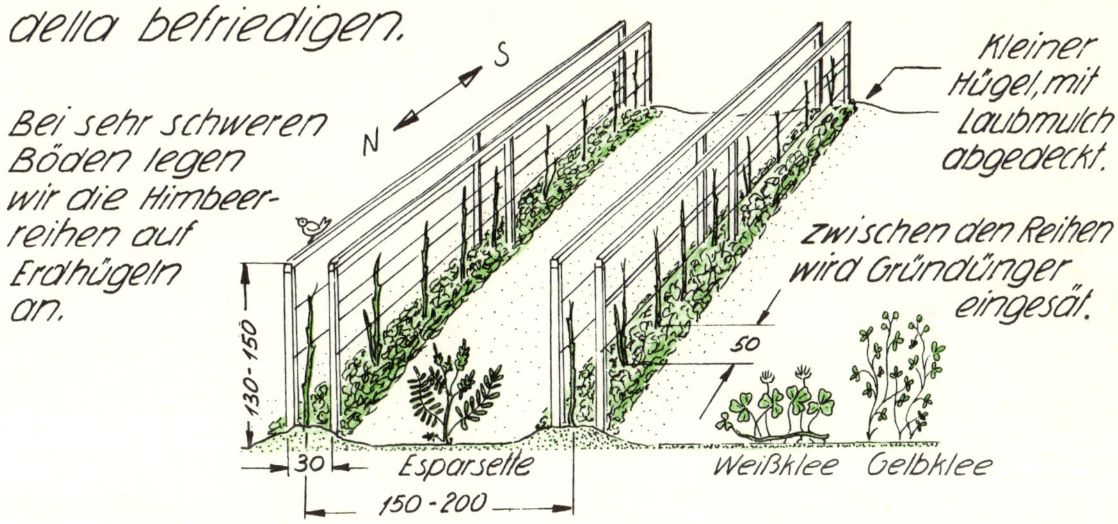

Himbeersorten sollte man bei den örtlichen Baumschulen erfragen.

Wissen müssen wir allerdings, ob wir ein- oder zweimaltragende Himbeeren anbauen wollen. Die zweimaltragenden Sorten haben den Vorteil, daß die 2. Ernte uns noch im Spätherbst mit Himbeerfrüchten versorgt. Da der Himbeerkäfer zu dieser Zeit nicht mehr fliegt, sind diese Beeren absolut wurmfrei.

Himbeeren sollten zwischen einem Gerüst angepflanzt werden.

3 Spanndrähte auf jeder Seite geben den Pflanzen den erforderlichen Halt.

Nach der Ernte werden abgetragene Himbeerruten ebenerdig abgeschnitten.
Auch die einjährigen Triebe werden bis auf 6 Ruten pro Pflanze herausgeschnitten.
Der Rutenkrankheit wegen müssen die ausgeschnittenen Stengel verbrannt werden.

Stehengebliebene Stummel sollen mit Komposterde bedeckt werden.

Jährliche Kompostdüngungen mit etwas Steinmehl und Holzasche sowie Lauberde bekommen den Himbeeren sehr gut.

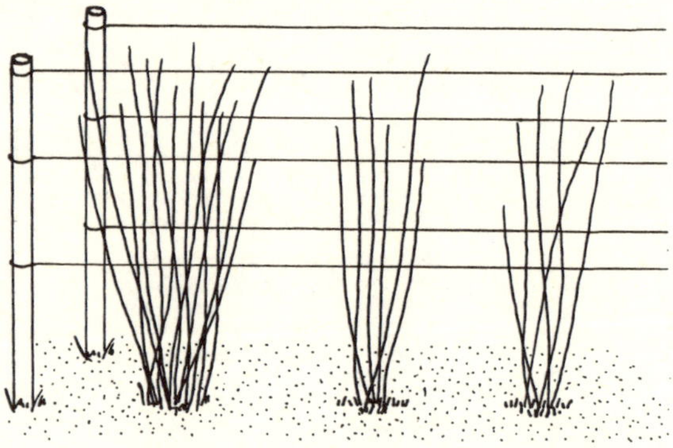
vor dem Schnitt   nach dem Schnitt

Zweimaltragende Sorten wie Romy, Zewa 3 und Korbfüller brauchen reichliche Kompostgaben und werden 2× jährlich geschnitten. 1× nach der Sommerernte und ein 2. × nach der Herbsternte werden die abgetragenen Ruten herausgeschnitten.
Läßt man die Herbsttriebe stehen und schneidet im Frühjahr nur die nicht austreibenden Triebe weg, hat man bei diesen Sorten eine reiche, frühe Sommerernte.
Haben wir in der Himbeeranlage die Rutenkrankheit, sollten alle Ruten im Spätherbst ganz weggeschnitten werden.
Wir sollten bei allen Himbeersorten keine Bodenbearbeitung vornehmen, sondern den Boden bedecken.

Ab April gut erkennbar

Schädlinge und Krankheiten

Himbeerrutenkrankheit (Didymella applanata)

Pilze befallen besonders verletzte Ruten. Risse treten oft durch Feuchtigkeitsschwankungen auf.
(In diese Risse legt auch die Himbeergallmücke gern ihre Eier.)
Die Ruten bekommen bläulich-rotbraune Flecken, reißen oft auf und sterben ab.
Die Pilze überwintern an Rutenstengeln.

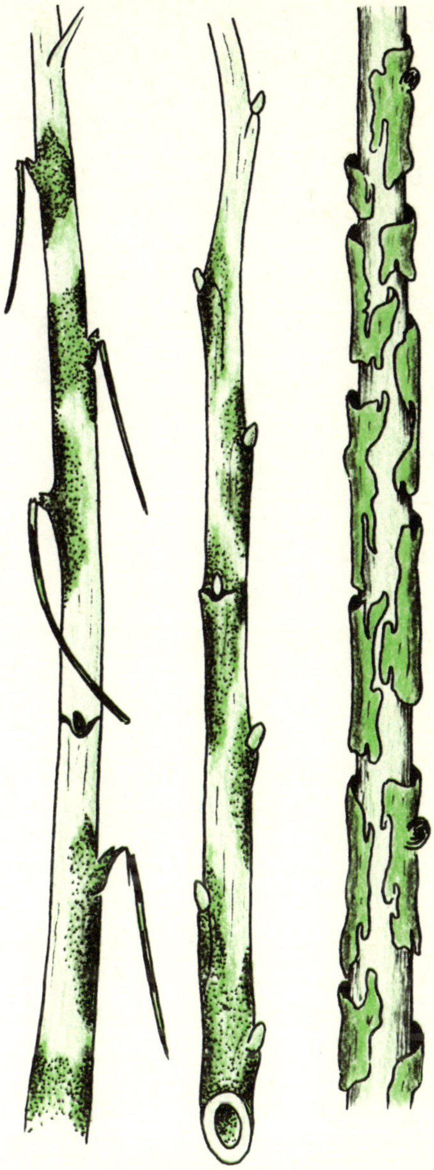

<u>Maßnahmen:</u>

- Die sicherste ist das Herausschneiden und Verbrennen der Ruten
- Luftiger Stand durch regelmäßigen Schnitt
- Gleichmäßige Feuchtigkeit
- Keine starke Stickstoffdüngung
- Ständige Bodenbedeckung
- 2 malige Spritzung der Ruten mit Preicobakt
- 3 malige Schachtelhalm- oder 2malige Bio-S-Spritzung jährlich

<u>Himbeerkäfer</u> (Byturus tomentosus)

Der Käfer fliegt von Mai bis Juni.
In Knospen und aufbrechenden Blüten fressen und paaren sich die Käfer.

Wenn wir sie hier schon ablesen, können im Juni die Weibchen nicht mehr ihre Eier in die Blüte legen.

Die Made des Himbeerkäfers ist der größte tierische Schädling der Himbeere. Die Maden verpuppen sich im Boden. Darum beim Himbeerpflücken gefundene Maden vernichten!

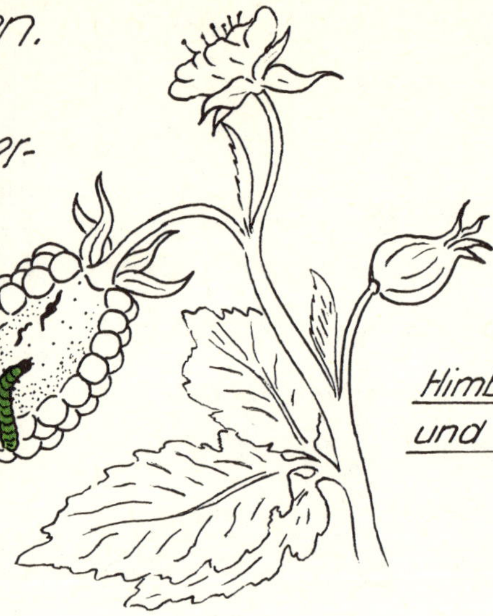

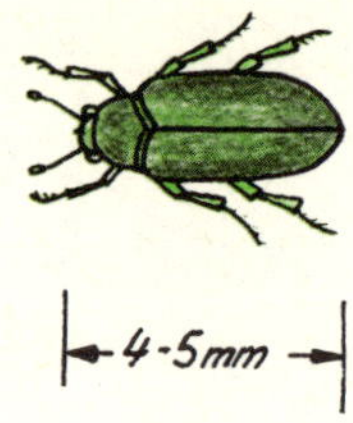

Himbeerkäfer und Larve

Himbeerkäfer lassen sich bei Berührung sofort fallen. Darum hält man beim Ablesen der Käfer ein Wassergefäß unter die Fruchtstände.

Maßnahmen:

- Ablesen der Käfer während der Paarungszeit (Mai-Juni)
- Spritzen der Ruten und des Bodens mit Rainfarntee
- Das Holzstützgerüst (ein beliebter Überwinterungsplatz der Käfer) mit Preicobaktbrei, den wir mit Rainfarntee angerührt haben, einstreichen
- Bei starkem Befall Pyrethrum in die Blüte spritzen

Schadbild des Erdbeerblütenstechers (Himbeerblütenstecher) an den Knospen der Himbeere.

Stachelbeere (Ribes uva-crispa)

Herkunftsland: Europa, Nordafrika, Zentralasien.

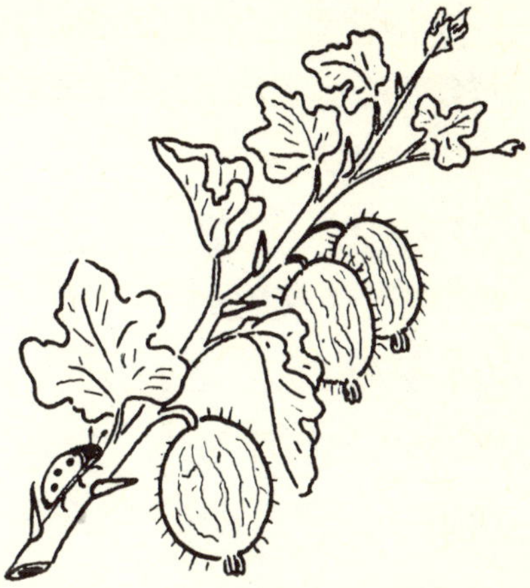

(Stachelbeere = Steinbrechgewächs)

Inhaltsstoffe:

Hoher Vitamin C- und B-Gehalt. Enthält viel Zitronen-, Wein- und Apfelsäure, in unreifen Früchten auch Bernsteinsäure. Preßsaft mit Honig verrührt ist gut bei Blutarmut, Drüsenleiden und für Gichtkranke.

Stachelbeeren haben ähnliche Boden-, Anbau- und Pflegeansprüche wie Johannisbeeren, benötigen nur eine etwas höhere Kaliversorgung des Bodens.

Stachelbeeren gedeihen im Halbschatten noch sehr gut. Durch ihre flachen und tiefen Wurzeln sind sie nicht ganz so trockenheitsanfällig wie die Johannisbeeren.
Ein gut bedeckter Boden reicht in normalen Sommern für ihr Feuchtigkeitsbedürfnis aus.

Es gibt früh-, mittel- und spätreifende Stachelbeeren. Stachelbeerliebhaber können durch den Anbau verschiedener Sorten 8 Wochen lang reife Früchte genießen. Außerdem haben wir noch die Wahl zwischen weißen, gelben, grünen oder roten Sorten.

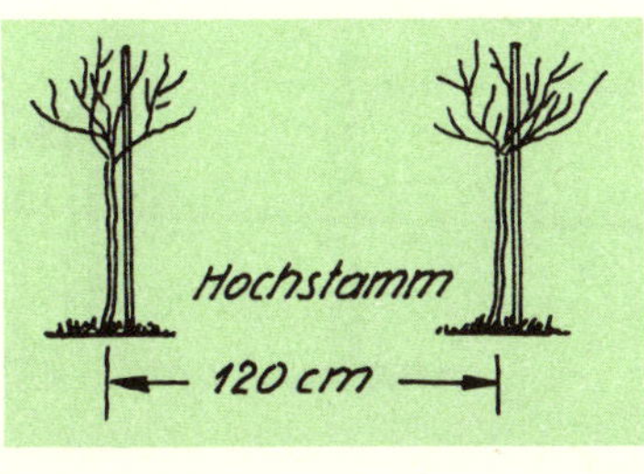

Pflanzabstand bei Stachelbeeren

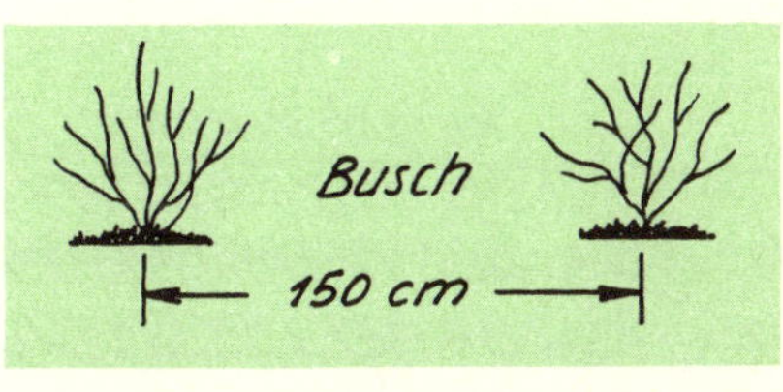

Pflanzung von Stachel- und Johannisbeeren

Wir können im Herbst oder im Frühjahr pflanzen.
Die Pflanzgrube sollte so groß sein, daß die Wurzeln, waagerecht liegend, bequem in der Grube Platz finden.

In das Pflanzloch sollte eine Schaufel voll guten, reifen Komposts, mit Gesteinsmehl gemischt, gegeben werden.

Dies sollte möglichst einige Wochen vor dem Pflanzen geschehen, für die Frühjahrspflanzung ist es am günstigsten im Herbst.

Nur beschädigte Wurzeln werden zurückgeschnitten. Dann tauchen wir die Wurzeln für 10 Min. in einen mit Schachtelhalmbrühe angerührten Lehm- oder Preicobaktbrei und pflanzen den Busch etwas tiefer, als er in der Baumschule gestanden hat.
Das Tiefpflanzen bewirkt zusätzliche Wurzelbildung am eingepflanzten Stämmchen.

Nun wird fest angedrückt und bei trockener Erde Wasser zugegeben.

Nach der Pflanzung wird etwas Reifkompost in die obere Erdschicht geharkt und mit grobem Mulchmaterial abgedeckt.

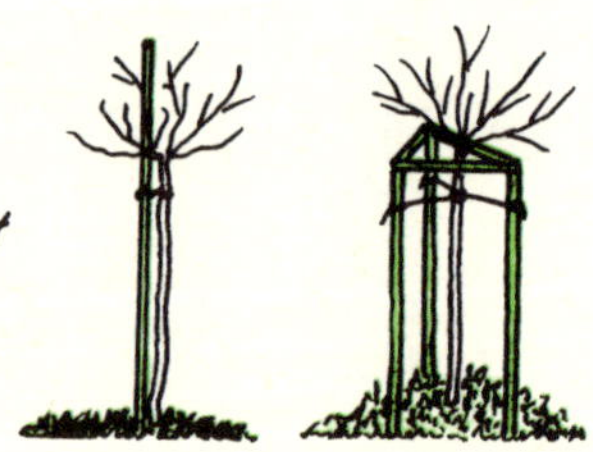

Hochstämmige Pflanzlinge brechen leicht ab. Sie brauchen eine Abstützung. Der Stützpfahl soll Kronenhöhe haben. Besser ist ein Stützgerüst.

Den Pflanzschnitt nehmen wir, auch bei Herbstpflanzung, im Frühjahr vor; so gibt es keine Frostschäden.
4-6 Zweige lassen wir für einen Busch stehen und kürzen diese auf 4-5 Augen ein.

Schnitt der Stachelbeersträucher

Stachelbeeren müssen gut geschnitten werden, weil wir sonst beim Pflücken die Beeren nur mühsam erreichen. Auch sind ungeschnittene Büsche anfällig für Stachelbeermehltau.
Altes Holz, nach innen wachsende Triebe und schwache Bodentriebe werden so tief wie möglich herausgeschnitten. Auch zu dicht stehende Seitenzweige werden entfernt. Zu lange, dünne Triebe werden etwas gekürzt, aber längst nicht alle, denn Stachelbeerfrüchte sitzen an einjährigem Holz am reichlichsten.

Vor und nach dem Schnitt

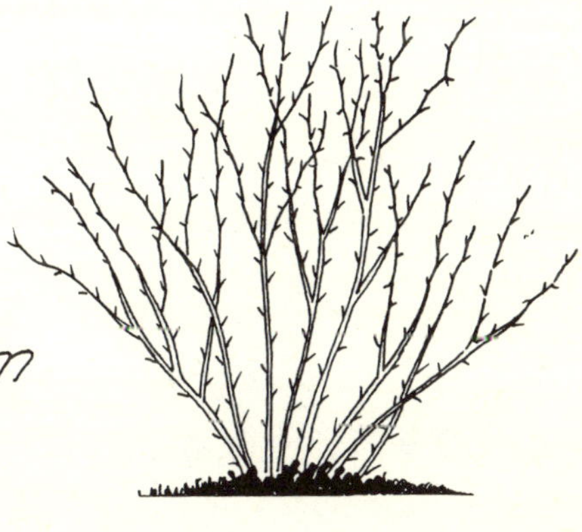

Günstig ist der Schnitt im Herbst. Nehmen wir ihn erst im Winter vor, muß er, des frühen Austriebs wegen, bis Ende Februar beendet sein.

Durch Stachelbeermehltau verformte Triebe (korkenzieherförmig) werden um ⅓ ihrer Länge eingekürzt.

Schädlinge und Krankheiten

Stachelbeermehltau (Spaerotheca mors-uvae)

Diese Pilzkrankheit kann Stachelbeeren sehr schädigen. Sie tritt vereinzelt auch an schwarzen Johannisbeeren auf. Mit einem weißlich filzartigen Belag, der sich später braun färbt, werden Blätter, Triebspitzen und sogar Früchte befallen.

Stachelbeermehltau

Die Triebspitzen sind gestaucht und ihr Längenwachstum stark eingeschränkt.

Maßnahmen:

- Luftiger Standort
- Auslichtender Schnitt
- Vorbeugende Spritzung mit Gemisch aus Rainfarntee und Schachtelhalmbrühe
- Bei Befall vorstehende Spritzung (insgesamt 3×)
- Ständige Bodenbedeckung, bevorzugt mit Farnkraut
- Preicobaktspritzung im Winter
- Keine triebige Düngung
- Befallene Spitzen ausschneiden und verbrennen
- Bei Befall Bio-S 1× vor und 1× nach der Blüte spritzen

Stachelbeerspinnmilbe (Bryobia praetiosa)

Diese Tiere übertragen Viruskrankheiten. Sie überwintern am Holz der Sträucher und wandern im Frühjahr in großen Mengen auf die Blätter, an denen sie saugen.

Die Blätter sind erst weiß gesprenkelt, verfärben sich grau-braun, vertrocknen und fallen ab. Die Früchte bleiben klein, reifen nicht aus.

Besonders Büsche an sonnigem Standort werden befallen.

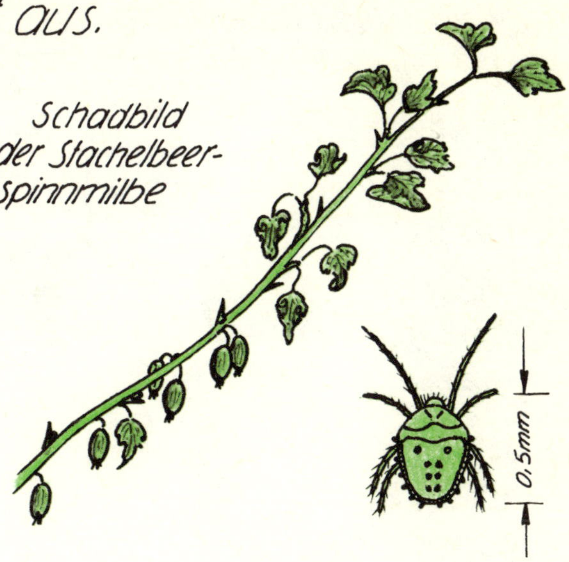

Schadbild der Stachelbeer-spinnmilbe

Stachelbeerspinnmilbe

Maßnahmen:

- Heißwasserspritzung bei Befall (52 °C)
- Reichliche Februar-März-spritzung mit Rainfarntee

<u>Stachelbeerspanner</u> (Abraxas grossulariata) und <u>Stachelbeerblattwespe</u> (Pteronus ribis). Beide Tiere, die Raupe des Stachelbeerspanners und die der Stachelbeerblattwespe, können große Fraßschäden anrichten.

Schmetterling und Raupe des Stachelbeerspanners

Eier auf der Blattunterseite

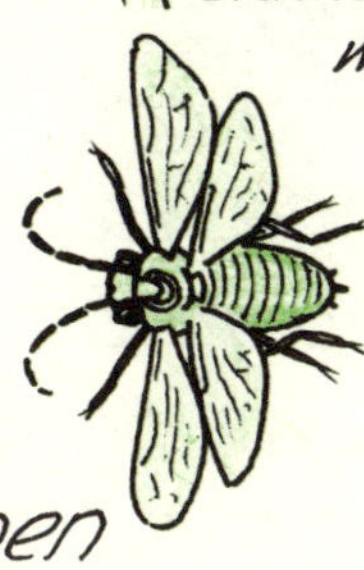

Stachelbeerblattwespe und die Raupen der Stachelbeerblattwespe beim Fraß

Maßnahmen:

- Bei geringem Befall Raupen ablesen
- Bei starkem Befall Algomin einstäuben
- Stoff oder Papier unter den Busch legen und kräftig schütteln, die herabgefallenen Tiere sofort vernichten

Stachelbeerrost (Stachelbeerbecherrost)

(Puccinia caricina var. phrinosheimiana)
An Säuregräsern der Gattung Carex (Seggen) hält sich dieser Rostpilz auf. Im Frühjahr wehen die Sporen des Pilzes auf in der Nähe stehende Stachelbeeren (auch Johannisbeeren werden befallen). Auf Blättern und Früchten zeigen sich orange- bis dunkelrote Polster. Später bilden sich auf den Polstern kleine, muldenförmige (becherförmige) Vertiefungen, in denen sich neue Sporen entwickeln, die wieder auf Gräser überwechseln.

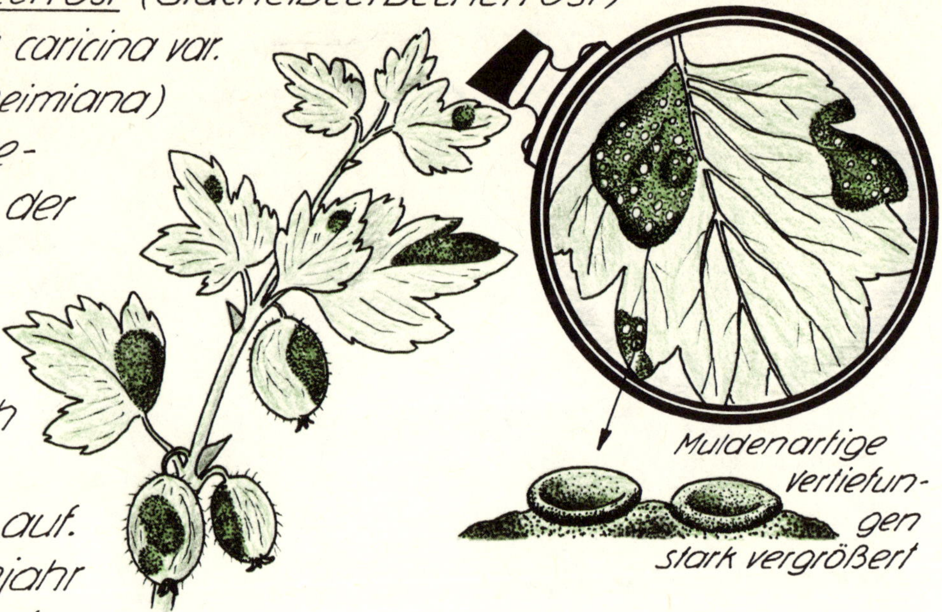

1 Blaugrüne Segge
2 Gelbsegge
3 Hirsesegge
4 Rispensegge
5 Behaarte Segge
6 Hasenpfotensegge

Maßnahmen:

- Sträucher stark zurückschneiden
- Schachtelhalmbrühe im Frühjahr und Herbst auf Strauch und Boden spritzen
- Sauergräser aus der Nähe unbedingt entfernen

Blattfallkrankheit

siehe Johannisbeere

Johannisbeere rot und weiß (Ribes saxifragaceae)
schwarz (Ribes nigrum)

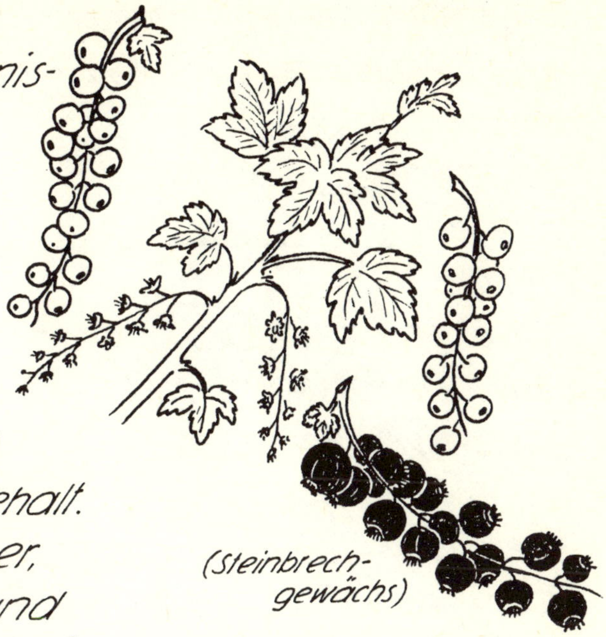
(Steinbrechgewächs)

Die Wildform der Johannisbeere ist in Europa beheimatet.

Die schwarze Johannisbeere wurde früher auch Gichtbeere genannt. Sie liebt feuchte Standorte und die Nähe von Sauerkirschen.

<u>Inhaltsstoffe</u>: (rot und weiß)
Hoher Vitamin A- und C-Gehalt. Zitronensäure, Invertzucker, Pektinstoffe. Bei Leber- und Nierenleiden, bei Kreislaufstörungen heilende Wirkung.

<u>Inhaltsstoffe</u>: (schwarz)
Des hohen Mineralstoff- und Vitamin A- und C-Gehaltes wegen wertvoll bei Blasen und Nierenleiden, ebenso bei Infektionen, Rheuma und Gicht.

Die Inhaltsstoffe entfalten ihre volle Wirkung bei Rohgenuß.

Johannisbeeren nehmen mit jedem Boden vorlieb, wenn er nur etwas Humus enthält.

Sie mögen einen pH-Wert von 7; saurer Boden kann dem Kalkbedürfnis, besonders der schwarzen Johannisbeeren nicht genügen.

Auf Rabatten stehen Johannisbeerbüsche günstig im Wechsel mit Stachelbeeren.

Johannisbeeren sind Flachwurzler. Tiefe Bodenbearbeitung muß darum unterbleiben, wir lockern nur flach und bedecken dick mit Mulchmaterial.

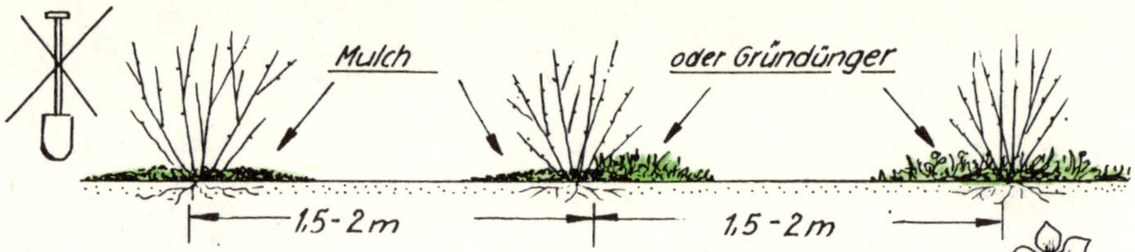

Statt dessen können wir auch Dauergrüneinsaaten von Klee oder Einjährigen z.B. Kapuzinerkresse vornehmen.

Preicobaktspritzung, 2malige Güsse von Brennesseljauche (1× beim Austrieb und 1× nach der Ernte) und die Frühjahrsspritzung des Gartens mit einem Gemisch von Schachtelhalmbrühe und Rainfarntee dienen der Pflanzengesundheit.

Gedüngt wird nur mit Kompost, der mit Gesteinsmehl und Algenkalk angesetzt wurde.

Wegen der flachen Wurzeln muß auf gleichmäßige Feuchtigkeit geachtet werden.
Besonders empfindlich gegen Austrocknung ist die schwarze Johannisbeere.
Alle Beerenobstsorten, besonders stark die Johannisbeere, werden durch Chlor geschädigt. Chlorhaltige Mineraldünger und chlorhaltiges Leitungswasser können Johannisbeerbüsche nicht vertragen.

Schnitt

Johannisbeeren tragen am zwei- bis dreijährigen Holz, schwarze am einjährigen.
Alles ältere Holz (man erkennt es an der dunklen Farbe und dem schwachen Austrieb) wird bodeneben abgeschnitten. Es wachsen immer genügend Neutriebe nach.

Bis zu 10 Neutriebe können stehen bleiben und verjüngen so den Busch immer wieder.

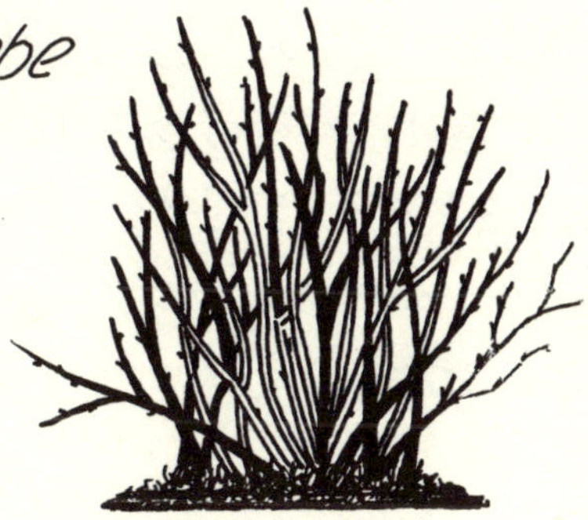

vor dem Schnitt

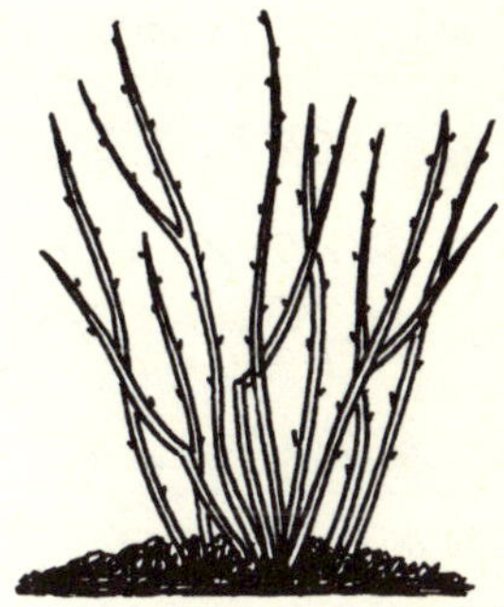

nach dem Schnitt

Wir schneiden rote und weiße Johannisbeeren im Herbst oder Winter, schwarze Johannisbeeren gleich nach der Ernte.

Schädlinge und Krankheiten

Blattfallkrankheit (Drepanopeziza ribis) an Johannis- und Stachelbeeren.
Neben einem durch heiße und trockene Sommer ausgelösten vorzeitigen Welken und Abfallen der Blätter gibt es die durch Pilzbefall auftretende Blattfallkrankheit.

Blattfallkrankheit

Der Pilz überwintert in abgefallenem Laub, seine Sporen infizieren schon im Frühjahr den Neuaustrieb.
Die Blätter bekommen im Mai gelbliche und braune Flecken und fallen im Juli-August ab.

Maßnahmen:

- Zwiebeltee spritzen
- Laub einsammeln und vernichten
- Schachtelhalmbrühe und Brennesseljauche mischen und mehrmals spritzen
- Im Frühjahr diese Spritzung wiederholen!

Johannisbeersäulchenrost (Cronartium ribicola)
Diese an schwarzen Johannisbeeren (vereinzelt auch an Stachelbeeren) vorkommenden Pilzsporen überwintern an Weymouthkiefern. Hier bleiben die Sporen meist 1-2 Jahre und verursachen den Kiefernblasenrost. Dann wandern sie wieder auf die Johannisbeeren.

Dort zeigen sich auf der Blattunterseite gelbe Flecken mit Pusteln. Blätter fallen zu früh ab, und durch mangelnde Holzreifung gibt es Ertragseinbußen.

Johannisbeersäulchenrost

Maßnahmen:

- Schwarze Johannisbeeren nicht in die Nähe von Weymouthkiefern pflanzen
- Wermut in die Nähe der Johannisbeeren pflanzen
- Spritzen: 3× vor und 1× nach der Blüte mit Wermuttee, Schachtelhalmbrühe oder Bio-S, auch die Blattunterseiten

Wirtspflanzen sind 5 nadelige Pinusarten, z.B. die Weymouthkiefer (Strobe)

Johannisbeerblasenlaus (Cryptomycus ribis)

Wenn die Blätter roter Johannisbeeren rotblasige Wölbungen auf der Blattoberseite aufweisen, findet man auf der Blattunterseite kleine gelbliche Läuse, die Johannisbeerblasenläuse.

Schadbild der Johannisbeerblasenlaus

Maßnahmen:

- zerdrücken der Läuse
- Nachblütenspritzung mit gärender Brennesseljauche

Johannisbeergallmilbe (Eriophyes ribis)

Während der Knospenentwicklung befällt diese winzige Gallmilbenart die schwarze Johannisbeere. Statt der erwarteten Blüten sieht man nur eine Verdickung der Blütenknospen.

In dieser Verdickung leben bis zu 30 000 Milben und bis zu 20 000 Eier.

Schadbild der Johannisbeergallmilbe

Johannisbeergallmilbe stark vergrößert

Die Milben wandern im Frühjahr auf die Triebe aus und vermehren sich stark.
Um dem vorzubeugen, werden Zweige mit Rundknospen ausgeschnitten und vernichtet.

Die Gallmilbe ist außerdem der Überträger der Brennesselblättrigkeit, einer gefährlichen Viruskrankheit.
Diese führt durch Blütenmißbildung oft zur Unfruchtbarkeit des ganzen Busches.

Brennesselblättrigkeit

Maßnahmen:

- Zweige mit verdickten Knospen herausschneiden und verbrennen
- Jungpflanzen oder biegsame Triebe durch Heißwassereintauchen (48 °C 10 Min.) entseuchen (auch Gartenscheren, Hände und Kleidung desinfizieren!)
- Gute und preiswerte Erfolge wurden durch die NAB-Spritzung erzielt

Die „Balinger Arbeitsgemeinschaft für biol.-dynamische Wirtschaftsweise" brachte mit dem Pilzregulierungsmittel NAB die Rundknospen zum Verschwinden.

N = Netzschwefel **A** = Algenkalk **B** = Bentonit (Natrium-Aktiv-Bentonit)

Diese 3 Stoffe werden zu gleichen Teilen trocken gemischt. 100 g Mischung werden in 10 l Wasser gut verrührt oder gequirlt.

Jeder Strauch wird triefend naß gespritzt, und zwar 1× kurz vor der Blüte, 1× während der Vollblüte und 1× bei Blütenende.
Das führt zum vollen Erfolg in der Gallmilbenbekämpfung, wenn nicht im 1., so doch im 2. Jahr.

Johannisbeerblattlaus
siehe Blattläuse

Brombeere (Rubus fruticosus)

Wildform mindestens 3000 Jahre alt, in unseren Gärten erst seit 80 Jahren.

(Rosengewächs)

Inhaltsstoffe:

Enthält Vitamin A, B und C, viel Eisen und Magnesium. Teeaufguß von Blättern hat ähnlich wertvolle Inhaltsstoffe. Anwendung von Beeren und Tee bei Herz- und Kreislaufstörungen, Zahnfleischentzündung, Grippe, Halsschmerzen, Hautkrankheiten und Wundbehandlung.

Pflanzung: In lockeren Boden, am besten im Frühjahr, 3-4 m Abstand von Pflanze zu Pflanze. Im Frühjahr nach der Pflanzung um ⅓ zurückschneiden. Brombeeren müssen am Gerüst gezogen werden. Nach der Ernte werden abgetragene Ruten am Boden abgeschnitten.

Bodenbedeckung und Düngung nehmen wir wie bei der Himbeere vor, nur kann die Brombeere etwas mehr Kalk gebrauchen. Im Spätherbst Preicobakt geben. Bemerkt man Milben oder die Rutenkrankheit, dann nach der Ernte Bio-S spritzen.

Im Frühjahr Schachtelhalmtee mit Rainfarnabsud spritzen.

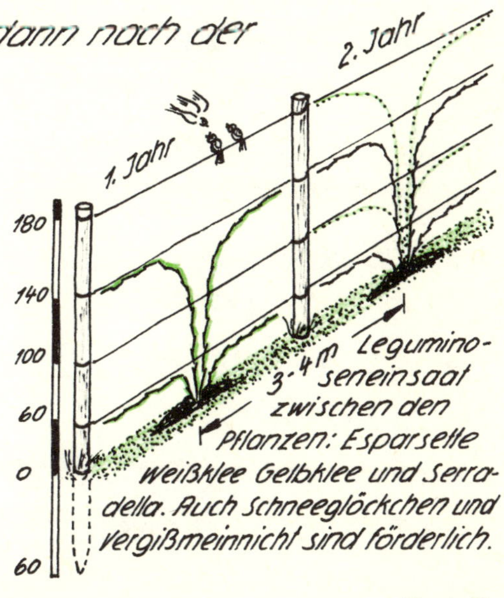

Bei frostempfindlichen Sorten im Winter die Ruten auf den Boden legen und gut abdecken.

Die Vermehrung von Brombeeren läßt sich am

besten durch Absenken geeigneter Seitentriebe erreichen. Im Sommer wird der Trieb, leicht mit Erde bedeckt, festgesteckt. Bis zum Herbst hat er Wurzeln geschlagen und kann verpflanzt werden.
Auch Stachel- und Johannisbeeren können nach dieser Methode vermehrt werden.

<u>Brombeermilbe</u> (Eriophyes essigi)
Wenn Brombeeren klein, verkrüppelt, hellrot und saftarm sind, ist die Brombeermilbe am Werk. Sie saugt am Fruchtknoten der einzelnen Frucht und dies verhindert das Ausreifen.

Milben überwintern an geschützten Stellen des Strauches in Knospen, auch in vertrockneten Beeren des Vorjahres. Bei beginnender Erwärmung im Frühjahr wandern die Milben über Stengel und Blätter zu den Blüten.

<u>Maßnahmen:</u>
- Boden ganzjährig mit Kompost bedecken
- Abgeerntete Triebe und Fruchtmumien abschneiden und vernichten
- Spritzen mit Rainfarn-Algenkalk: 1× im Herbst und 2× im Frühjahr
- Bei Austrieb im Frühjahr an warmen Tagen Bio-S spritzen, im Abstand von 10 Tagen 2× wiederholen

Baumobst

Dieses Kapitel behandelt Bodenvorbereitung, Pflanzung, Baumschnitt, Pflege- und Düngemaßnahmen der Obstbäume und -büsche sowie die wichtigsten Schädlinge und Krankheiten des Baumobstes.

Obstanbau

Die meisten Obstarten gehören der Familie der Rosengewächse (Rosaceae) an.

Sie gedeihen gut in humushaltigen Lehmböden. Tonige und sandige Böden sollten erst verbessert werden.

Ideal ist ein leicht saurer Boden mit pH-Werten von 6,3 - 7. Äpfel mögen den pH-Wert noch niedriger, zwischen 5,5 und 6,5.

Obstbäume bleiben lange Zeit am gleichen Standort. Darum ist eine gute Bodenvorbereitung nötig. Wollen wir Obstbäume in eine Wiese pflanzen, sollten wir das Land mit Leguminoseneinsaaten aufwerten.

Wir arbeiten den Samen dieser Leguminosenarten, einzeln oder gemischt, mit einem Rasenlüftrechen ein und wässern gut. So verbessern wir die Qualität des Grünlandes.

Im Herbst oder im darauffolgenden Frühjahr können Obstbäume in dieses Land gepflanzt werden. Buschobst sollte des höheren Nährstoffbedarfs wegen im offenen Boden stehen. Auch dieses offene Land sollte im Frühjahr eine Gründüngung bekommen.

Um eine bessere Verteilung von Erde, Kompost und Gesteinsmehlen (durch Bodenbakterien) zu erreichen, heben wir die Pflanzgruben für die Herbstpflanzung bereits im September, die für die Frühjahrspflanzung im November des Vorjahres aus.

Der Untergrund wird gelockert und mit ½ Kg Gesteinsmehl gut vermischt.

Die oberen und unteren Erdschichten werden getrennt gelagert. Sie werden je mit 2-3 Spaten vollwertigem Reifkompost, 2 Kg Gesteinsmehl und 1-2 Händen Holzasche vermischt.

Beide Erdschichthaufen und der Pflanzgrubengrund werden nun mit Mulchmaterial abgedeckt.

Eine blüten- und fruchttragende Hecke um den Obstgarten herum gepflanzt bietet Windschutz und lockt Bienen und Vögel an.
Wichtig ist, die für unsere Gegend und unsere Wünsche richtige Baumart und Obstsorte auszuwählen.
(Baumschulen und Obstbaumberater geben gern Rat, auch über passende Unterlagen und der damit verbundenen Wuchseigenschaften).

Pflanzung

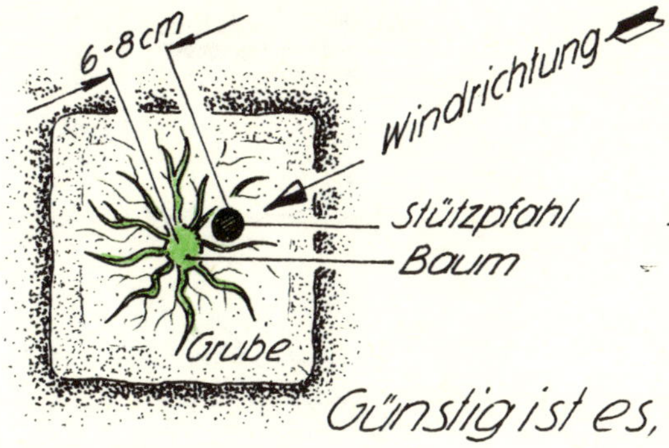

Günstig ist es, die Pflanzung zu zweit vorzunehmen. In das vorbereitete Pflanzloch wird, 6-8 cm von dem Mittelpunkt der Pflanzgrube entfernt, der Pfahl eingeschlagen. Er sollte in der Hauptwindrichtung vor dem Bäumchen stehen.

Achtung:
Stützpfähle nicht mit Karbolineum behandeln!
Umweltfreundliche Imprägnierungsmittel nehmen (Firnis oder Bienenwachs)!

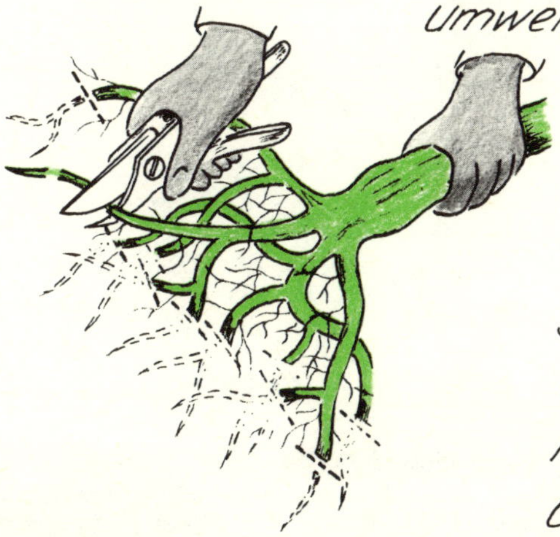

Beschädigte und dickere Wurzeln werden mit der Schnittfläche nach unten angeschnitten.
Faserwurzeln bleiben dabei ungeschnitten.

Die Wurzeln werden nun in einen Lehmbrei (aus verdünnter Schachtelhalmbrühe, 55% Lehm, 33% Kuhfladen, 6% Algenmehl und 6% Holzasche bestehend) oder, einfacher, in einen dicklichen Preicobaktbrei getaucht.

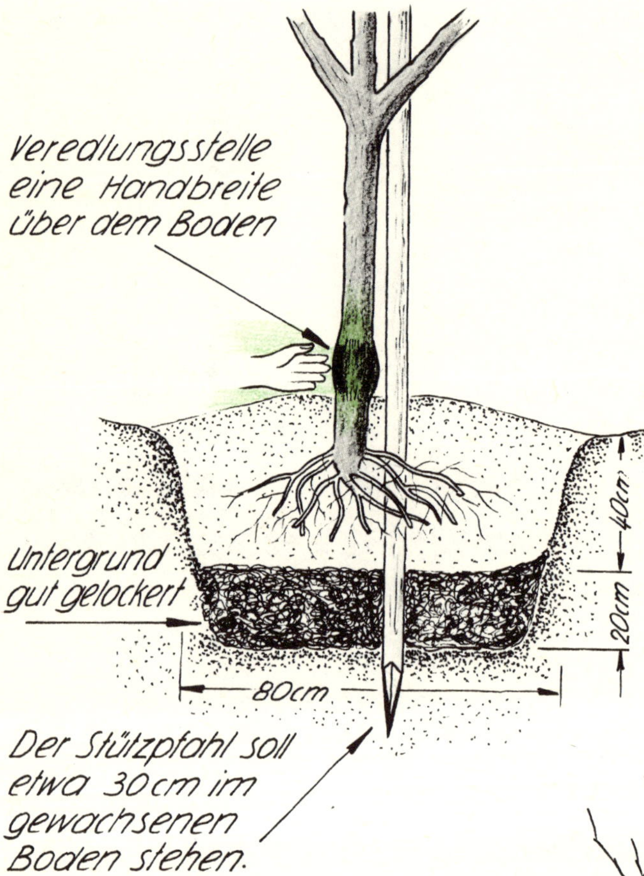

Wichtig ist es, auf die Veredlungsstelle zu achten. Sie sollte nach der Pflanzung, wenn die Erde sich verdichtet (gesetzt) hat, eine Handbreite über dem Boden sein.

Dieses ist am sichersten mit einem Meßholz zu kontrollieren.

Beim Pflanzen werden die Wurzeln so ausgebreitet, daß sie natürlich zu liegen kommen.
Alle Hohlräume zwischen den Wurzeln werden mit der aus den tieferen Schichten geholten Erde ausgefüllt.
Zuletzt wird der humushaltige Boden aufgefüllt.

Anschließend wässern wir gründlich.
Dadurch werden auch die Hohlräume zwischen den Baumwurzeln mit Erde zugeschlämmt

Beim Anbinden keine dünnen Schnüre oder Draht verwenden, weil diese in die Rinde einschneiden!
Verwende breite Gurtbänder, Lederriemen oder Sisalflechtschnur!

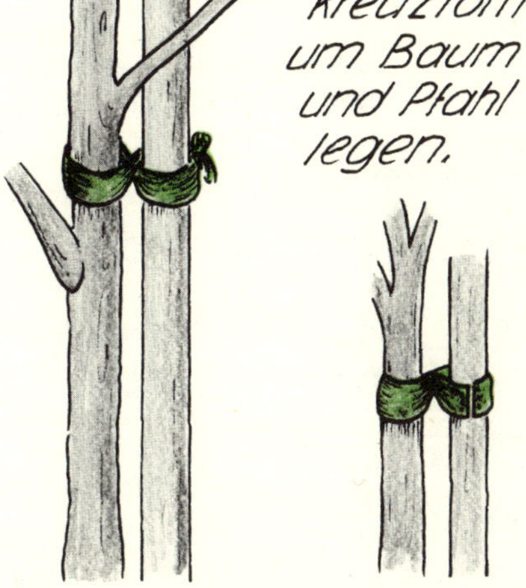

Als Abschluß der Pflanzung wird die Baumscheibe mit Grobmulch dicht abgedeckt, damit die Feuchtigkeit erhalten bleibt und kein Unkraut aufkommen kann.

Herbstpflanzungen werden im November, Frühjahrspflanzungen im März in unbelaubtem Zustand vorgenommen.
Pfirsich und Aprikose bekommen, der winterlichen Frostdrohung wegen, eine Frühjahrspflanzung besser als die Herbstpflanzung.

Wir sollten möglichst gleich nach dem Kauf pflanzen.
Sollten wir nicht dazu kommen, müssen wir die Wurzeln in feuchten Sand oder Erde einschlagen, um ein Austrocknen zu verhindern.

Platzbedarf einiger Baumarten in m

Hochstamm Apfel	9×9	Buschbaum Birne	5×6
Hochstamm Birne	9×9	Buschbaum Sauerkirsche	5×5
Hochstamm Süßkirsche	8×8	Spindel	3×4
Mittelstamm Pflaume	7×7	Spalier Apfel	1×4
Niederstamm Pfirsich	5×6	Spalier Birne	1×4
Buschbaum Apfel	5×6		

Baumformen

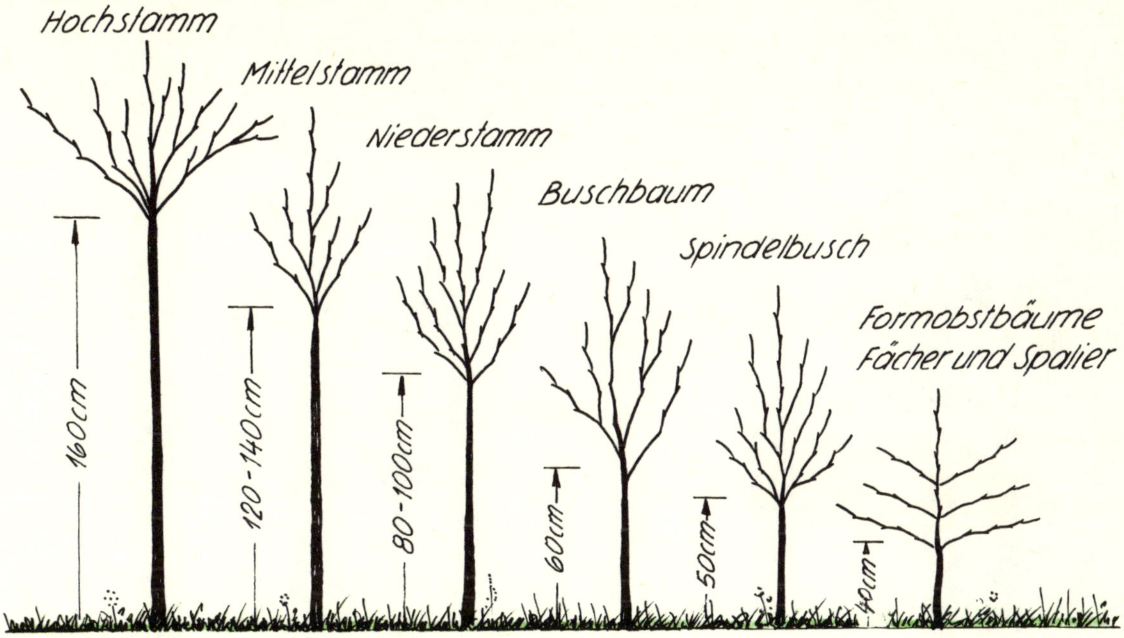

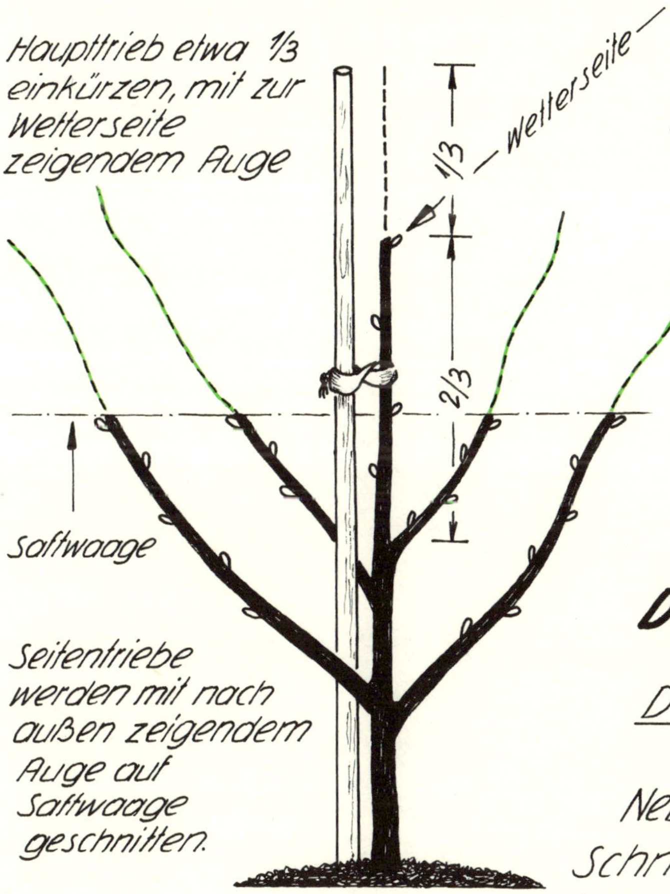

Der Pflanzschnitt

Der Pflanzschnitt wird bei der Herbst- und Frühjahrspflanzung im Frühjahr vorgenommen.

Der Kronenaufbau

Das Herunterbinden

Neben regelmäßigem Schnitt gehört bei jungen Bäumen das Herunterbinden oder -Spreizen zur Erziehung in die von uns gewünschte Form.

Die Versorgungsbahnen eines Baumes

Die versorgungsbedürftigen Zellen eines Baumes stehen durch Leitungsbahnen, die mit einem empfindlichen Regelmechanismus ausgerüstet sind, in Verbindung.

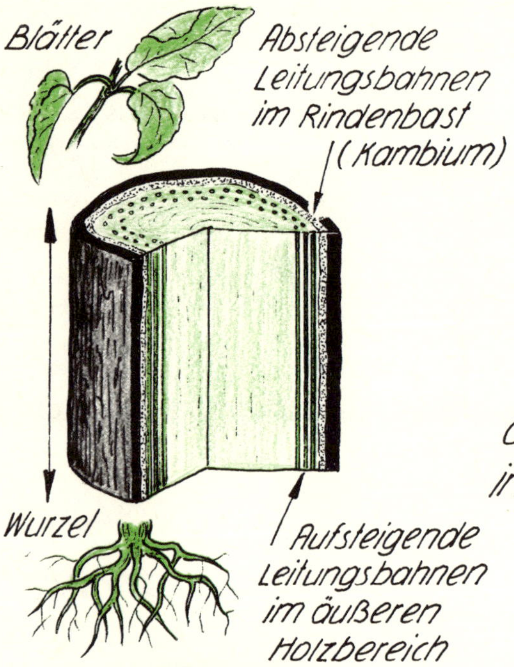

Durch die absteigenden Leitungsbahnen werden alle lebenden Zellen mit organischen Aufbaustoffen versorgt.
Dieses sind: Kohlenhydrate, vorwiegend Eiweiß, Zucker und andere Verbindungen, die mit Hilfe der Photosynthese in den Blättern gebildet werden.

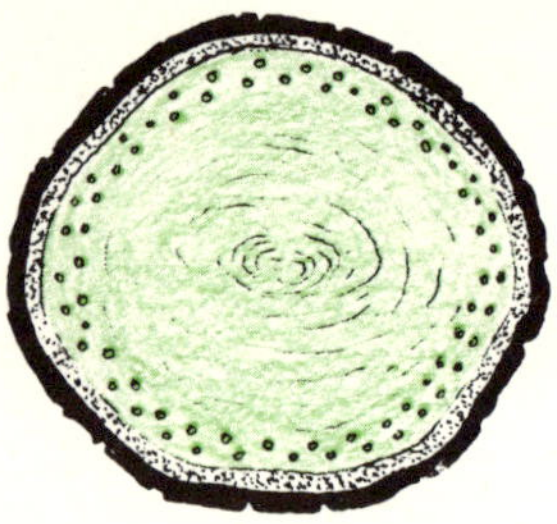

In den aufsteigenden Leitungsbahnen werden Wasser und Nährsalze von den Wurzeln zu den Blättern befördert. Das Wasser wird durch die Spaltöffnungen (Stomata) der Blätter verdunstet.
Die aufsteigende Leitung versorgt alle sich im Wuchsstadium befindenden Organe mit Mineralstoffen.

Durch die Verdunstung von Wasser in den Spaltöffnungen der Blätter entsteht eine Sogwirkung, so daß Wasser auch in große Höhen (über 10m) gelangen kann. Im Frühjahr, wenn noch keine Blätter vorhanden sind, wird Wasser nur durch den Wurzeldruck in die Krone befördert. Wurzeldruck ist der Druck, mit dem das Grundgewebe der Wurzel Wasser in die Leitungsbahnen hineinpreßt.

Zu starke Düngung führt zu übermäßig salzhaltigen Saftströmen von den Wurzeln zu den Blättern und damit zu starker Trieb- und Blattentwicklung.
Das geht zu Lasten der Blüten- und Fruchtbildung (besonders bei Anwendung von wasserlöslichem Stickstoff).

Eine Förderung der Fruchtbildung kann durch Stauung der Assimilation (Aufbau organischer Substanz aus anorganischen Nährstoffen) erreicht werden.
Eine Stauung des Nährstoffflusses zur Wurzel hin (der im Kambium erfolgt) führt zum Verbleib größerer Mengen Nährstoffe (Zuckersäfte) im Kronenbereich und damit zu erhöhter Fruchtbildung.

Einige Beispiele von Unterbrechungen des Saftstromes:

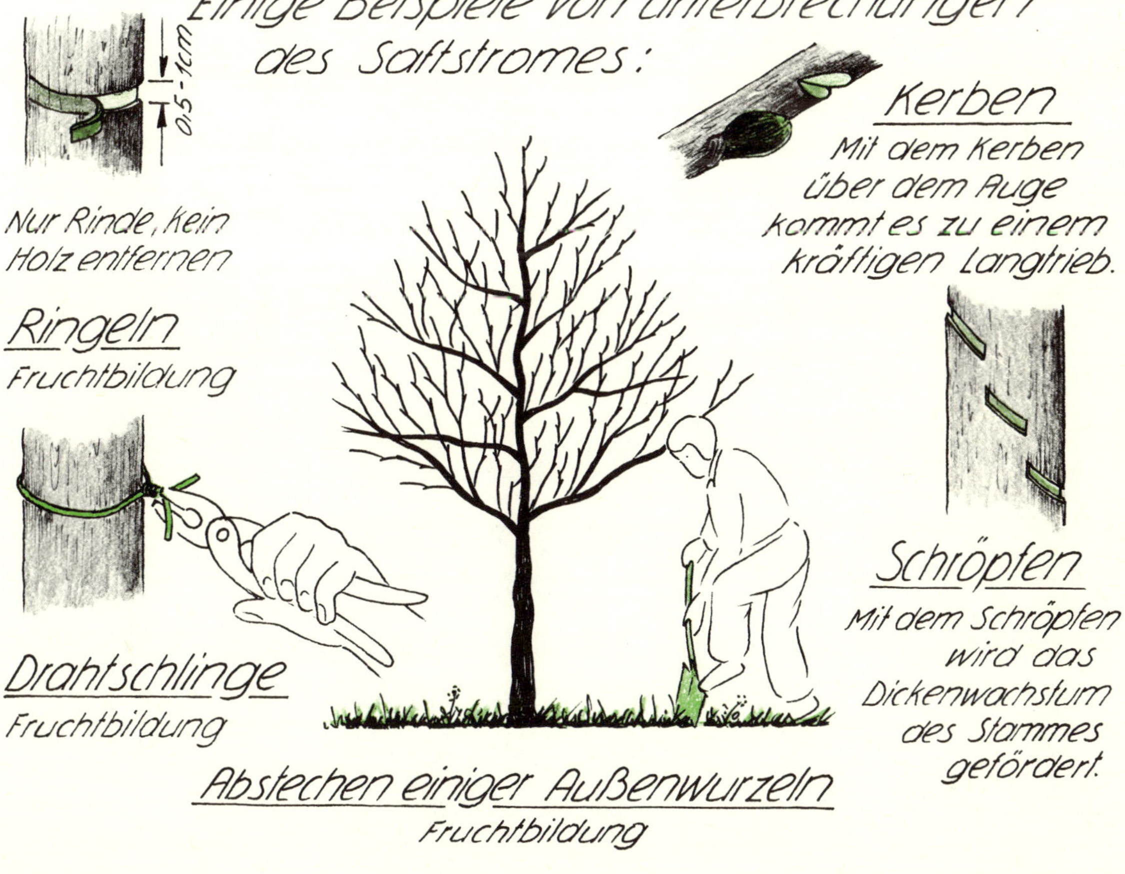

Besser ist es, durch richtige Schnitt- und Pflegemaßnahmen sowie Sortenwahl und sachgemäße organische Düngung auf diese Regulierungen zu verzichten.
Eine nach allen Seiten gut aufgebaute, licht- und luftdurchlässige, mit Fruchtholz besetzte Krone hält den Kreislauf des Baumes im natürlichen Gleichgewicht.

Der Obstbaumschnitt

Unsere veredelten Obstsorten sind so gezüchtet, daß sie, um nicht zu verwildern, regelmäßig geschnitten werden müssen. Der richtige Schnitt ist eine Kunst, die nicht nur aus Büchern gelernt werden kann. Die Praxis gehört dazu, darum ist zusätzlich ein Schnittkursus zu empfehlen.

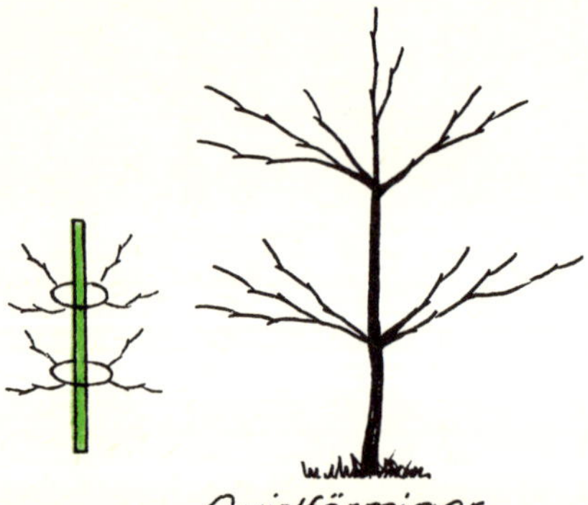

Quirlförmiger
Leitastaufbau

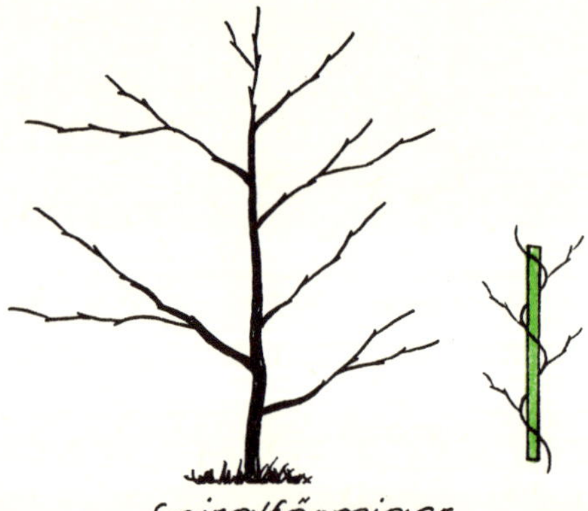

Spiralförmiger
Leitastaufbau

Die um den Stamm herumführende unregelmäßige Anordnung von Leitästen kommt der Natur des Baumes näher als die quirlförmige Anordnung. Sie bietet außerdem mehr Licht- und Lufteinfall sowie größere Bruchsicherheit bei Fruchtbehang und Sturm.

Ein starker Rückschnitt führt zwangsläufig zum starken Holzaustrieb, weil die wenigen verbliebenen Austriebstellen unter dem Druck des Nährstoffstromes stehen und dadurch stärker und schneller wachsen.
Beim schwachen Schnitt verteilt sich der Saftstrom auf viele Austriebstellen, was zum schwächeren und geringeren Holzaustrieb führt.

Neben dem schon erwähnten Pflanzschnitt gliedern sich die Schnittformen in Aufbau- oder Erziehungsschnitt, Ertrags- oder Erhaltungsschnitt und Verjüngungs- oder Erneuerungsschnitt. Eine Sonderstellung nimmt der Schnitt von Sauerkirsche und Pfirsich ein.

Der Aufbau- oder Erziehungsschnitt

Beim Schnitt kommt es auf eine ständige Neubildung des Fruchtholzes an, d.h. schwachwachsende Sorten müssen viel mehr zurückgeschnitten werden als starkwachsende.
Wir lassen einen Kranz von 3-4 Ästen stehen, die in der Höhe versetzt angeordnet sein sollen.
Nach ca. 50 cm wiederholt sich dieser Aufbau.
Zu steil stehende Seitenäste werden heruntergebunden oder gespreizt.

Durch das Herunterbinden oder – biegen wachsen die Äste nicht zu steil in die Höhe und treiben weniger aus, bilden aber schneller Fruchtholz mit Blüten. Am stärksten ist die Fruchtbildung an Zweigen, die im Winkel von 60° stehen.

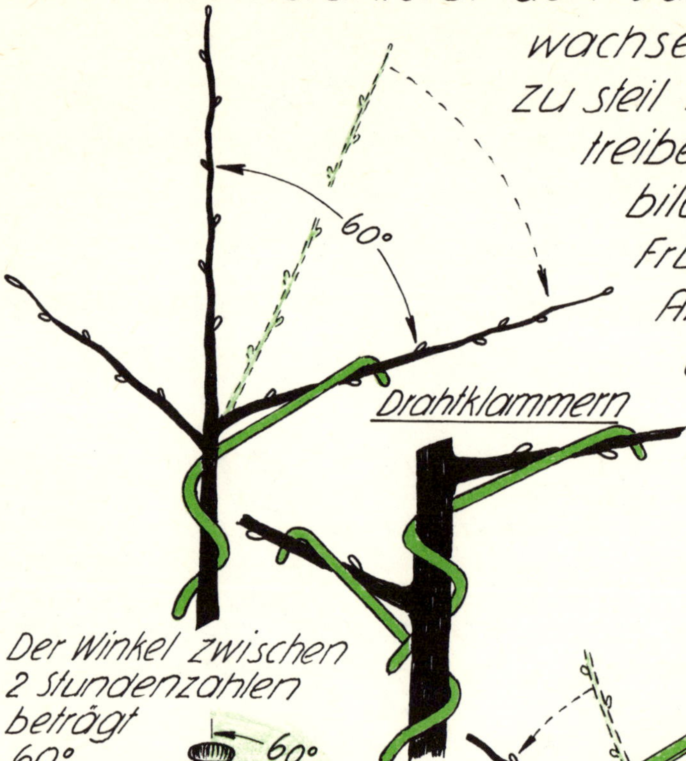

Der Winkel zwischen 2 Stundenzahlen beträgt 60°.

Mit Hilfe einer Uhr lassen sich genau 60° ablesen.

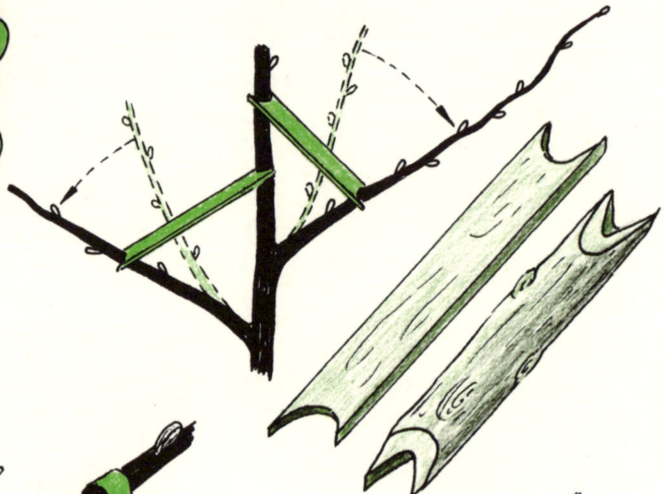

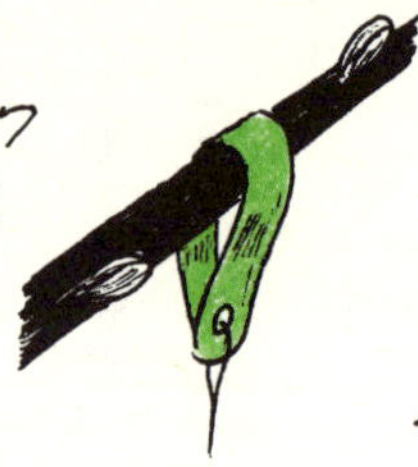

Zugschlaufen fertigen wir aus alten Fahrraddecken oder ähnlichem Material an.
Drahtklammern schneiden und biegen wir passend. Sie lassen sich nur bei schwach verholzten, dünnen Zweigen einsetzen.

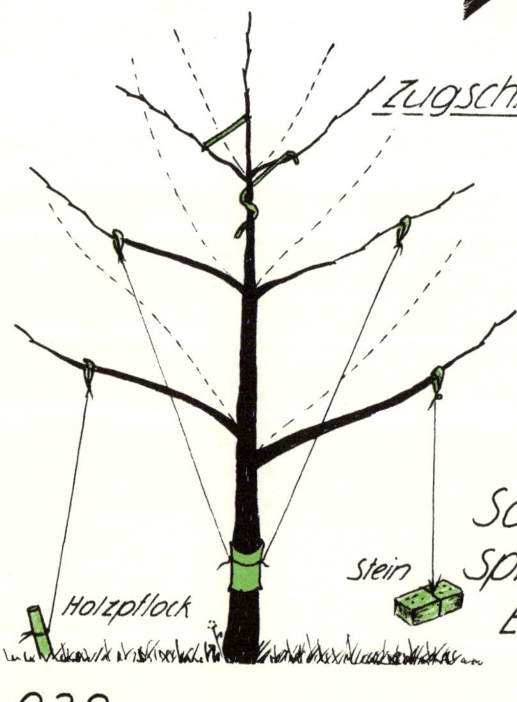

So können wir Busch- und Spindelobst zu frühzeitigem Ertragsbeginn anregen.

Der Mitteltrieb wird jährlich um 30-40 cm zurückgeschnitten. Die zwischen den Leitästen wachsenden Fruchtruten werden eingekürzt. Sie fruchten sehr früh und werden später, wenn die Fruchthölzer der Äste zu tragen beginnen, ganz entfernt.
Alle nach innen oder oben wachsenden Triebe werden abgeschnitten. Auch Seitenäste, die zu lang herunterhängen, kürzen wir etwas ein.

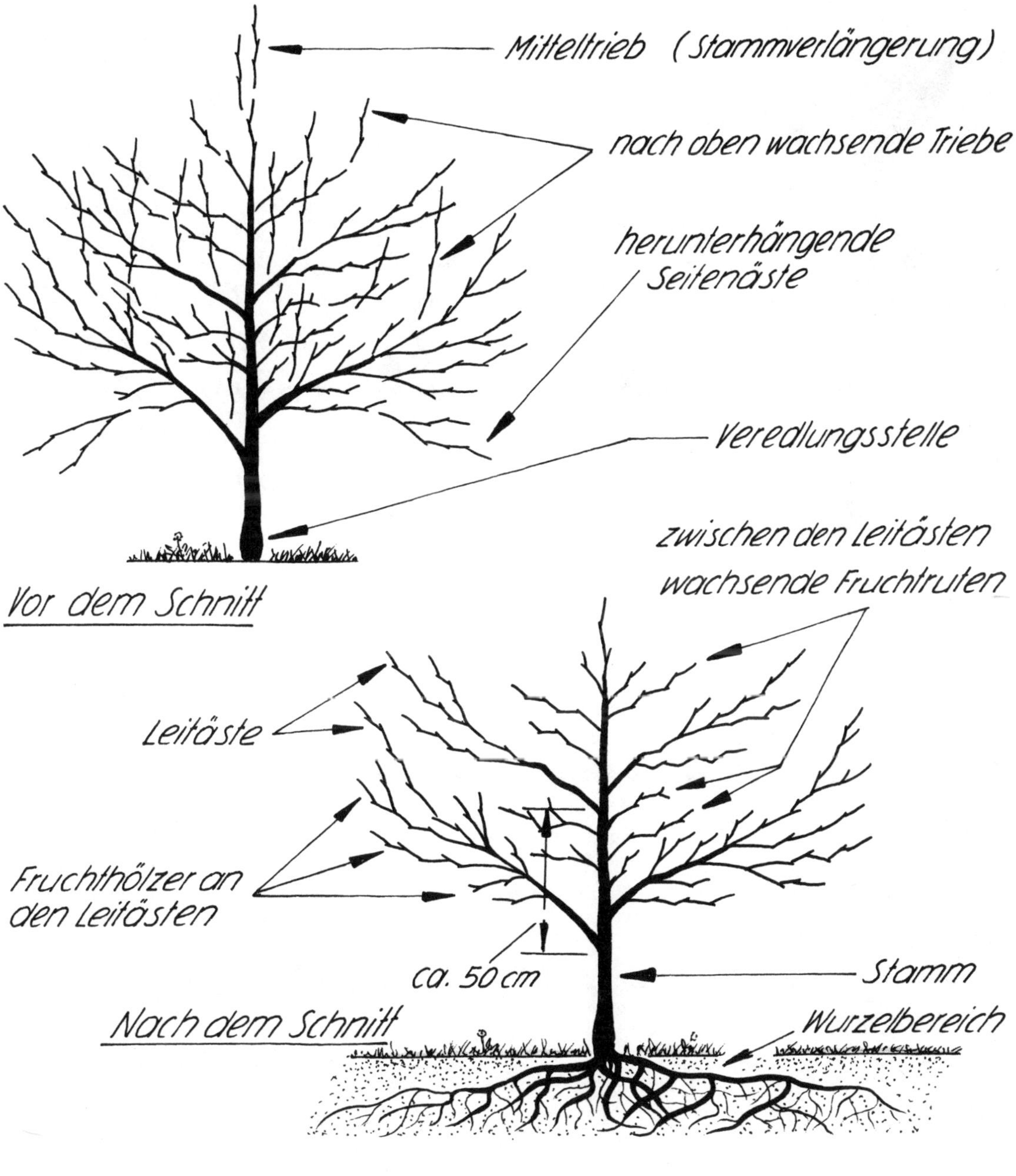

Aufbauschnitt (Schematische Darstellung)

Das Einkürzen von Triebspitzen

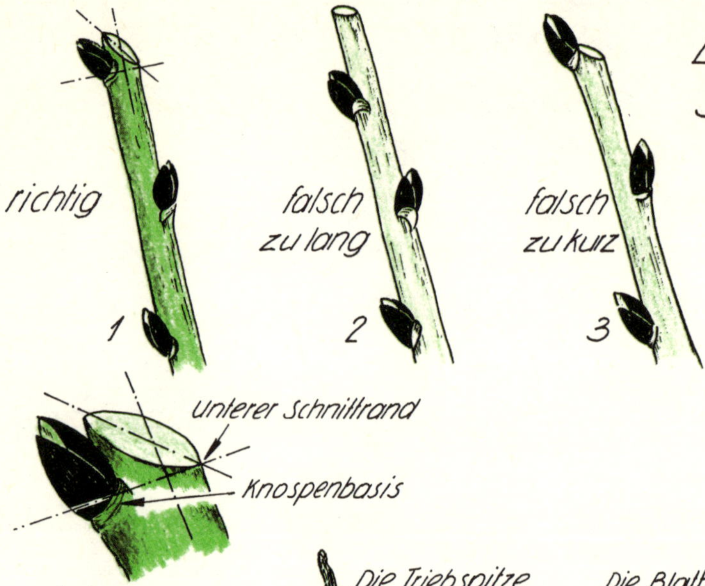

Bei zu kurzem Schnitt wächst der Trieb nicht mehr in die von uns gewünschte Richtung. Ein Nachschnitt wird erforderlich.

Eingetrocknete Baumpartien sind ideale Brutstätten für schädliche Pilze und Schadinsekten.

Der Ertrags- oder Erhaltungsschnitt

Jahrelang ungeschnittene Bäume müssen ausgelichtet werden. Bei jährlich geschnittenen Bäumen ist die Arbeit geringer. Wir entfernen nach innen wachsendes, sich kreuzendes und steil nach oben wachsendes Holz.

Von zwei gesunden Ästen, die zu dicht und zu lichtundurchlässig stehen, entfernen wir den schwächeren.

Entstehen durch diese Schnittart größere Lücken, binden wir einen schräg nach oben wachsenden Trieb herab und füllen so mit neuem Holz die kahlen Stellen.

Zweige mit Blatt- und Blütenknospen verschiedener Fruchtarten (die Birne sieht dem Apfel ähnlich)

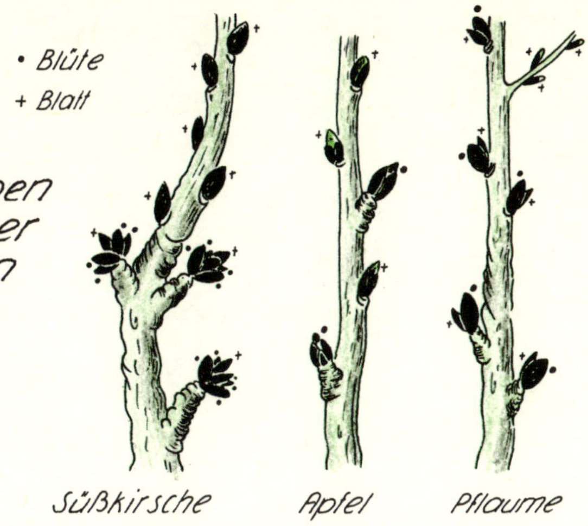

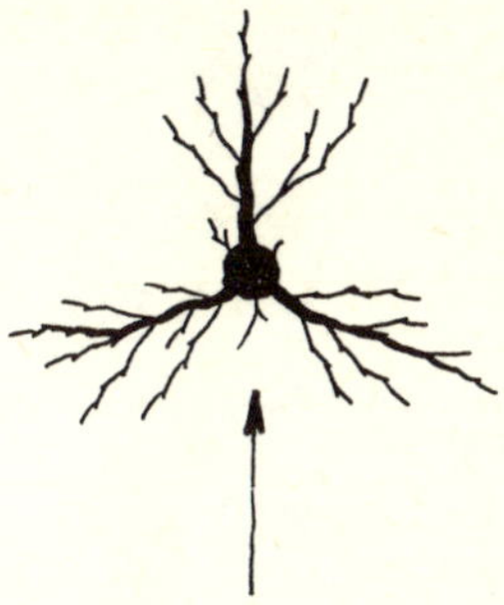

Anordnung von Leitästen bei einem Buschbaum (von oben gesehen)

Der Verjüngungsschnitt soll nicht erst durchgeführt werden, wenn die Krone total überaltert ist und nur noch wenige kurze Triebe bildet.
Wir entfernen alle abgestorbenen und zu dicht stehenden Äste.
Auf einen Radikalschnitt soll verzichtet werden. Besser ist es, in einem Zeitraum von 2-3 Jahren an der Kronenneubildung zu arbeiten.

Ein älterer Apfelbaum im Zeitpunkt der Ertragsminderung

Starke Schnittmaßnahmen führen zur Bildung von starken Austrieben. Diese reißt man, solange noch keine Verholzung stattgefunden, am schnellsten mit der Hand ab.

Einige bleiben zur Neubildung der Krone stehen.
Rißwunden verheilen im Sommer sehr schnell und gut.

Der Steinobstschnitt

Steinobst braucht eine besonders lichte Krone, denn bei Steinobst findet die Befruchtung durch Windbestäubung statt.
Wenn wir Steinobst im Sommer gleich nach der Ernte schneiden, ist die Harzflußgefahr gering.
Bei Schattenmorelle und Pfirsich werden alle abgetragenen Triebe bis zum Ersatztrieb weggeschnitten, die jungen Triebe um 1/3 gekürzt.

Pfirsichzweige mit Dreierknospen werden stehen gelassen.
Schattenmorelle und Pfirsich fruchten an einjährigem Holz. Alle zweigmoniliaverdächtigen Triebe werden entfernt.

Weichsel-, Süßkirschen, Pflaumen und Aprikosen werden nicht so radikal geschnitten. Bei ihnen genügt überwiegend der Erziehungsschnitt zum Kronengerüstaufbau. Wenn die Erträge nachlassen, benötigen fast alle Steinobstbäume einen Verjüngungsschnitt.

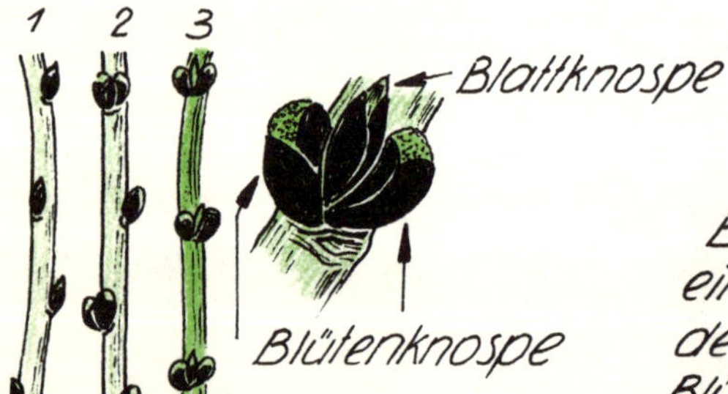

Pfirsichtriebe sind in ihrer Art außergewöhnlich. Da gibt es den wahren Fruchttrieb, der seine Blüten immer rechts und links neben einer Blattknospe hervorbringt, und den Räubertrieb, der nur unfruchtbare Blüten ohne Blattknospen hervorbringt. Räubertriebe müssen entfernt werden.

Pfirsichtriebe
1 Trieb mit Blattknospen
2 Trieb mit nur Blütenknospen, Räubertrieb genannt
3 Wahrer Fruchttrieb

Blattknospen sind in ihrer Form sehr spitz, Blütenknospen dagegen rundlich.

Zweig einer Sauerkirsche

Schnittformen

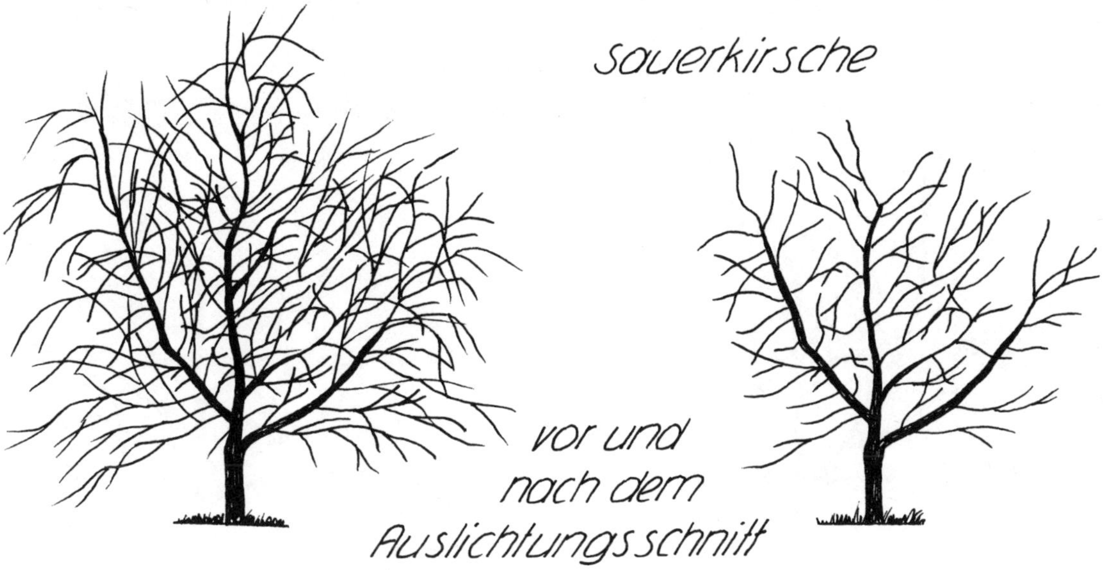

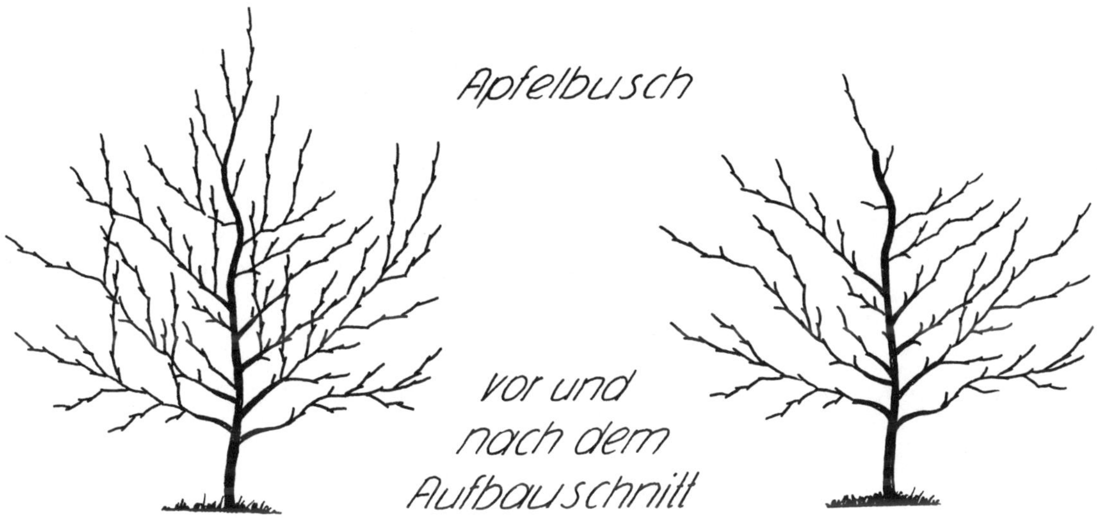

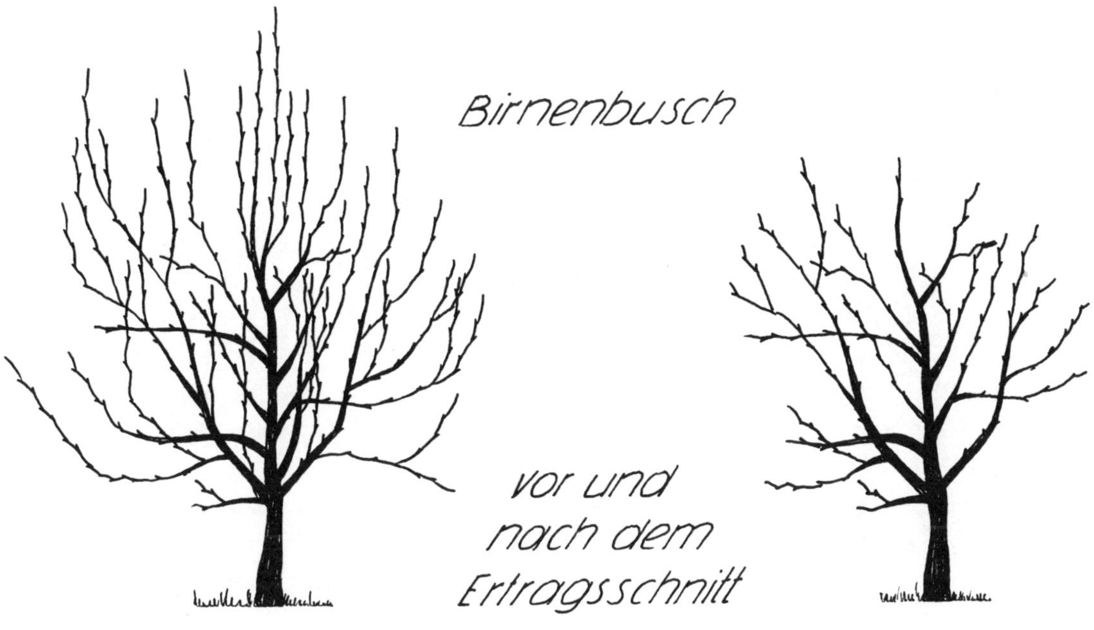

Älterer Apfelniederstamm

vor und nach dem Verjüngungsschnitt

Apfelbusch

vor und nach dem Ertragsschnitt

Pfirsichbusch

vor und nach dem Schnitt. Beim Pfirsich wird der Schnitt kurz vor oder kurz nach der Blüte vorgenommen.

An- und Absägen eines Astes

Um einer Rindenbeschädigung durch Ausreißen vorzubeugen, gehen wir vor wie auf der Abb. dargestellt.

Um eine schnelle Verheilung der Sägeschnittwunde zu erreichen, wird der äußere Schnittwundrand mit der Hippe nachgeschnitten und geglättet. Anschließend wird die ganze Schnittfläche mit Baumwachs eingestrichen.

Schneiden mit der Gartenschere

Wir setzen die Schere so an, daß sie von unten gegen den Trieb geführt wird. Umgekehrt reißt der Trieb an der Schnittfläche leicht aus.

Werkzeug und Material für den Gehölzschnitt

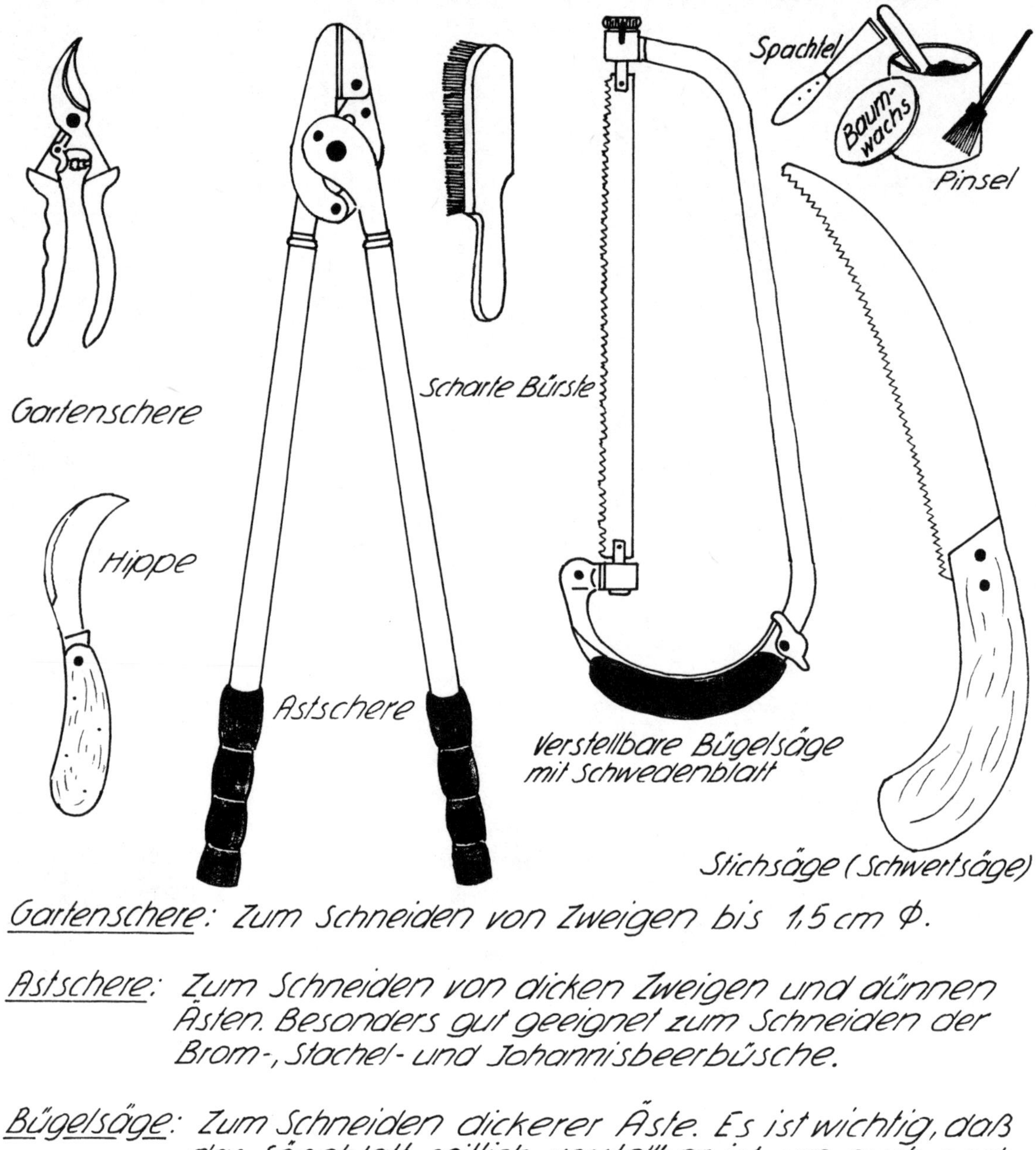

Gartenschere: Zum Schneiden von Zweigen bis 1,5 cm Φ.

Astschere: Zum Schneiden von dicken Zweigen und dünnen Ästen. Besonders gut geeignet zum Schneiden der Brom-, Stachel- und Johannisbeerbüsche.

Bügelsäge: Zum Schneiden dickerer Äste. Es ist wichtig, daß das Sägeblatt seitlich verstellbar ist, um auch noch in Astgabelungen sägen zu können.

Stichsäge: Zum Sägen an schwer zugänglichen Stellen.

Hippe: Zum Glätten der Ränder bei Sägeschnitten und zum Schneiden dünner Zweige, sowie zum Ausschneiden von Krebs- und sonstigen Schadwunden.

Bürste: Zum Reinigen der Stämme und Äste von Flechten, Moosen, loser Rinde und Eiablagen von Schädlingen.

Spachtel, Pinsel: Zum Auftragen von Baumwachs auf frische Sägeschnittwunden.

Baumanstrich

Junge Bäume werden mit einer harten Wurzel-, ältere Stämme mit einer Drahtbürste von Flechten, Moosen und loser Rinde gereinigt.

Danach werden entweder im Herbst nach dem Laubfall oder im Februar die Stämme und dicken Äste mit Preicobakt oder dem Lehmanstrich nach V. Lust (der als Wurzelbad bei „Pflanzung" beschrieben ist) eingestrichen. Statt dessen können wir auch Promanal, Bio-Baumanstrich oder die Theobald'sche Lösung verwenden. Die Theobald'sche Lösung und der Lehmanstrich sind preiswert selbst herzustellen.

Die Theobald'sche Lösung

Diese Mengenzusammensetzung ergibt 11.6 Kg fertige Spritzbrühe

Die Theobald'sche Lösung wird im Nachwinter bis zum Schwellen der Knospen unverdünnt in die Baumkrone gegen überwinternde Larven, Insekten, Eigelege aber auch gegen Flechten, Moose und Vogelfraß gespritzt. Der besseren Haftung wegen sollten wir alle Lösungen mit Pflanzenpflegeseife oder Wasserglas anrühren (Mengenangaben sind auf der Verpackung zu finden).

Auch der Krone mit ihren zahlreichen Ästen und Zweigen bekommt eine etwas dünner angerührte und mit der Kalkdüse gespritzte Preicobaktlösung sehr gut.

Diese Stammanstriche und diese Kronenspritzungen

beugen Schädlings-, Krankheits-, Moos- und Flechtenbefall vor.

Durch die helle Farbe und die Inhaltsstoffe schützen die Baumanstriche die Bäume vor dem Aufplatzen.

Im sonnigen Januar, Februar und an Märztagen ensteht oft schon soviel Wärme, daß Säfte in den Bäumen zu zirkulieren beginnen. Nachts friert es in den genannten Monaten oft stark.

Diese Temperaturunterschiede von Tag und Nacht führen nicht selten zu einem Aufreißen des Rindengewebes. Mitte März werden Risse und mit einem scharfen Messer ausgeschnittene Krebswunden mit Lehmbrei (siehe Wurzelbad bei Obstbaumpflanzung) oder sämigem Preicobaktbrei verstrichen.

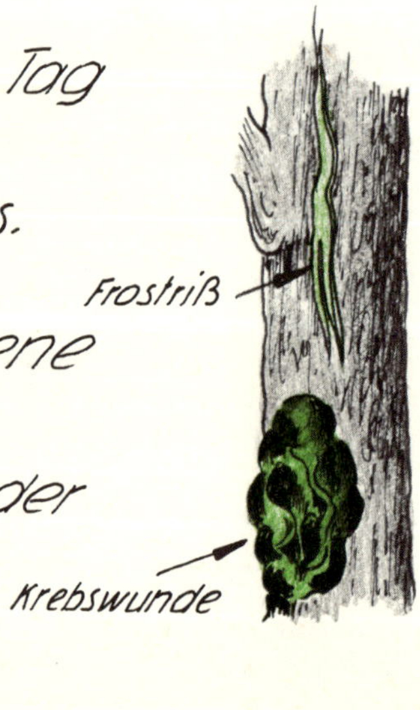

Obstbaumspritzungen

Wir nehmen Ende Februar oder Anfang März bei frostfreiem Wetter eine Spritzung mit einem Gemisch von verdünnter Schachtelhalmbrühe und Rainfarntee vor. Diese Vorbeugespritzung wirkt gegen Pilz- und Insektenbefall.

Der Boden unter den Bäumen sollte auch mit dem Gemisch begossen und mit dem Teesatz gemulcht werden.

Mindestens eine Nachblütenspritzung mit Bio-S oder Schachtelhalmtee ist zu empfehlen.

Bei Schorf- oder Moniliagefahr müssen diese Spritzungen mehrmals vorgenommen werden.

Wir können statt dessen auch die „N A B"-Mischung wählen (Vorsicht bei Berlebsch und Cox-Orange, diese Sorten sind schwefelempfindlich).

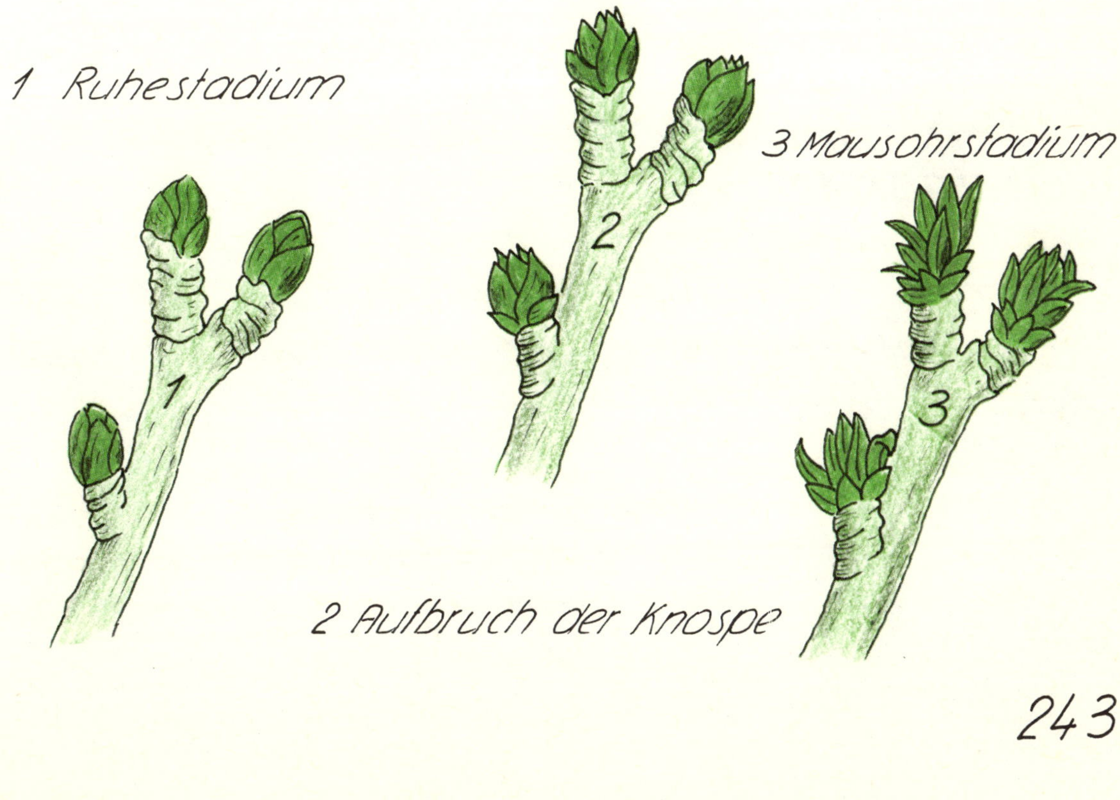

Im biologisch-dynamischen Obstanbau werden außerdem noch 2× das Hornmistpräparat (Frühjahr und Hochsommer) und 4-5× das Hornkieselpräparat gespritzt (1× im Ballonstadium, 1× bei walnußgroßen Früchten und 2-3× während der Fruchtreife).

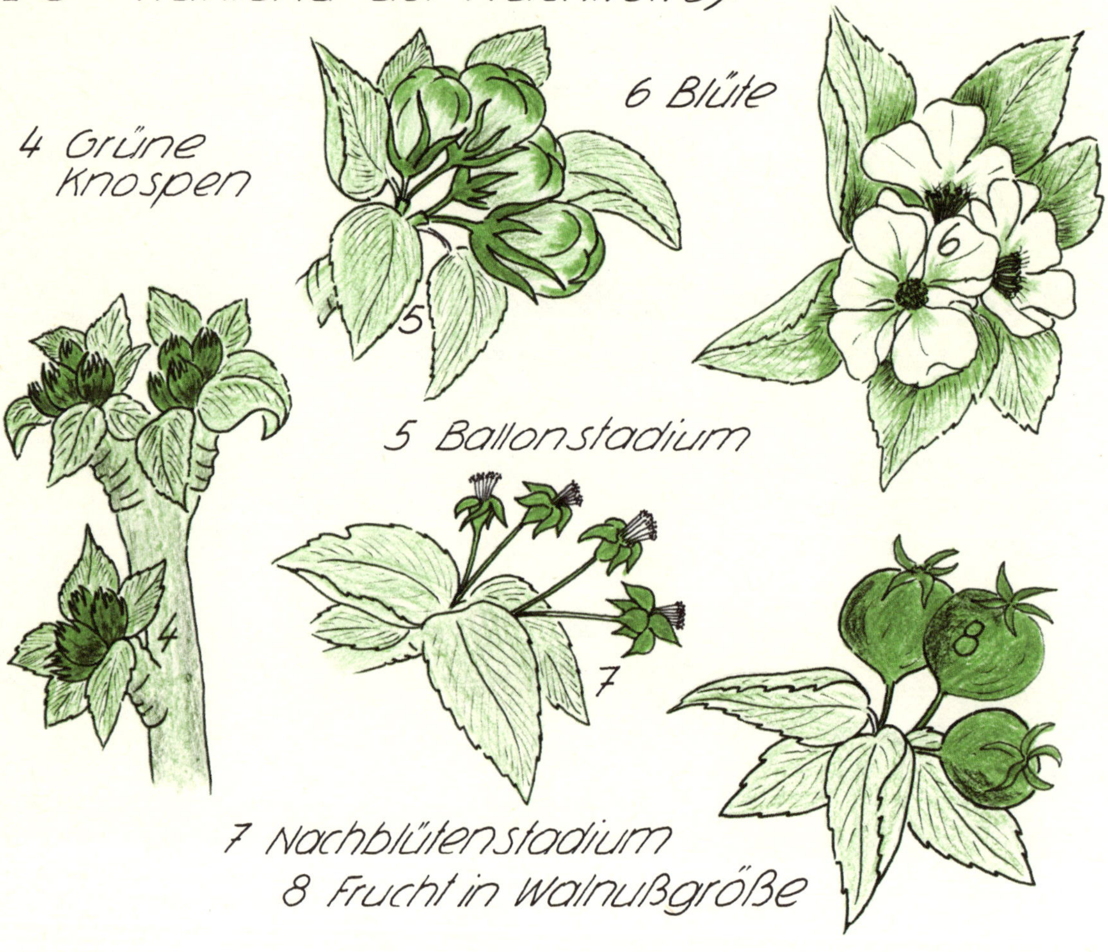

Pflege- und Düngemaßnahmen im Obstgarten

Die Saugwurzeln der Obstbäume befinden sich in der obersten Bodenschicht. Jede tiefe Bodenbearbeitung, vor allem mit dem Spaten, sollte darum unterbleiben.

Im Frühjahr wird mit dem Durchreißer flach gelockert. Danach bedecken wir die Baumscheiben mit Mulchmaterial.

Haben wir Wühlmäuse im Garten, verzichten wir auf eine Bodenbedeckung durch Mulchen. Wir säen oder pflanzen Kräuter aller Arten (Brennessel, Schnittlauch, Petersilie, Knoblauch u.a.m.) auf die Baumscheibe. Kräuter wehren durch ihren starken Geruch Schadinsekten ab.

Beliebt sind auch starkduftende Blumen aller Arten (Kapuzinerkresse und Tagetes) mit ähnlicher Wirkung wie die Kräuter.

Stehen die Obstbäume auf einer Wiese oder Rasenfläche, sollte auch hier eine kleine Baumscheibe oder ein Entlüftungsring am Stamm offen gelassen werden.

Im äußeren Kronentraufenbereich kann man einzelne Grassoden flach ausheben, Reifkompost einbringen und wieder auflegen.

Der Entlüftungsring am Stamm soll mindestens einen Durchmesser von 30cm haben.

Wiesen- oder Rasenflächen mit Baumbestand werden abgeharkt und leicht aufgelockert. Anschließend wird mit ca. 6 Kg Reifkompost pro m^2 gedüngt (das sind etwa 3 Schaufeln).

Günstig ist es, diese Gaben im Herbst aufzubringen. Im September-Oktober ist das Bodenleben noch sehr aktiv und kann die Düngegaben gut verarbeiten.

Im Herbst darf es auch halbverrotteter Kompost sein.

Gedüngte Äpfel ungedüngte Äpfel

Der Kompost sollte gut mit Urgesteinsmehl angereichert sein. Ist dies nicht der Fall, können die Gesteinsmehle auch für sich auf Baumscheiben oder Baumwiesen gestreut werden.
Wir sollten daran denken, daß der Saugwurzelbereich den Kronenbereich überschreitet und auch dorthin noch Dünger gehört.

Stehen unsere Obstbäume im Gras, sollten wir es nicht höher als 10 cm wachsen und an Ort und Stelle liegen lassen.
Andere Grüneinsaaten wie Leguminosen sollten erst in der Blüte gemäht werden. Auch sie bleiben als Mulch liegen.

Ab Herbst sollte die Baumscheibe abgedeckt in den Winter gehen. Kapuzinerkresse, Tagetes und Kräuter bleiben stehen, frieren ab, und ihre Rückstände bedecken den Boden unter dem Baum.
Eine Mulchschicht aus Rasenschnitt kommt für Baumscheiben nur im Notfall in Frage. Haben wir kein anderes Material zur Verfügung, können wir Rindenhumus (Sackware) dafür benutzen.

Das Ausdünnen der Früchte

Der Junifall sorgt schon ein wenig für eine natürliche Auslese der Früchte. Ist danach der Behang noch zu dicht, müssen, um einer Erschöpfung des Baumes vorzubeugen, Äpfel, Birnen, Pfirsich und Aprikose ausgedünnt werden, wenn sie Walnußgröße erreicht haben. Zur Ernährung jeder Frucht ist eine gewisse Menge Blätter nötig. Außerdem verhindert zu dichter Behang das Trocknen der Früchte nach Regen und begünstigt dadurch Schorf- und Moniliasporen.

Die mit einem X bezeichneten Früchte müssen entfernt werden

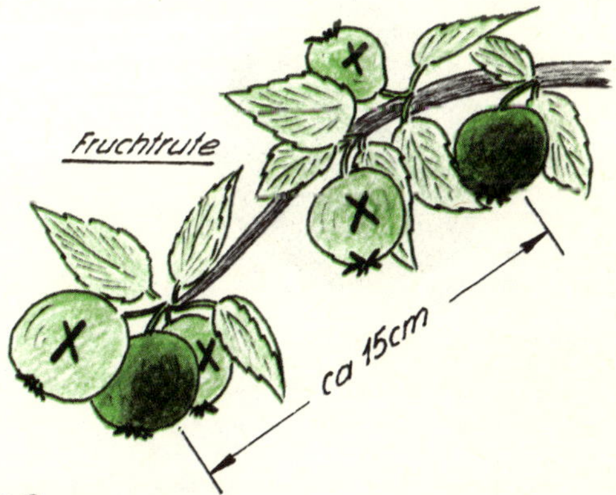

Im Abstand von 15cm sollten sortenbedingt nicht mehr als 1 großfrüchtiger, 2 mittelgroßfrüchtige oder bis zu 3 kleinfrüchtige Früchte hängen bleiben. Wir lassen natürlich die bestentwickelten Früchte hängen.

Zuerst schütteln wir Äste und Zweige leicht. Dabei fallen locker hängende Früchte ab. Danach werden mit kleiner, spitzer Schere überzählige Früchte abgeschnitten.

Obstkrankheiten und -schädlinge

Monilia (Spitzendürre)

Kernobst (Monilia fructigena) Steinobst (Monilia laxa)

Die Monilia ist eine Pilzkrankheit. Der Pilz überwintert in Fruchtmumien, in alten Blütenständen und auf Zweigen. Er wird durch Wind und Regen auf die Blütennarben getragen.

Von Monilia befallene Früchte

Spitzendürre bei der Sauerkirsche

Mohrenkopf (nur bei Lagerobst)

Maßnahmen:

- Befallene Zweige welken rasch, sie müssen schnell entfernt werden; Schnitt bis zum gesunden Holz
- Frühbehang ausdünnen
- Meerrettich auf Baumscheiben setzen, Meerrettichblätter- und Wurzeltee in die Blüte spritzen
- Bei Vorjahrsbefall während der Blüte 2× wöchentlich mit Bio-S spritzen

Schorf

Apfel (Venturia inaequalis) Birne (Venturia pirina)
Dieser Pilz überwintert auf Blättern, die am Boden liegen. Die Sporen werden durch den Wind in die Bäume getragen.
Dort vermehrt sich der Schorf bei anhaltend feuchtem, warmen Wetter stark, und zwar an Früchten und Blättern.

Durch Schorf geschädigte Blätter und Früchte

Die Sporen keimen bei +15°C Lufttemperatur erst nach 9 Std. Gute Durchlüftung der Baumkronen, weite Baumabstände und glatte Stämme und Äste (Abbürsten und Preicobaktanstrich) werden den Schorfbefall gering halten.

Maßnahmen:

- Das befallene Laub vom Boden entfernen
- Bei anfälligen Sorten (Golden Delicious, Glockenapfel, Sauergrauech) und Vorjahrsbefall je nach Witterung alle 8-14 Tage Bio-S vor und nach der Blüte spritzen
- Zur Vermeidung von Lagerschorf ab 6 Wochen vor der Ernte insgesamt 3× (im Abstand von 14 Tagen) mit einer Mischung aus Schachtelhalmtee und Algifert spritzen

Schildläuse

Schildläuse gehören der Gattung Schnabelkerfe an. Es gibt viele Arten, die in verschiedenen Formen auf unterschiedlichen Pflanzen auftreten. Beweglich sind sie nur im Larvenstadium. Zur Eiablage bildet sich dann ein Schild (Deckel) auf dem Rücken des Muttertieres, unter dem die Eier abgelegt werden. Das Weibchen stirbt nach der Eiablage und trocknet ein. Schildläuse verursachen durch Saftentzug aus der Wirtspflanze Wachstumsstörungen und Verkrüppelungen.

Große Obstbaumschildlaus
von der Bauchseite her gesehen

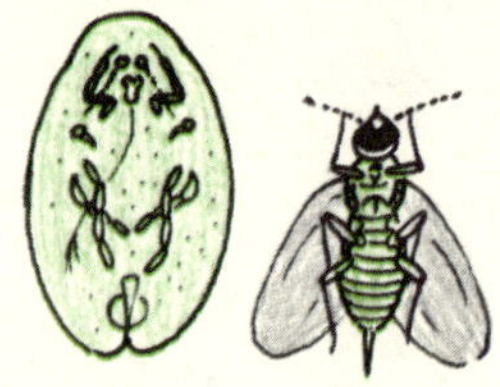

Weibchen Männchen

San-José -Schildlaus

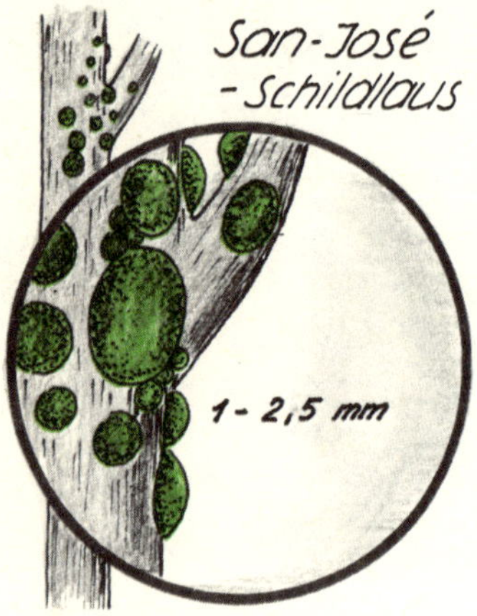

(Quadraspidiotus perniciosus)

Austernschildlaus

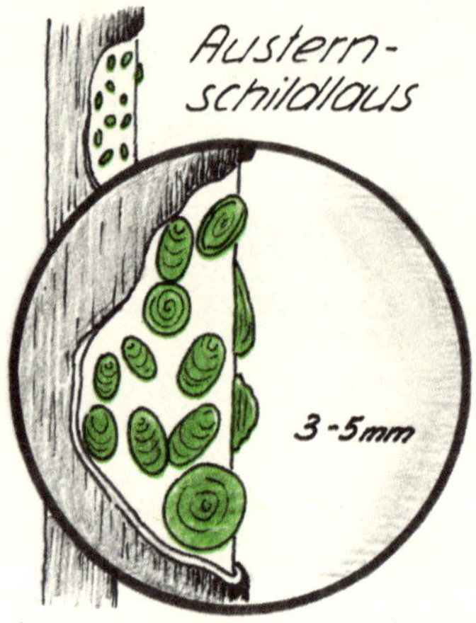

(Quadraspidiotus ostreaeformis)

Kommaschildlaus

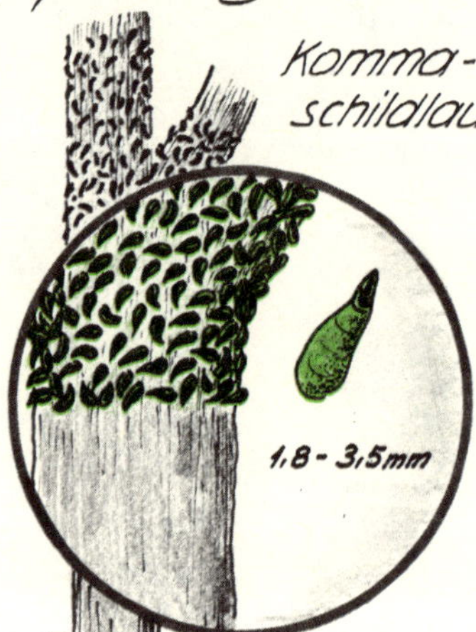

(Lepidosaphes ulmi)

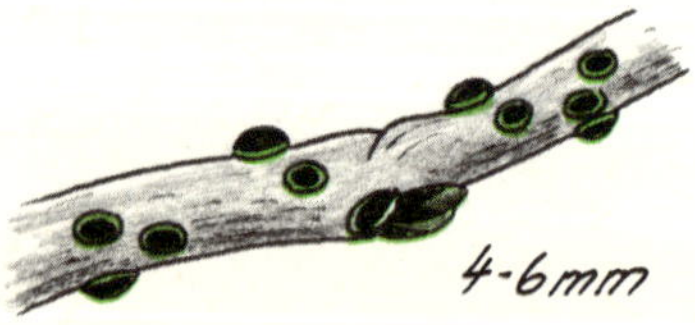

Große Obstbaumschildlaus (Napfschildlaus)
(Eulecanium corni)

Im Juli-August kriechen die Larven auf Blätter und Triebe

Maßnahmen:

- Stammanstrich
- Abbürsten der Krusten und Eiablagen
- Gegen Kommaschildläuse im Mai-Juni Spritzungen mit Origano-Tee oder Schwefelsaurer-Tonerde

Kleiner Frostspanner (Operophthera brumata)

Das Männchen fliegt von Oktober bis Dezember. Das flugunfähige Weibchen kriecht am Baumstamm empor und wird im Baum befruchtet.

Den Weg zur Baumkrone versperren wir dem Weibchen durch einen Leimring.

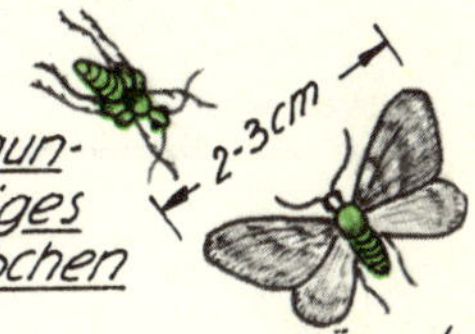

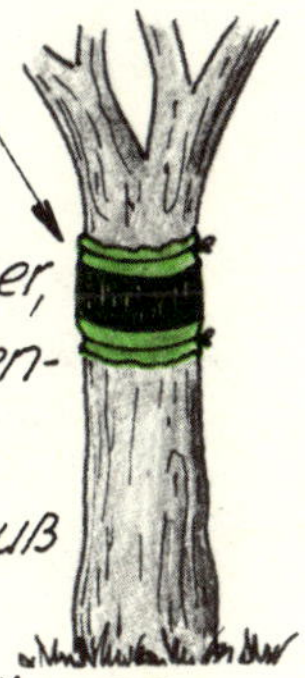

Leimringe sollten im Oktober nur dann angelegt werden, wenn im Frühling Fraßschäden festgestellt wurden, da sich auch Nützlinge im Leim verfangen.

200-300 Eier legt das Weibchen in die Nähe der Winterknospen. (Die Eier sind anfangs blaßgrün und verfärben sich später orange).

Die ca. 18mm lange Raupe ist grün und bewegt sich buckelartig fort. Sie frißt von März bis Mai an jungen Blüten und Blättern, ja sogar an Früchten.

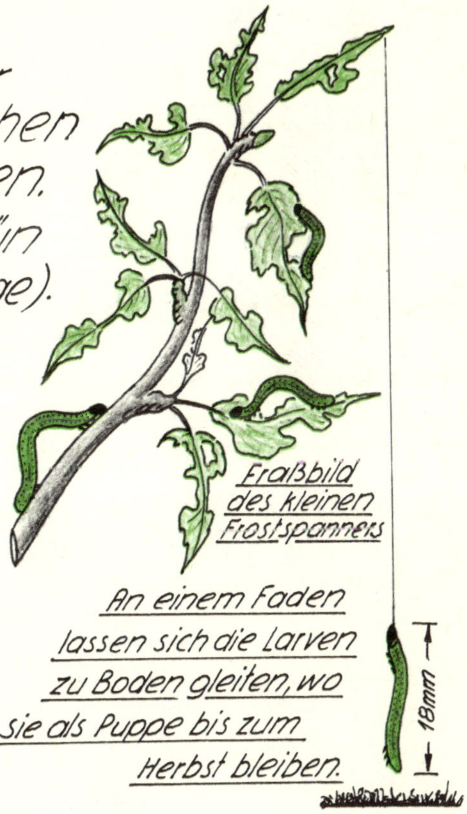

Maßnahmen:

- Vögel fördern
- Winterspritzung mit Bio-S
- Bei Befall Spritzung kurz vor der Blüte bei mildem Wetter mit Rotenon oder einem Bakterienpräparat („Dipel")
- Leimringe anlegen

Hier 2 Rezepte, nach denen wir unseren Leim für die Leimringe selbst herstellen können:

1

2500 g Rapsöl, 200 g Schweineschmalz, 200 g Terpentin, 200 g Kolophonium

Rapsöl und Schweineschmalz auf 2/3 der Masse einkochen. Unter ständigem Rühren Terpentin und Kolophonium beigeben. Die Masse muß mit dem Pinsel gut streichbar sein.

2

700 g Holzteer, 500 g Kolophonium, 500 g braune Schmierseife, 300 g Tran

Holzteer und Kolophonium im Wasserbad erhitzen und umrühren, bis eine gleichmäßige Mischung entsteht, dann Seife und Tran dazugeben und mit Rühren fortfahren, bis die Flüssigkeit erkaltet ist.

Alle Zutaten sind in Drogerien zu beziehen.

Ein Abdichten mit Lehm bis zum unteren Draht verhindert das Hindurchkriechen des flugunfähigen Weibchens.

Wir reinigen den Stamm, nehmen wetterfestes Papier, legen es um den Stamm und befestigen es mit Draht (diese Arbeit läßt sich zu zweit besser ausführen). Die Drähte sollen fest gespannt sein, aber nicht in die Rinde einschneiden. Dann zwischen den Drähten Leim auftragen. Bei starker Verschmutzung Leimanstrich erneuern.

Es gibt Leimringe bzw. -gürtel fertig zu kaufen.

Apfelwickler (Obstmade) (Laspeyresia pomonella)
Das Weibchen legt die Eier einzeln an Blätter und Früchte.
Die geschlüpfte Raupe frißt sich in die Frucht hinein und zerstört das Kerngehäuse.

Befallene Früchte neigen zur Frühreife und fallen vorzeitig ab. Die Raupen verlassen die Frucht und wandern auf den Baum zurück, wenn wir die Früchte nicht schnell genug auflesen. Das ständige Auflesen von befallenen Früchten und das Anbringen von Wellkarton-Fanggürteln sind wirksame Schutzmaßnahmen. Ende Mai werden die Fanggürtel angebracht. Ende Juli müssen sie abgenommen und verbrannt werden, sonst verhelfen wir der 2. Generation der Obstmade zur Entwicklung
Die Fanggürtel werden nun erneuert. Ende September werden auch diese Fanggürtel entfernt und verbrannt.

Flugzeit Juni - August, in der Dämmerung bei Temperaturen über 15 °C

In warmen Sommern gibt es im August eine 2. Apfelwickler-generation.

Die Maden überwintern in Bretterfugen, Holzstapeln, Holzzaunspalten und anderen Holzritzen oder unter loser Baumrinde.

Maßnahmen:

- Fallobst auflesen und vernichten

- Aufhängen von Duftstoffallen

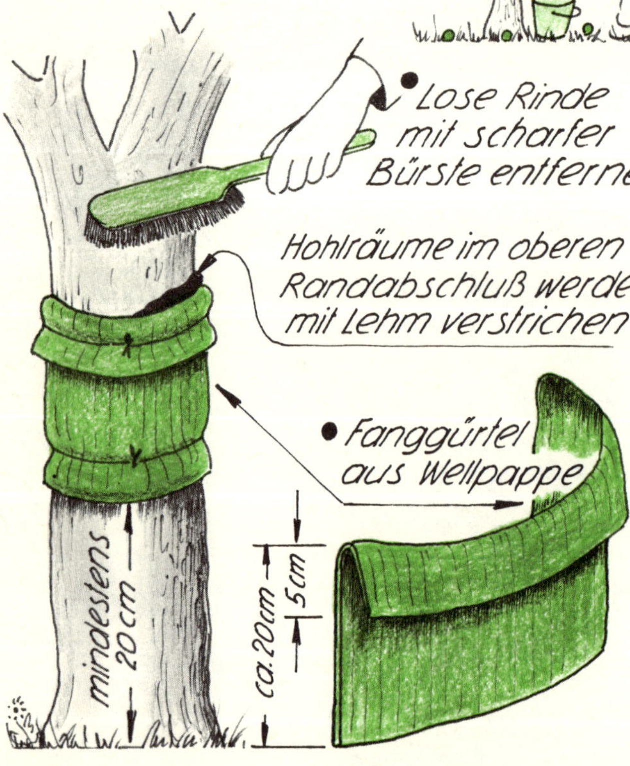

- Lose Rinde mit scharfer Bürste entfernen
- Fanggürtel aus Wellpappe

- Förderung der natürlichen Feinde des Apfelwicklers (Fledermäuse, Vögel u.a.)

Schädlinge - Nützlinge

Wir sprechen über Stoffwechselkrankheiten, Viren und Pilze, über pflanzenschädigende Tiere wie Milben, Insekten u.a. und über vorbeugende und heilende Maßnahmen.
Auch von nützlichen Tieren und ihrer Einbürgerung im Garten, von Jauchen, Brühen und anderen pflegenden Extrakten wird zu reden sein.

Kummer im Garten durch Krankheits- und Schädlingsbefall

Die Veränderungen der Kulturpflanzen durch Hochzüchtungen bringen auch größere Anfälligkeit mit sich. Dazu kommen Humus- und Mineralstoffverarmungen unserer Böden, fehlendes Bodenleben, triebiges Wachstum (entstanden durch einseitige Stickstoffdüngung), Schadstoffbelastungen aus der Luft und durch Niederschläge.

Diese Faktoren führen zu veränderten Zusammensetzungen der Pflanzeninhaltsstoffe und damit zu größerer Anfälligkeit der Pflanze für Krankheiten und Schädlinge.
Was können wir tun, um den Schädlingsbefall unserer Gärten gering zu halten?
Wir sollten die Grundregeln des biologischen Gartenbaues beachten!

Natürlich stellt sich ein belebter Boden nicht gleich im ersten Jahr ein. Wichtig ist es, die Geduld nicht zu verlieren, durch Hecken, Steine, Teiche und Naturwiesen Nützlinge zu fördern, vorgeschlagene Fruchtwechsel bei verschiedenen Gemüsekulturen vorzunehmen, die richtigen Saat- und Erntezeiten einzuhalten und die Vorgänge im Garten aufmerksam zu beobachten, um daraus zu lernen.

Nach einigen Jahren biologischer Bodenpflege und Humuswirtschaft, Mischkultur und Bodenbedeckung haben wir nicht nur ein kleines Biotop in unserem Garten, sondern unsere Pflanzen wachsen auch gesund und wiederstandsfähig heran und erfreuen uns durch geringen Schädlingsbefall.

Extreme Witterung wird unseren Pflanzen trotz unserer Vorsorge hin und wieder zu schaffen machen. Für diesen Fall und für die Übergangszeit sollten wir mit ausreichendem Wissen ausgerüstet sein.

Es gibt: Stoffwechselkrankheiten, Befall durch Bakterien, Pilze und Viren, Insekten und Milben und durch andere Tiere (Schnecken, Mäuse, Wild u.v.a.).

Unter Stoffwechselkrankheiten der Pflanze verstehen wir Störungen, die nicht durch Organismen, sondern durch Saftstau in der Pflanze verursacht werden.
Dieses kommt besonders bei extremen Witterungsverhältnissen vor wie großer Hitze oder Kälte oder anhaltendem Regen.
Bei letzterem entstehen Bodenverdichtungen, die den Luftaustausch einschränken. Bei großer, anhaltender Hitze trocknet der Boden bis in beträchtliche Tiefe aus.

Das führt zu Wassermangel und nachfolgend zu Luft- und Nährstoffmangel.
Bei jahreszeitlich zu kaltem Wetter wachsen Pflanzen wenig und werden gelb.
Stoffwechselkrankheiten bringen Pflanzenschädigung wie Hungerwuchs, Schutzfärbung und Wuchsverzögerung mit sich; sie sind aber auch die Ursache von vielerlei Schädlingsbefall.

<u>Bakterien und Pilze</u>

Unzählige nützliche Bakterien und Pilze helfen uns bei Humusbildung, Stickstoffbindung und Abbau von Schadstoffen.
An dieser Stelle soll jedoch von den pflanzenschädigenden Bakterien- und Pilzkrankheiten die Rede sein.
Sie werden oft durch Witterungsunbilden ausgelöst (vor allem bei feucht-warmem Wetter), jedoch können auch schlechte Bodenstrukturen und einseitige Düngung die Verursacher sein.

Bakterienkrankheiten erkennen wir an drei Symptomen:

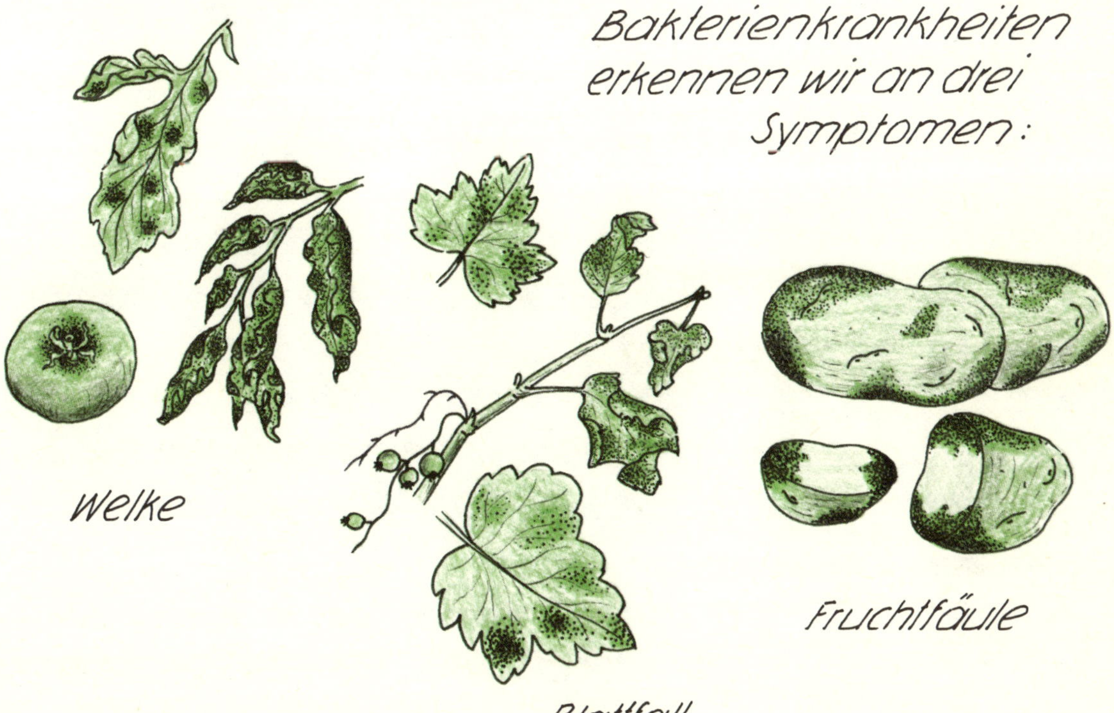

Wir können Pilz- und Bakterienkrankheiten meistens nur durch vorbeugende Maßnahmen verhindern:

- Wahl von gesundem Saatgut
- Saatbäder aus Kräuterextrakten oder SPS
- Gießen mit Brennesseljauche
- Spritzen von Schachtelhalmbrühe
- Pflanzenstärkung durch Algifertspritzung
- Hornkiesel im biol.-dynamischen Anbau
- Keine triebige Düngung, sondern Kompostwirtschaft

<u>Kräuselkrankheit</u> des Pfirsichs
(*Taphrina deformans*)

Der Pilz überwintert in Rindenrissen und unter Knospenschuppen. Befall der hauptsächlich jungen Blätter und Triebe findet statt, wenn während des Blattaustriebes nasses Wetter herrscht.
Die Blätter bekommen gelbbauchige Stellen und kräuseln sich. Später verfärben sie sich und fallen ab.
Es gibt zwar im Juni einen neuen Austrieb, der Baum ist jedoch geschwächt.

<u>Maßnahmen</u>: (Außer den bereits obengenannten Pilzvorbeugungsmaßnahmen)

- Kompostgaben und Bodenbedeckung im Herbst
- Knoblauch auf die Baumscheibe pflanzen
- 2malige Austriebsspritzung (mit 2% Algenkalk und 5% Brennesseljauche)
- Winterspritzung (mit 2% Wasserglas und 3% Algenkalk)
- Die ersten befallenen Blätter entfernen und vernichten.

Mehltau

Der „Echte Mehltau" (Erysiohaceae) überzieht Blätter und Triebe vom Apfel-, Quitte- und Pfirsichbaum, von Erd- und Stachelbeere, Erbsen, Gurken, Rosen, Reben sowie einigen Blumen und Zierpflanzen mit einem mehlig-weiß-grauen Belag. Die Übertragung findet von Pflanze zu Pflanze statt.

Der „Falsche Mehltau" (Poronosporaceae) befällt Erbsen, Gurken, Kohl, Spinat, Salat, Rhabarber, Zwiebeln, Rüben, Reben und Zierpflanzen vorwiegend an der Blattunterseite.

Auf der Blattoberseite zeigen sich anfangs helle, unscharfe, später dunkle Flecken.

Echter Mehltau tritt besonders stark bei schwül-warmem Wetter und nach milden Wintern auf, gedeiht jedoch auch in trockenen Jahren.

Echter Mehltau

Falscher Mehltau braucht zu seiner Verbreitung nasses Wetter.

Jede Mehltauart ist an ihre spezifische Wirtspflanze gebunden und wird im Sommer von Pflanze zu Pflanze übertragen. Am Ende der Vegetationszeit tritt der Pilzbefall stärker auf. Das Myzel überwintert auf abgestorbenem Laub.

Echter Mehltau kann bei dicht stehenden und ungeschnittenen Obstbäumen großen Schaden anrichten.

Die Apfelsorten „Jonathan", „Landsberger Renette" und „Cox Orange" sind mehltauanfällig. Ihr Anbau sollte in trockenen Lagen unterbleiben.
Die Myzelien des falschen Mehltaus dringen tief ins Blattgewebe ein. Darum ist eine Bekämpfung schwierig und sollte durch vorbeugende und pflanzenstärkende Maßnahmen überflüssig gemacht werden.

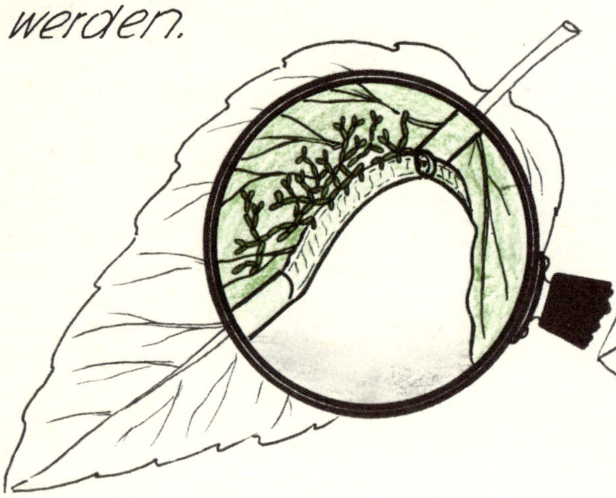

Echter Mehltau
Das Myzel wächst auf der Blattoberseite und breitet sich dort aus.

Falscher Mehltau
Das Myzel siedelt sich auf der Blattunterseite an und wächst von hier in das Blattinnere.

Maßnahmen:

- Bei Saatgut und Pflanzen möglichst resistente Sorten nehmen
- Nicht zu dicht pflanzen
- Keine triebige Düngung
- Gute Bodenlockerung
- Bei Befall mehrjährigen Fruchtwechsel vornehmen
- Bei Befall von Obstbäumen befallene Triebspitzen wegschneiden
- Jungpflanzen mit Pflanzenextrakten aus Kamille, Zwiebel, Rainfarn oder Ackerschachtelhalm spritzen
- Mit Kalium-Permanganat behandeln
- Bei starkem Befall Bio-S spritzen

Gitterrost (Gymnosporangium sabinea)

Wirtswechselnd lebt der Pilz im Winter auf den Zweigen von Zierwacholderarten und im Sommer auf dem Birnbaum.

Auf den Birnbaumblättern zeigt sich der Pilz durch orangegelbe Flecke an. Im Herbst können wir auf den Blattunterseiten leichte Erhöhungen in feinem Gittermuster sehen.

Maßnahmen:

- Zierwacholder aus der Nähe der Birnbäume entfernen
- Im April Wacholder nach verdickten, schleimigen Stellen absuchen, diese herausschneiden und vernichten
- Im April Wacholder und im Juni Birnbäume 2× mit Bio-S spritzen

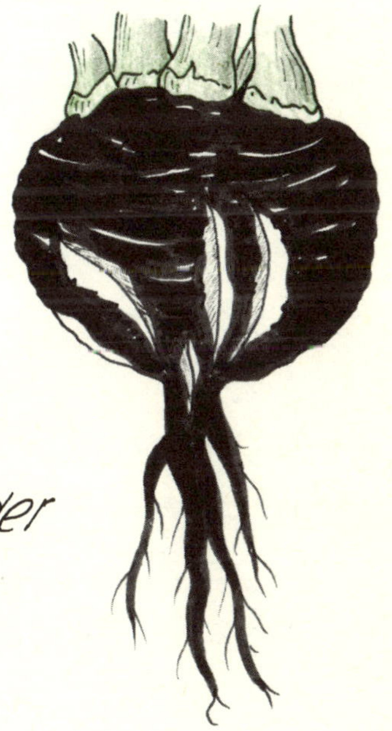

Rettichschwärze (Aphanomyces raphani)

Die Sporen des Pilzes breiten sich besonders stark in alkalischen Böden aus.

Befallen werden Rettich und Radieschen.

Durch Haarwurzeln und Risse dringt der Pilz in die Knolle ein. Diese verfärbt sich blauschwarz und reißt auf.

Maßnahmen:

- Fruchtwechsel beachten
- Boden nicht kalken, kein frischer Stallmist
- Befallene Pflanzen vernichten

Bitterfäule (Gloeosporium fructigenum, G. album)

Pilze der Bitterfäule treten sowohl an Kirschen als auch an Kernobstfrüchten auf.

Der Pilz dringt durch die Haut in die Frucht ein. Wir erkennen ihn meist erst bei beginnender Fruchtreife. In Lagerräumen entwickelt sich der Pilz weiter.

Auf runden, braunen, eingesunkenen Stellen erscheinen im fortgeschrittenen Stadium weiße, rötliche oder schwarze Pusteln.

Das Fruchtfleisch befallener Früchte schmeckt bitter.

Kernhausfäule (Gloeosporium- und Fusariumarten)

Sie tritt besonders an Lageräpfeln auf und führt zuweilen zu erheblichen Verlusten.

Maßnahmen für beide Fäulearten:

(Zusätzlich zu den schon genannten Pilzvorbeugungsmaßnahmen)

- Guter Auslichtungsschnitt an den Bäumen
- Im Juni 2× mit Bio-S spritzen
- Lagerfrüchte zum richtigen Zeitpunkt pflücken
- Lagerobst kontrollieren
- Fruchtmumien entfernen

Die Pilze überwintern in Fruchtmumien und an Triebspitzen

Viruskrankheiten (Virosen)

Die Schadbilder sehen recht unterschiedlich aus. Verformungen wie Zwergwuchs oder verkrüppelte Früchte sind ebenso vorhanden wie auch Blattverfärbungen in Mosaikmuster.

Bei einigen Virosen ist der Schaden gering, kann jedoch bei anderen Virosen und unter ungünstigen Witterungs- und Ernährungsbedingungen zu völligem Ertragsverlust führen.

Die Viren sind winzige Lebewesen, die im Pflanzensaft leben. Das erklärt die leichte Übertragbarkeit durch: Nematoden im Boden, saugende Insekten (Blattläuse), Geräte (Gartenscheren u.a.) und unsere Hände. Virosen sind nicht heilbar, sondern nur durch vorbeugende Maßnahmen zu vermeiden.

Pfeffinger Krankheit
Tritt vorwiegend an Süßkirschen auf. Bei starkem Auftreten kommt es zu großen Ertragsverlusten.

Gurkenmosaik
Wird durch die Pfirsichblattlaus übertragen

Grünscheckenmosaik
Ist samen-, boden- und saftübertragbar

Maßnahmen:

- Virusfreie Pflanzen und Jungbäume beim Kauf verlangen
- Nach dem Arbeiten an befallenen Pflanzen Hände und Werkzeuge desinfizieren
- Bekämpfung der Virusüberträger (Pfirsichblattlaus u.a.)
- Magermilchspritzungen schützen gesunde Pflanzen vor Infektion
- Kranke Pflanzenteile vernichten

Die wichtigsten Pilz-, Viren- und Bakterienkrankheiten einzelner Gemüse- und Obstarten sind bei den entsprechenden Gemüse- und Obstpflanzen behandelt worden.

Insekten und Milben

Nicht jede Blattlaus oder Raupe schädigt unsere Pflanzen. In einem biologischen Garten dienen sie den Nützlingen als Nahrung.

Erst bei einseitigem und starkem Auftreten wirken sie schädigend.

Wir sollten das Geschehen im Garten gut beobachten und die nützlichen Tiere fördern.

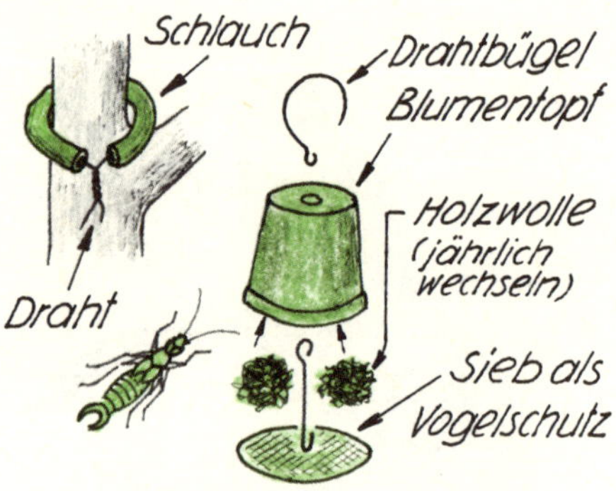

Ohrwurmbehausungen

Auf keinen Fall dürfen wir mit Insektiziden spritzen.

Dieses schädigt die geringere Zahl der Nutzinsekten sowie die Vögel und ihre Brut stärker als die zahlreichen robusten Schadinsekten, und das Ungleichgewicht zwischen Nützlingen und Schädlingen wird immer größer.

Der Ohrwurmtopf muß so aufgehängt werden, daß Baumberührung vorhanden ist

Blattläuse

Blattläuse können bei massenhaftem Auftreten Kulturpflanzen sehr schädigen.
Dies geschieht besonders in trockenen, heißen Sommern und bei trockenen, verdichteten Böden.

Es gibt eine Vielzahl von Blattlausarten. Alle haben einen tropfenförmigen Körper.
Die Größe liegt zwischen 1-6 mm.

Die meisten Blattläuse sind grün oder schwarz, jedoch sind auch andere Farben vertreten.

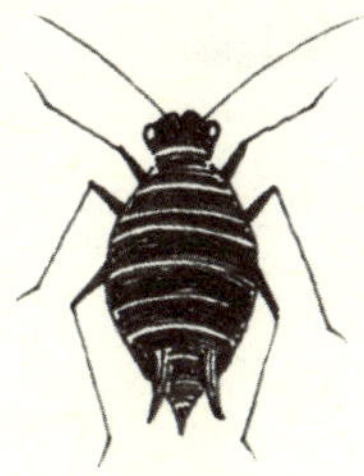

Schwarze Kirschlaus

(Myzas cerasi)

Glänzend braun-schwarz – Wird stark von Ameisen besucht

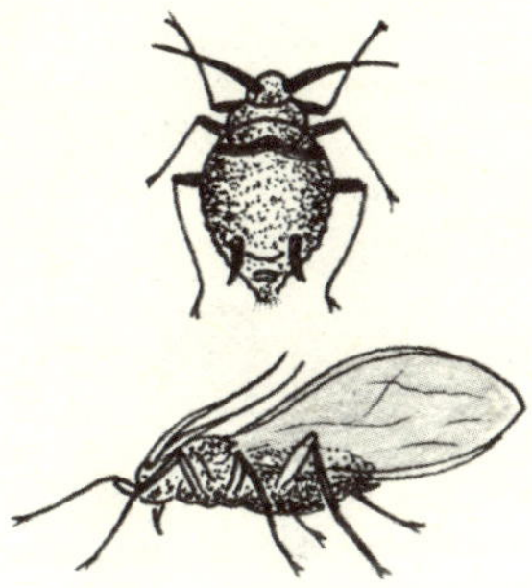

Schwarze Bohnenlaus

(Aphis fabae)

Wirtswechselnd – überwintert auf Pfaffenhütchen, Schneeball und falschem Jasmin

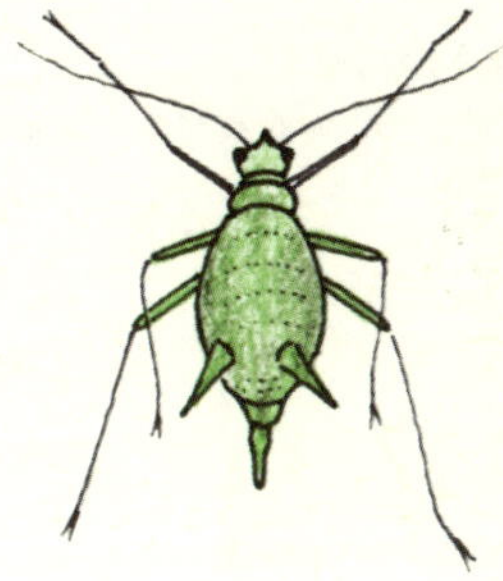

Erbsenblattlaus

(Acyrtosiphonpisum)

Grau-grün – 3-6 mm groß – Schwach gepudert

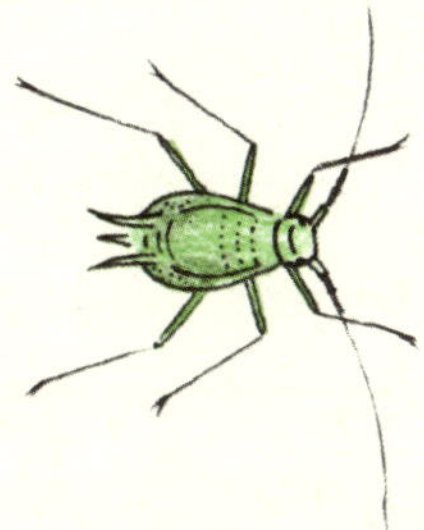

Grüne Pfirsichblattlaus (Myzus persicae)

Überträgt besonders stark Viruskrankheiten auf Kartoffeln, Rüben und andere Gemüsepflanzen; sie richtet hier großen Schaden an.

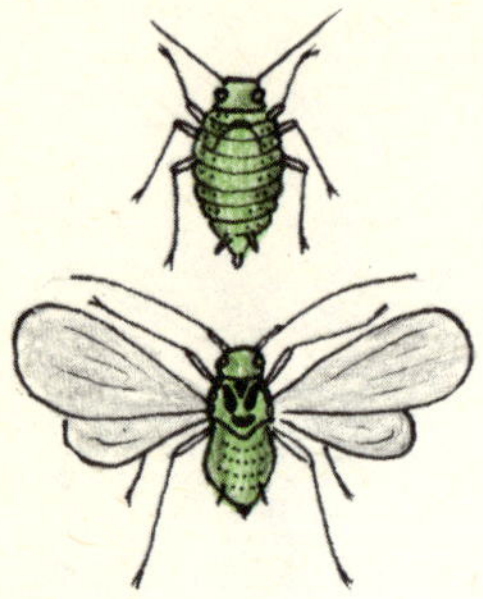

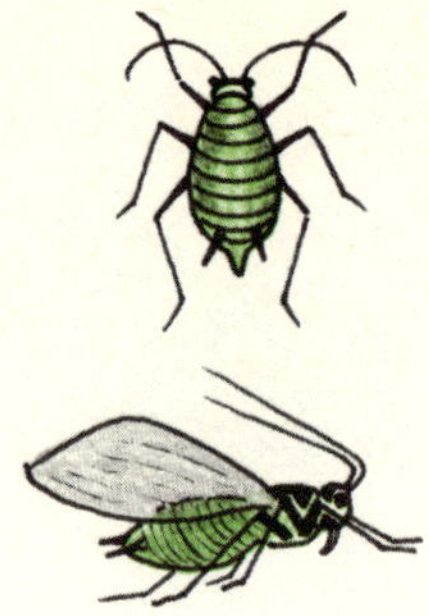

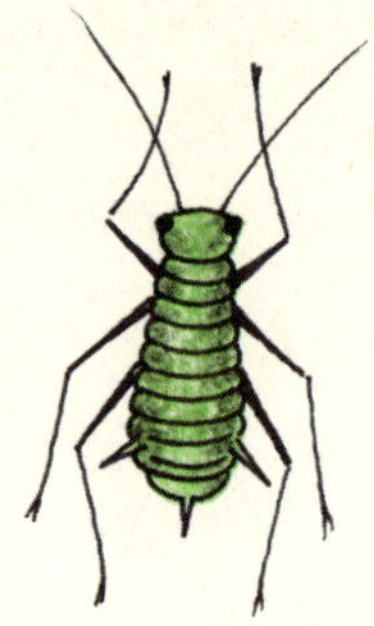

Mehlige Kohlblattlaus

(Brevicoryne brassicae)

Siedelt sich bei Trockenheit auf der Unterseite der Kohlblätter an – Mit scharfem Kaltwasserstrahl abwaschen – Bei starkem Befall Farnkrautextrakt spritzen

Grüne Apfelblattlaus

(Aphis pomi)

Schlüpft schon vor der Knospenöffnung – Kein Wirtswechsel – Larven und ungeflügelte Tiere blattgrün, Kopf und Beine der geflügelten Läuse sind schwarz

Rosenblattlaus

(Macrosiphum rosae u.a.)

Laubgrün, fleischrot oder zitronengelb, leicht gepudert

Blutlaus

(Eriosoma lanigerum)

Lebt in Bäumen in Wachswolleverstecken – Beim Zerdrücken erscheint ein braun-roter Saft – Mit Farnkrautextrakt ausbürsten

Eingerollte u. gekräuselte Blätter

Schadbild:

Durch Ausscheidung überschüssigen Zuckers aus dem ausgesogenen Pflanzensaft bildet sich Honigtau.

Auf diesem klebrigen Belag siedelt sich ein schwarzer Pilzbelag, der Rußtau an.

Rußtau

Durch Saugen an Blättern und Trieben entstehen gekräuselte und eingerollte Blätter, es kommt zu Wachstumsstörungen.

Blattläuse übertragen Viruskrankheiten.

Maßnahmen:

- Förderung der Nützlinge: Vögel, Marienkäfer, Schweb - und Florfliegen, Schlupfwespen und Raubwanzen *
- Ein Befall im Übermaß deutet auf Unregelmäßigkeiten im Saftstrom der Pflanze hin.
  Das läßt sich oft in kurzer Zeit durch Lockerung des Bodens, Bewässerung (eventuell mit verdünnter Brennesseljauche) und anschließendem Mulchen beheben.

- Kräftigung der Pflanzen durch Spritzen mit flüssigem Algendünger
- Abstreifen der Läuse mit der Hand (Handschuh benutzen)
- Mit starkem Kaltwasserstrahl abspritzen (z.B. die Mehlige Kohlblattlaus auf der Unterseite der Blätter direkt abwaschen)
- Spritzen mit:
  Kochwasser von Kartoffeln,
  Zwiebelschalentee,
  Rhabarberblättern (gebrüht),
  Knoblauchbrühe,
  Rainfarntee, Wermuttee,
  Quassiaholzbrühe,
  Schmierseifenbrühe,
  Brennesseljauche (gärend)

- Stäuben mit Steinmehl oder Algenkalk

In einem gut gelockerten Boden ist der Gasaustausch (Sauerstoff - Kohlendioxyd) gewährleistet. Austretendes Kohlendioxyd vertreibt die Blattläuse.

* siehe Nutzinsekten

Entwicklungszyklen der Blattläuse

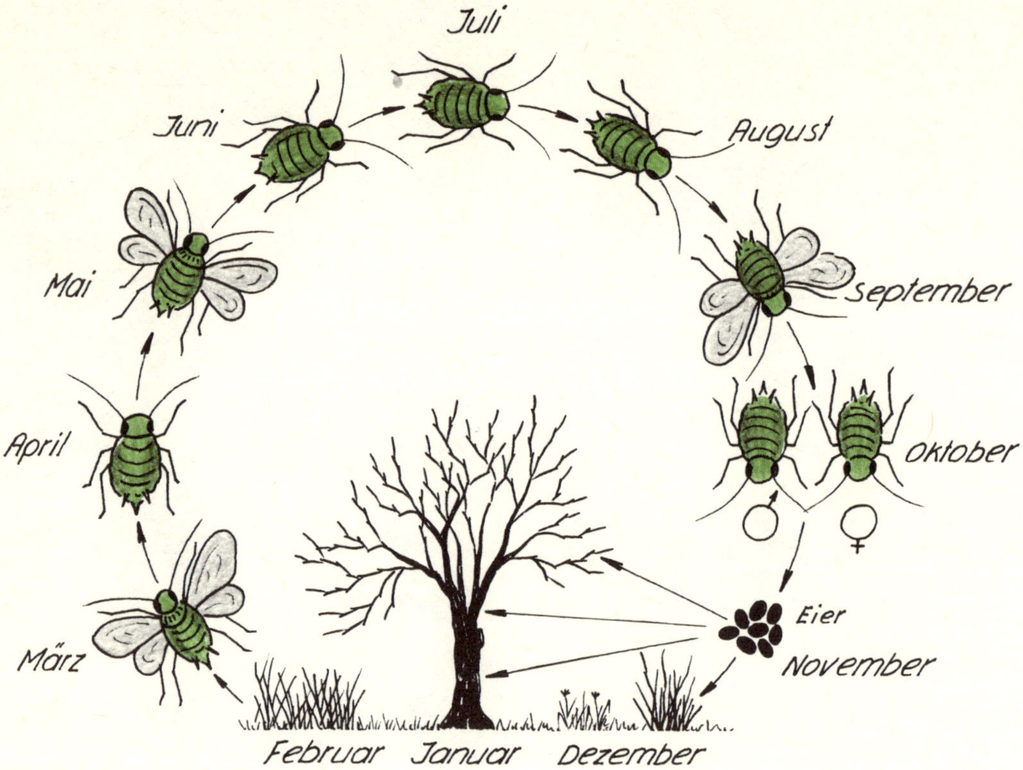

Die meisten Blattlausarten legen im Herbst ihre Eier in Knospen- und Rindenritzen der Gehölze. An diesen geschützten Stellen überwintern die Eier. Im Frühjahr schlüpfen die Stammütter aus. Sie gebären lebende Junge.

Bis zum Herbst können 13-16 Generationen ungeschlechtlich geboren werden.

Diese Tatsache und die kurze Entwicklungszeit der Blattlaus verursachen das (bei warmer Witterung) häufig massenhafte Auftreten dieser Schädlinge.

Wird es in der Blattlauskolonie zu eng oder ist nicht mehr genügend Nahrung vorhanden, entstehen geflügelte Läuse. Fliegend oder vom Wind getragen gelangen diese Tiere an neue Nahrungspflanzen und bilden neue Kolonien.

Nur im Herbst gibt es bei den Blattläusen Männchen und Weibchen. Die befruchteten Weibchen legen die unempfindlichen Wintereier.

Thripse (*Thrips ssp.*)

Blasenfußarten

Die schlanken 1-2 mm großen Insekten gehören zur Gruppe der Fransenflügler. Ihre Farbe ist gelbbraun bis schwarz.

Die hellen Larven saugen an Erbsen, Lauch, Zwiebeln, Gurken und anderen Pflanzen und Früchten und verursachen Verkrüppelungen und Wachstumshemmungen.

Thripse entwickeln pro Sommer meistens 3 Generationen. Sie treten besonders stark bei warmem, trockenem Wetter auf.

<u>Schadbild:</u>

Kleine silbrig-weiße Flecken; dicht daran sind auch schwarze Kotflecken zu erkennen.
Die Blätter werden weißscheckig und auf der Unterseite schmierig.
Junge Blumenkohlpflanzen können herzlos werden. Früchte werden rauhschalig.

<u>Maßnahmen:</u>

- Pflanzen vor Trockenheit und Hitze durch Mulchen und Gießen bewahren (im Gewächshaus durch Sprühen und Lüften)
- Saat- und Pflanzenbäder mit Kräuterextrakten
- Bei starkem Befall spritzen mit Rotenonmitteln

Weiße Fliege (Aleurodes prodetella)

Kohlmottenschildlaus

Der gelbliche Körper und die weißen Flügel dieses Schädlings sind mit weißem Wachs fein überstäubt.

Die weiße Fliege sowie ihre Eiablage und Larve sind auf der Blattunterseite zu finden. Hier finden sie auch Überwinterungsmöglichkeiten, vor allem am Kohl.

Im Gewächshaus befällt die weiße Fliege gern Gurken, Tomaten und verschiedene Blumenarten.

Schadbild:

Helle Saugstellen an den Blättern. Schäden vor allem durch Absonderung von Honigtau und damit wie bei Blattlausbefall Gefahr der Rußtau-Bildung auf den verschmutzten Blättern. Gestörte Assimilation.

Maßnahmen:

- Boden gut feucht halten, lockern und mulchen
- Stäuben mit Gesteinsmehl und Algenkalk (Blattunterseite)
- Spritzen mit Pflanzenextrakten aus Knoblauch oder Brennessel, Wermut oder Quassiaholz
- Bei starkem Befall Pyrethrum-Mittel einsetzen
- Im Gewächshaus Einsatz der Zehrwespe

Zehrwespe
(Erzwespe)

Milben

Milben sind kleinste Spinnentiere von etwa 0,5 mm Größe.

Sehr groß ist die Zahl der verschiedenen Arten (z. B. Gallmilben, Spinnmilben, Erdbeermilben, Brombeermilben und v. a.). Ein Teil lebt räuberisch, andere saugen Pflanzensäfte und können erheblichen Schaden anrichten (besonders im Obstanbau).

Gemeine Spinnmilbe

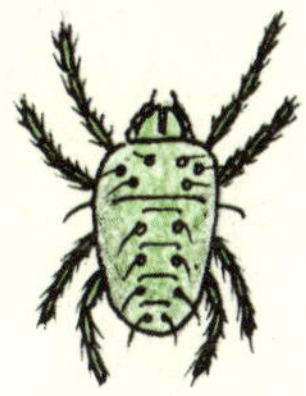

Rote Spinne

Obstbaumspinnmilbe

Stachelbeerspinnmilbe

Spinnmilbenbefall an Gurkenblättern

Im Gemüseanbau ist die Gemeine Spinnmilbe am schädlichsten. Kälteunempfindlich überwintern Spinnmilben als ausgewachsene Tiere in lockerem Boden, unter Blättern oder in Ritzen der verschiedensten Hölzer und Gehölze.

Die Rote Spinne und die Obstbaumspinnmilbe schädigen den Obstanbau. Diese Arten überwintern als Eier auf den Bäumen.

Maßnahmen:

- Stäuben mit Gesteinsmehl oder Algenkalk
- Spritzen mit Pflanzenextrakten aus Ackerschachtelhalm oder Rainfarn, Wermut, Knoblauch oder gärender Brennesseljauche
- Schonen der Nützlinge

Es gibt eine Unzahl von Schadinsekten. Wir besprechen die im Nutz- und Ziergarten häufigsten Arten und ihre Verhütung oder Bekämpfung teils an dieser Stelle, teils bei den dazugehörigen Obst- und Gemüsesorten.

Die in diesem Kapitel noch folgenden Tabellen über Kräuterjauchen, -tees und -brühen und nichtpflanzliche Mittel sind wirksame Hilfen sowohl bei der Schädlingsverhütung als auch bei der Schädlingsbekämpfung.

Sonstige schädliche Tiere

Schäden durch Vögel:

Kohl-, Blaumeisen, Heckenbraunelle, Gartenrotschwanz, Baumläufer, Zaunkönig, Rotkehlchen, Eulen und viele andere Vögel nützen unserem Garten sehr.

Andere Vögel wie Grünfink, Sperling, Amsel, Drossel und Star können, außer dem Nutzen, den sie uns durch das Vertilgen von Schadinsekten bringen, beträchtliche Schäden im Nutzgarten anrichten.

Durch Scharren im Kompost und humosen Boden werden Regenwürmer herausgekratzt, Kirschen und Beeren angehackt und größere Samenkörner weggescharrt oder aufgepickt.

Davor müssen wir uns schützen. Das sicherste ist das Spannen von Vogelnetzen sowohl über Saatbeete als auch über Beerensträucher und kleinere Obstbäume.

Eine weitere Schutzmöglichkeit ist das Auflegen oder Stecken von Reisig über Saatbeete und Komposthaufen.
Auch das Überspannen mit Zwirnsfäden hindert die Vögel am Scharren und Picken.

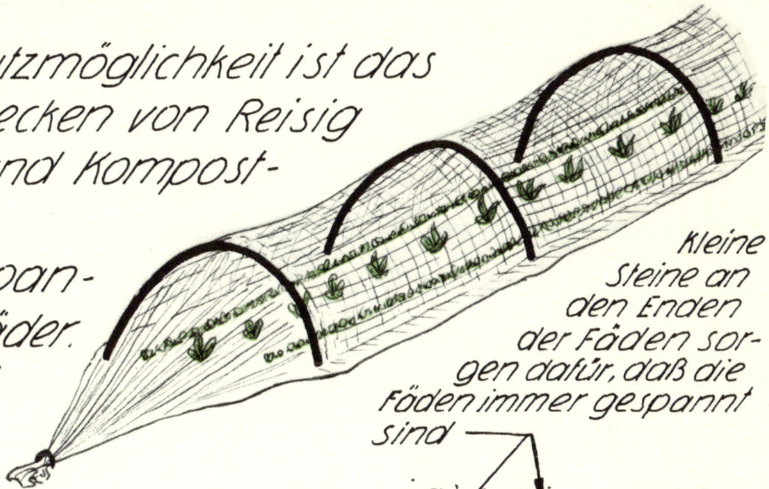

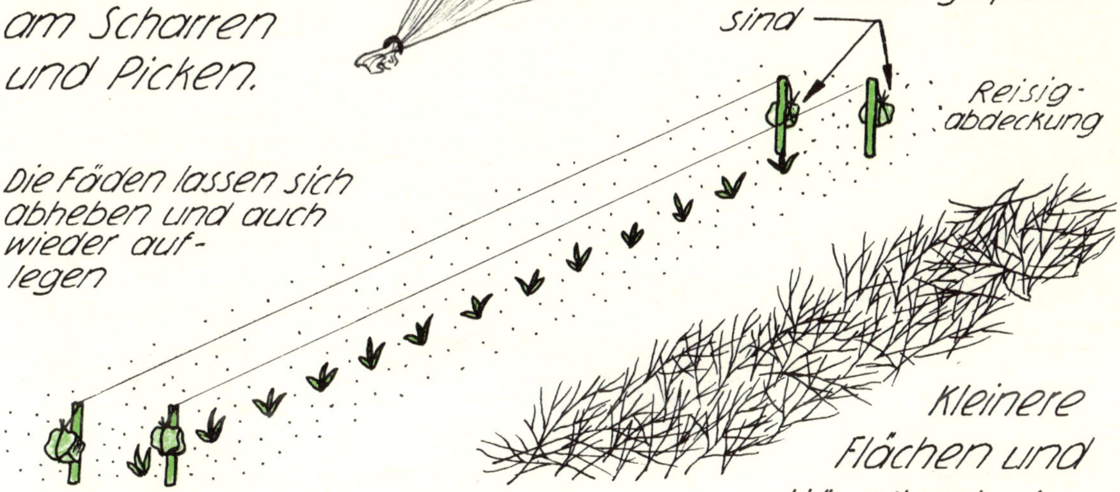

Kleinere Flächen und Hügelbeete lassen sich gut durch Drahtstecken schützen.

Drahtstecken fertigen wir aus 1-2 mm dickem ummantelten Spanndraht an. Wir kneifen von der Drahtrolle ca. 20 cm lange Stücke ab und biegen sie gerade. Diese Stecken setzen wir in einem allseitigen Abstand von ca. 8 cm in den Boden. Saat und Mulchschicht sind so geschützt. Die Drahtstecken können immer wieder verwendet werden.

Es wurden auch Erfahrungen wirkungsvoller Abwehr der Vögel mit blaufarbenen, blinkenden und knisternden Staniolstreifen gemacht.

Eine Hasenpfote zwischen die Reihen gelegt vertreibt Vögel

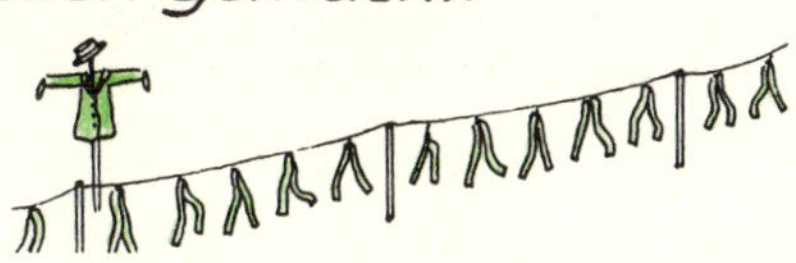

Nematoden

(Fadenwürmer, Älchen)

Zum großen Teil sind diese bis 1mm langen und farblosen Fadenwürmer schädlich.

Es gibt viele Arten mit unterschiedlichen Lebensbedingungen:

Zystenälchen (Heterodero Arten)
Blattälchen (Aphelenchoides Arten)
Wurzelgallenälchen (Meloidogyne Arten)
Stengel-Stockälchen (Ditylenchus Arten)

Vor allem Kartoffelnematoden fügen dem Anbauer großen Schaden zu.

Schadbild:

Gallen- und Zystenbildung im Wurzelbereich. Wurzelteile sterben ab. Über den geschädigten Wurzeln bilden sich Wurzelbärte. Bei starkem Befall vergilben und verwelken die oberirdischen Pflanzenteile.

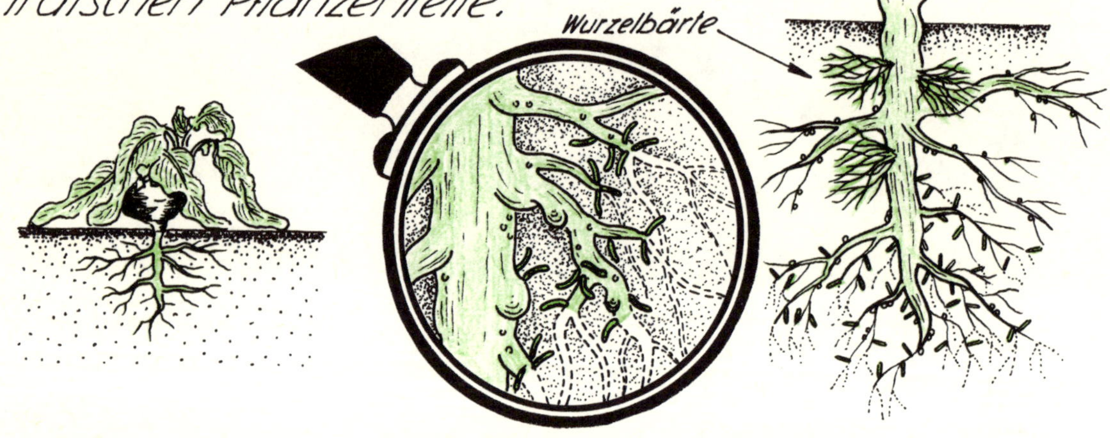

Maßnahmen:

- Möglichst 4-jährlichen Fruchtwechsel
- Befallene Flächen mit Tagetes nana bepflanzen *
- Befallene Pflanzen (auch das Unkraut) nicht auf den Kompost bringen, sondern verbrennen
- Stickstoffdüngung nur mäßig einsetzen

* Die Wurzelausscheidungen von Tagetes nana bringen die Nematoden zum Schlüpfen. Sie können sich aber von Tagetes nicht ernähren und gehen ein.

Drahtwürmer

Drahtwürmer sind die Larven des Schnellkäfers (Elateridae). Diese Larven treten bevorzugt in den ersten Jahren nach dem Grünlandumbruch auf.
Sie haben eine gelbliche Farbe, der Kopf ist braun.

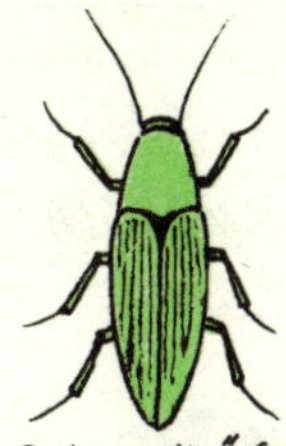

Schnellkäfer

Larve des Schnellkäfers (Drahtwurm)

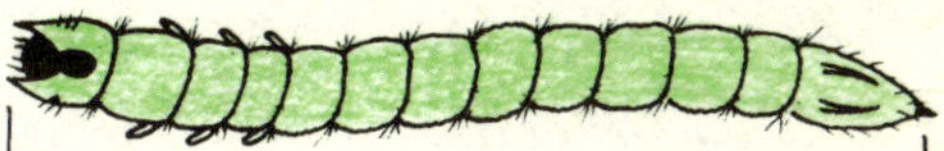

bis zu 25 mm

Die Larven lieben einen feuchten, etwas sauren Boden.

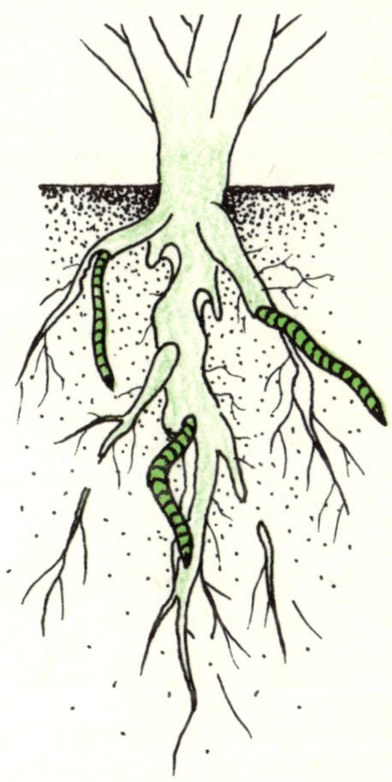

Schadbild:

An- oder abgefressene Wurzelteile, Fraßstellen am unterirdischen Stengelteil, durchbohrte Hackfrüchte.

Hauptschaden im Frühjahr an Jungpflanzen.

Maßnahmen:

- Halbierte Kartoffeln mit der Schnittfläche nach unten in die Erde drücken. Diese Fallen öfters kontrollieren und Drahtwürmer absammeln
- Boden locker halten (öfter mit Sauzahn, Hacke oder Grubber bearbeiten)
- Bei Sandböden Erhöhung des pH-Wertes durch Zuführung von Kalk herbeiführen

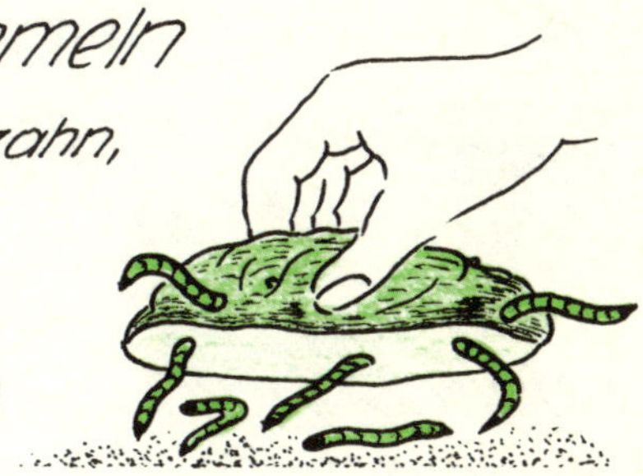

Natürliche Feinde:

Maulwurf, Laufkäfer, Spitzmaus u.a. Insektenfresser.

Mäuse und Wühlmäuse

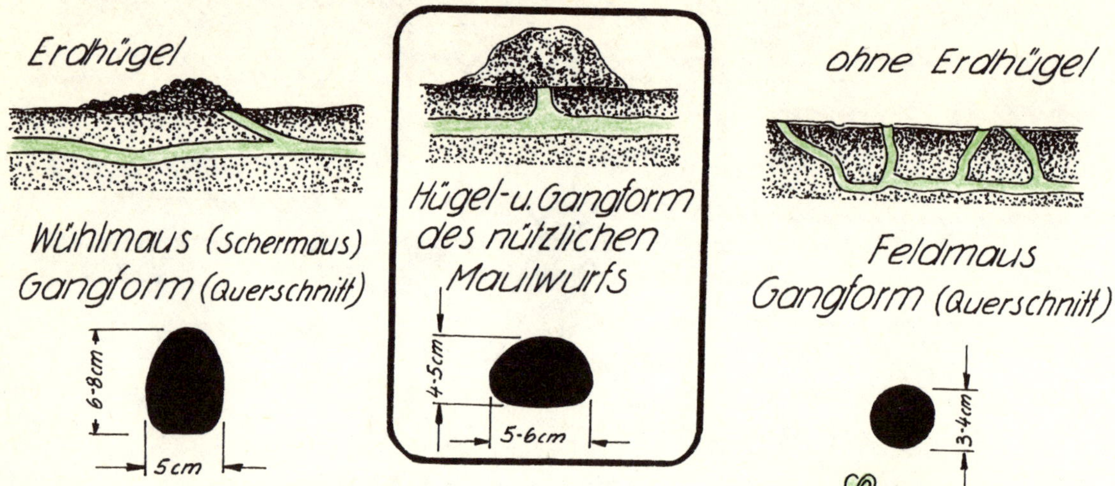

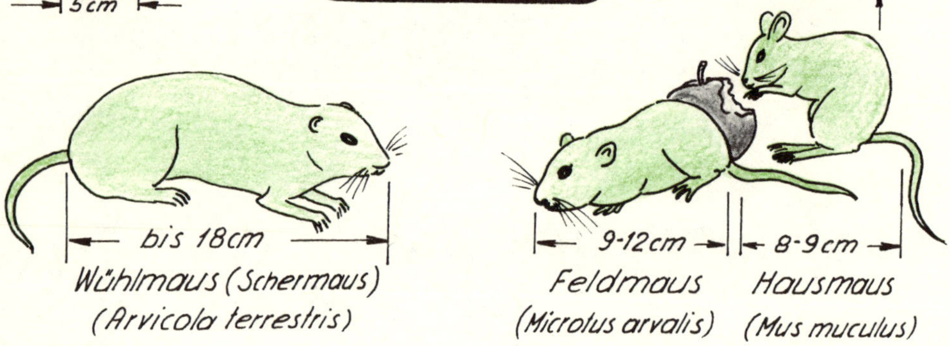

Feld- und Wühlmäuse vermehren sich sehr stark, wenn natürliche Feinde fehlen.

Wühlmäuse haben ca. 3 × im Jahr 2-7 Junge, Feldmäuse etwa 5 Würfe mit je 5-10 Nachkommen.

Wühlmäuse fressen an den Wurzeln von Rosen, Obstbäumen und Gemüsepflanzen und richten beträchtliche Schäden an.

Feldmäuse nagen an Büschen, Bäumen, Gemüsen und Erdbeeren.

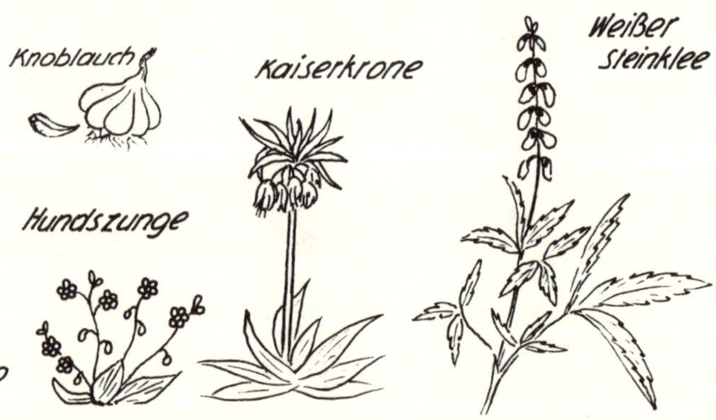

Maßnahmen:

- Vergraulen kann man die Mäuse evtl. mit Pflanzen: Knoblauch, Steinklee, Kaiserkrone, Hundszunge

- Der in die Gänge eingelegte Samen der Wolfsmilchsart (Euphorbia enthyrus) oder des Mittels „Quiritox" (im Handel erhältlicher pflanzlicher Giftköder) tötet die Mäuse

- Katzen im Garten fangen Mäuse
- Geräusche im Garten verursachen
(z.B. Flaschen zur Hälfte in den Boden graben, der darüber streichende Wind verursacht Pfeiftöne. Flache Bänder stramm gespannt vibrieren im Wind und leiten einen summenden Ton in den Boden.
Aufgestellte kleine Windmühlen schnarren oder klappern je nach Windstärke).

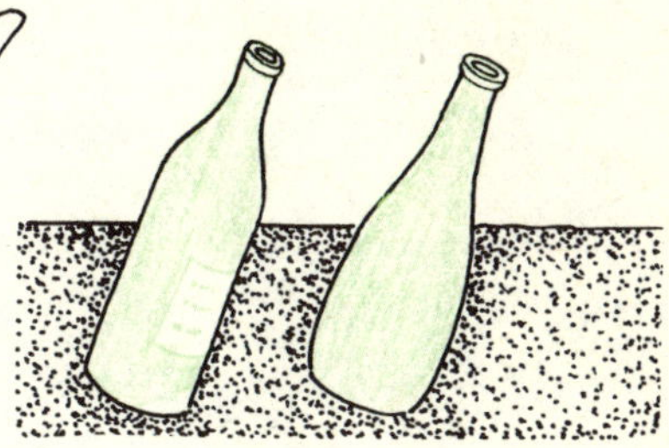

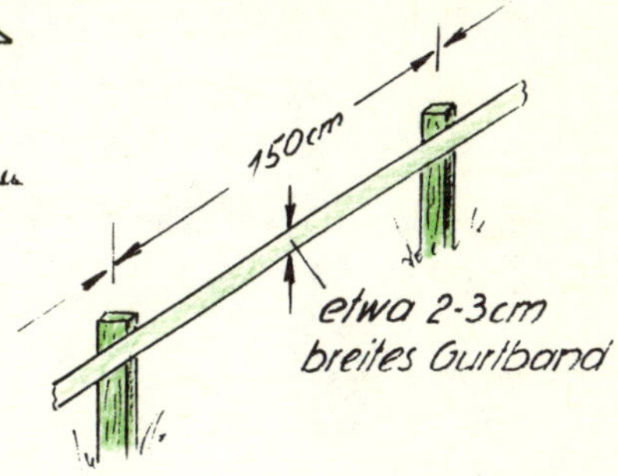

- Das sicherste Mittel ist das Fangen der Mäuse in aufgestellten Fallen
Mäuse gehen nicht in Fallen, die nach Menschen riechen. Darum vor dem Aufstellen der Fallen Hände mit stark riechenden Kräutern einreiben oder Handschuhe anziehen

Zum Fangen von Feldmäusen benutzen wir die Schlagfalle. Um Vögel und Igel zu schützen, stellen wir die Falle in einem Tunnel auf (gefertigt aus 3 Brettern). Als Köder haben sich halbierte Haselnüsse bewährt.

Wühlmausfallen

Die Spannbügelfalle muß mit Köder aufgestellt werden.

Besonders wirksam ist diese Röhrenfalle.
Sie wird ohne Köder aufgestellt.

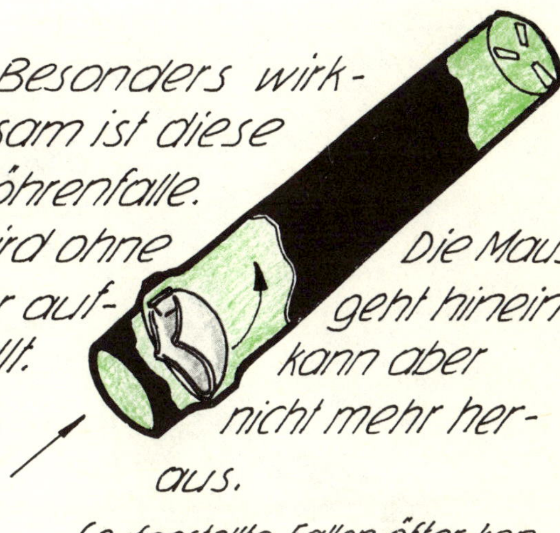

Die Maus geht hinein kann aber nicht mehr heraus.

(Aufgestellte Fallen öfter kontrollieren)

Schnecken

Vielen Gartenbesitzern entstehen große Probleme durch Schneckenfraß an ihren Pflanzen.

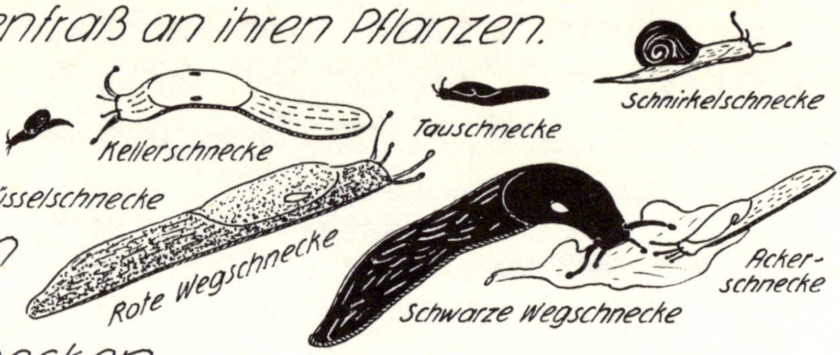

Den Hauptschaden richten die rotbraunen und schwarzen Wegschnecken, die hellen Ackerschnecken und schwarzen Tauschnecken an. Wegschnecken wandern weite Strecken, Acker- und Tauschnecken bleiben in ihrem Beet, oft sogar in ihrem Salatkopf wohnen.

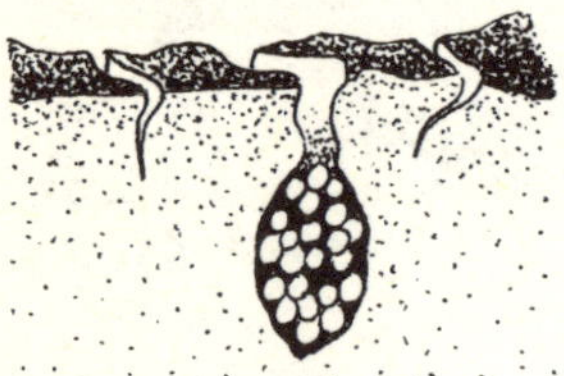

Schneckeneier in einer Erdfurche

Fraßschäden durch Schnecken

Vorbeugende Maßnahmen:

Wir sollten die Vertilger der Schnecken und Schneckeneier in unseren Garten holen oder, wenn sie sich ansiedeln, sollten wir sie schützen und fördern.

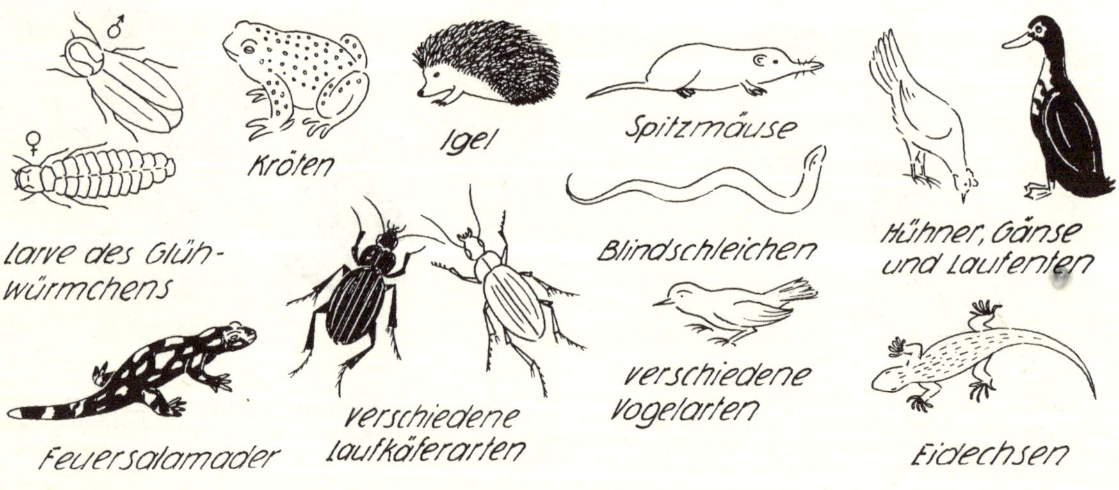

Kompostmaterial auf Schnecken und Eier überprüfen, bevor es auf den Garten gebracht wird.

Mulchmaterial vor dem Streuen antrocknen lassen.

Bodenbedeckung mit Fichtennadeln oder Gerstenstreu herstellen.

Auszüge aus Abwehrpflanzen herstellen: Schafgarbe, Begonien, Holunder, Rainfarn, Wermut und damit die Pflanzen übergießen. Oder wir legen die Kräuter zwischen die Kulturpflanzen.

Schneckenjauche: ca. 60 Schnecken sammeln, zerschneiden, in einem 5 l Eimer mit kaltem Wasser gut zugedeckt verjauchen lassen. Dann gefährdete Beete übersprühen. Hilft abweisend bis zum nächsten Regen und muß dann wiederholt werden.

Schneckenzaun:
Vorteilhaft bei angrenzenden Wiesen. Der Zaun besteht aus nach außen umgebogenem, verzinktem Eisenblech.
Die Schnecken können den Winkel nicht überwinden.
Frühbeetkästen und Kompostplätze können so schneckenfrei gehalten werden.

Maßnahmen:

- Die erfolgreichste Methode ist das Absammeln und Töten mit Hilfe von kochendem Wasser oder durch Zerschneiden der Schnecken.
- Am Tage findet man die Schnecken leicht unter großblättrigen Pflanzen, ausgelegten Brettchen oder Rhabarberblättern.

Bei beginnender Dunkelheit kommen die Schnecken hungrig aus ihren Tagesverstecken (Polsterstauden und andere dunkle feuchte Stellen) gekrochen. Wir können sie fressend an vielen Gemüse- und Blumenpflanzen finden und ablesen.

- Verblüffend fanden wir die große Anlockwirkung von Roggen- oder Weizenschrot.

Wir streuen am Spätnachmittag den Schrot eßlöffelweise in einem

Auch bei Regenwetter anwendbar

Abstand von ca. 80 cm an gefährdete Stellen. Bei Eintritt der Dunkelheit finden wir bis zu 20 Schnecken an einem Häufchen fressend vor und brauchen nur abzusammeln (Frühaufsteher können auch bei Tagesanbruch absammeln gehen).

- Bierfalle:

Wir graben einen Joghurtbecher bodeneben in die Erde und stellen einen zweiten Joghurtbecher mit Bier gefüllt hinein. Die Schnecken werden vom Biergeruch angezogen und fallen hinein. Sind genug Schnecken im Bier ertrunken, können wir den ganzen Innenbecher in den Mülleimer werfen oder den Inhalt für Schneckenjauche verwenden.

- Holzasche, Gesteinsmehl oder Algenkalk können ringförmig um die Pflanzen gestreut werden. Wir haben auch schon Gesteinsmehl über die Pflanzen gestäubt. Beide Methoden geben den Pflanzen einen Schutz gegen Schneckenfraß. Diese Methoden müssen nach jedem Regen wiederholt werden.

Alle Gehäuseschnecken fressen bevorzugt abgestorbenes organisches Material. Nützlich sind die Weinbergschnecken, denn sie fressen außerdem die Eier der Nacktschnecken.

Biologischer Pflanzenschutz

Biologische Schädlingsbekämpfung

Gruppe	Tier	Hauptnahrung: Ratten	Mäuse (⊕ Nestbeute)	Insekten	Nachtinsekten	Blattläuse	Insekteneier	Insektenlarven	Insektenpuppen	Milben	Schnecken	nur Nacktschnecken	Würmer	organische Abfälle	Schutzmöglichkeiten: Standort schonen	Hecken, Gebüsch	alte Bäume erhalten	Reisighaufen o. ä.	Steinhaufen	frostfreier Winterschlafplatz	Wasserstellen	Kunstnester	Kunsthöhlen, Steine	Blumentopf mit Holzwolle	Boden nicht wenden	organische Düngung, Abdeckg.	Hund und Katze fernhalten	giftfrei gärtnern
Säugetiere	Fledermaus				●										●		●			●			●				●	●
	Igel		⊕				●				●		●		●	●		●									○	○
	Maulwurf							●	●				●															
	Spitzmaus		●	●				●			●				●			●									●	●
	Mauswiesel	●	●																●									
Vögel	Gartengrasmücke			●				●							●	●											●	●
	Gartenrotschwanz			●				●							●	●	●						●				●	●
	Gartenspötter			●				●							●	●											●	●
	Gr. Fliegenschnäpper			●				●							●		●						●				●	●
	Hausrotschwanz			●				●							●				●				●				●	●
	Mauersegler			●											●								●				●	●
	Meise			●				●							●		●						●				●	●
	Rotkehlchen			●				●							●	●	●	●			●		●				●	●
	Schwalbe			●											●							●						●
	Specht			●				●	●						●		●						●				●	●
	Steinkauz	●	●	●											●		●						●					●
	Wendehals			●				●							●		●						●				●	●
	Zaunkönig			●				●							●	●	●	●									●	●
Lurche	Blindschleiche			●				●				●	●		●	●			●						●		●	●
	Zauneidechse			●				●			●		●		●	●			●						●		●	●
	Bergmolch							●				●	●		●	●					●				●		●	●
	Erdkröte											●	●		●	●			●		●				●		●	●
	Gelbbauchunke			●											●	●					●				●		●	●
	Grasfrosch			●				●				●	●		●	●					●						●	●
Gliederfüßler	Florfliege (Larve)					●																						●
	Laufkäfer							●	●		●														●			●
	Marienkäfer					●																						●
	Ohrwurm			●		●																		●	●			●
	Schlupfwespen					●	●	●	●																			●
	Schwebfliege (Larve)					●																						●
	Spinnen			●				●																				●
	Springschwänze													●											●	●		●
	Wanzen (versch. Art.)					●		●		●																		●
	Regenwurm													●											●	●		●

Kleintiere helfen uns bei der Schädlingsbekämpfung

Wenn wir diese nützlichen Lurch- und Echsenarten in unserem Garten beheimaten können, haben wir uns ein ausgewogenes Stück Natur geschaffen.

Blindschleichen halten sich gern in Gebüschen und an böschigen Hängen auf. Die feuchte Wärme eines Komposthaufens wird besonders gern als Unterschlupf und Aufzuchtplatz für den Nachwuchs angenommen.

Eidechsen bevorzugen einen trockenen und warmen Lebensraum. Steinhaufen in sonniger Lage sowie Trockenmauern sind ideale Aufenthaltsplätze für Eidechsen.

Kröten mögen feuchte Gartenpartien. Gern halten sie sich unter dichtem Blattwuchs auf (z.B. Buschbohnen o.ä.). Zur Vermehrung sind natürliche Gewässer erforderlich.

Salamander lieben feuchte Plätze mit Flachwasser. Sie sind nur nachts aktiv.

Die Nahrung der hier aufgeführten Kleintiere besteht vorwiegend aus Insekten, Larven und Schnecken.

Nützliche Säugetiere im Garten

Kleines Wiesel
(Mauswiesel)

Wiesel jagen besonders Wühlmäuse und Ratten. Reisig- und Steinhaufen gewähren ihnen Schutz.

Spitzmaus

Spitzmäuse vertilgen pro Tag ihr Eigengewicht an Insekten, Larven und Schnecken. Reisig- und Laubhaufen werden als Unterschlupf angenommen.

Igel

Igel sind besonders nützlich. Ihre Hauptnahrung besteht vorwiegend aus Raupen und Schnecken. Dichtes Unterholz, Reisig- und Laubhaufen sowie Steinhöhlen bieten ihnen Unterkunft.

Fledermaus

Fledermäuse jagen nachts. Sie fressen Insekten (Wickler, Spanner, Schnaken u.a.), die am Tage von Vögeln nicht erwischt werden.

Nutzinsekten

Blind- und Blumenwanzen
2 - 8 mm

Haupt-
nahrung:
Blattläuse, blattsaugende Insekten,
Spinnmilben und kleine Raupen

Laufkäfer
17 - 27 mm

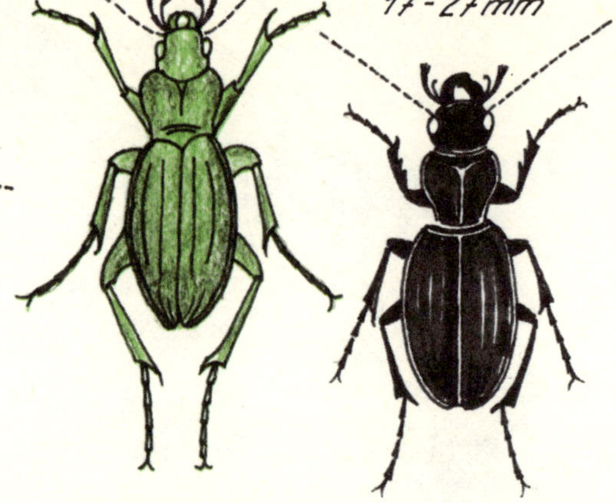

Sie fressen große Mengen
von Larven, Puppen,
Raupen und Schnecken.

Schwebfliege
10 - 12 mm

Die Schwebfliege
ernährt sich von Blüten-
nektar. Nützlinge sind
die Larven. Sie verzehren
bis zu ihrer Verpuppung
200 - 800 Blattläuse.

Schlupfwespe
14 - 18 mm

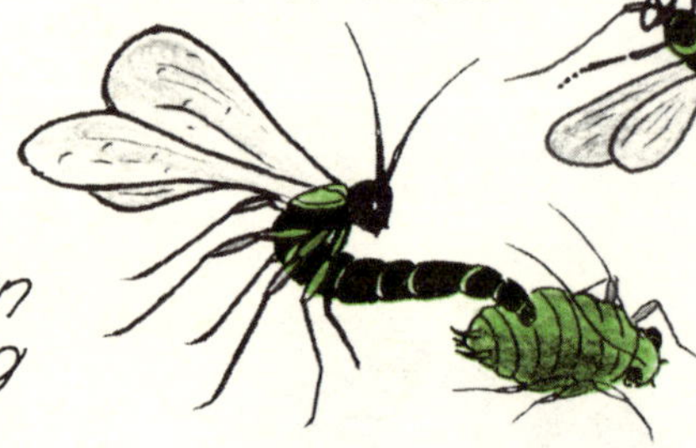

Ein
Weibchen
belegt bis
zu 1000
Blattläuse
mit ihren Eiern.

Ohrwurm
14 - 23 mm

Der
Ohrwurm
ist ein
Nacht-
räuber.
Er lebt von
Insekten.
Besonders
gern tritt er in
Blattlauskolonien auf.

Florfliege
15 mm

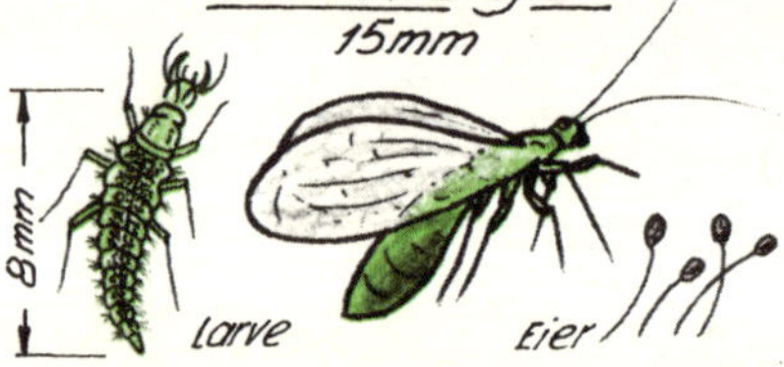

Die Larve der Florfliege lebt
von Blattläusen und anderen
Schädlingen.

Marienkäfer
5 - 8 mm

Die Käfer und ihre
Larven ernähren sich
vorwiegend von
Blattläusen.

Erzwespe
(Zehrwespe)
2 mm

Die Larve
lebt von
Schild- und
Blutläusen.

Glühwürmchen
12 - 18 mm

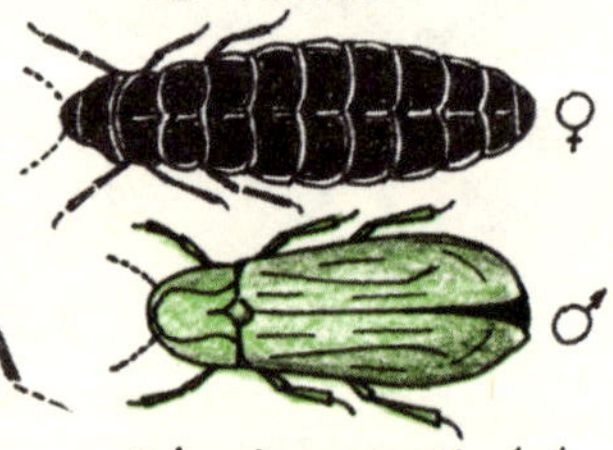

Die Larve lebt
von Schnecken.

Soldatenkäfer
15 mm

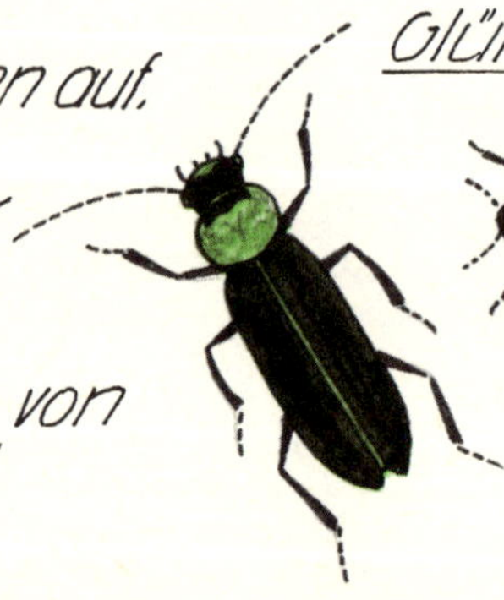

Er ernährt sich von
Insekten und
anderen
Schädlingen.

Marienkäfer (Coccinellidae)

Von diesem bekannten Nützling gibt es viele Arten. Die halbkugeligen Käfer haben glänzende Flügeldeckel. Je nach Art sind Farbe und Zeichnung verschieden.

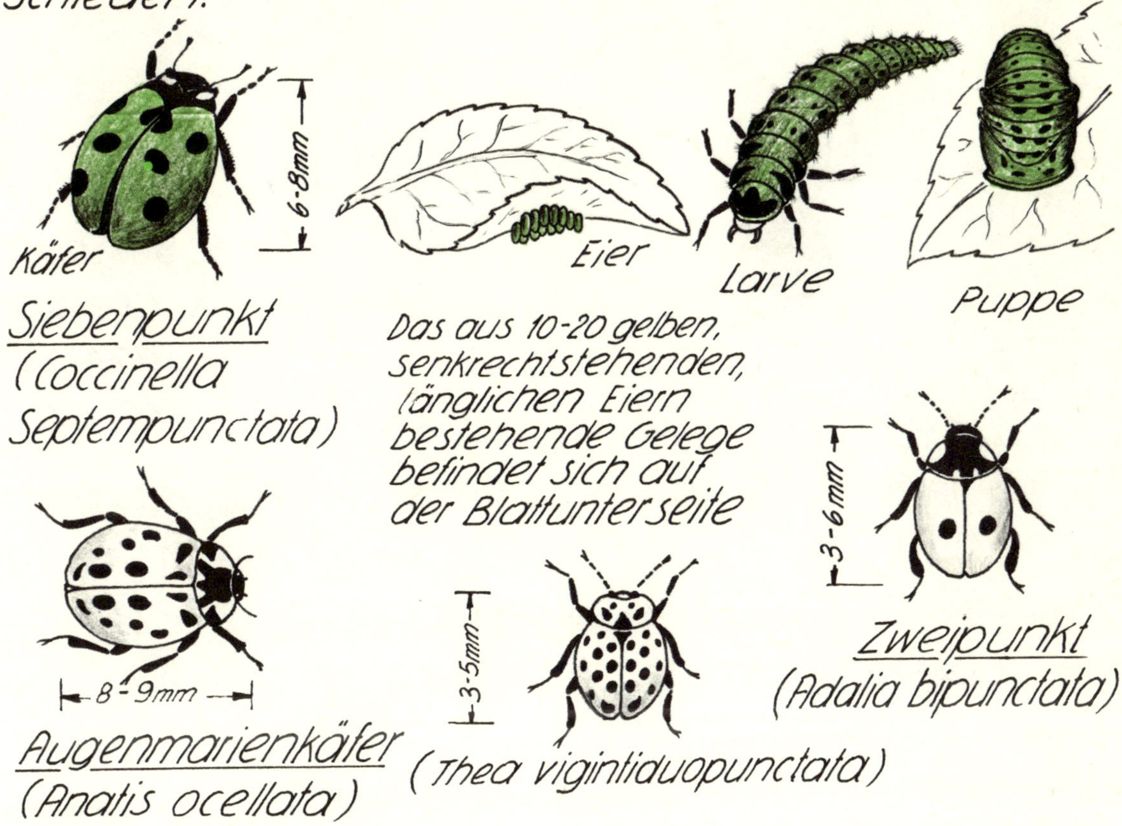

Die länglichen Larven der großen Marienkäferarten sind dunkel graublau mit gelben Punkten und borstigen Warzen. Sie wachsen während ihrer Entwicklung von 1,5 auf 8mm. Marienkäfer überwintern und suchen im Frühling vorerst auf Wiesen und Brachland nach Blattläusen. Die Käfer sowie ihre Larven ernähren sich von Blattläusen. Eine Larve frißt 200-600 Blattläuse bis zu ihrer Verpuppung. Es kommt in Mitteleuropa meistens nur zu einer Generation auf einjährigen Kulturen, so daß Marienkäfer durch Insektizide, besonders im Frühling, stark der Dezimierung ausgesetzt sind.

Spinnentiere

Kreuzspinne
17 mm

Spinnen sind keine Insekten, sie gehören zur Gattung „Spinnentiere".
Auch wenn die Spinnen bei vielen Menschen unbeliebt sind, so sind sie doch in unseren Gärten bei der Bekämpfung von Schadinsekten sehr wichtig.

Beobachtungen haben ergeben, daß die Beute im Netz der Kreuzspinne zu etwa 80% aus geflügelten Blattläusen bestand.
Eine Kreuzspinne vertilgt im Jahr ca. 2 Kg Insekten. Bei anderen Spinnen ist es ähnlich.

(Nicht alle Spinnen bauen Fangnetze. Einige Arten jagen ihre Beute oder springen sie an).

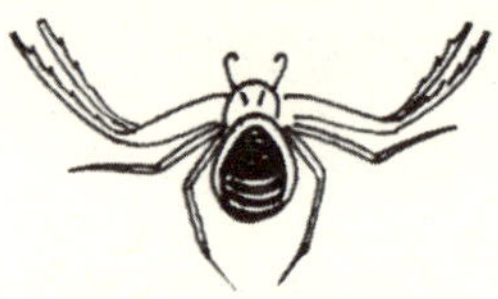

Krabbenspinne
10 mm

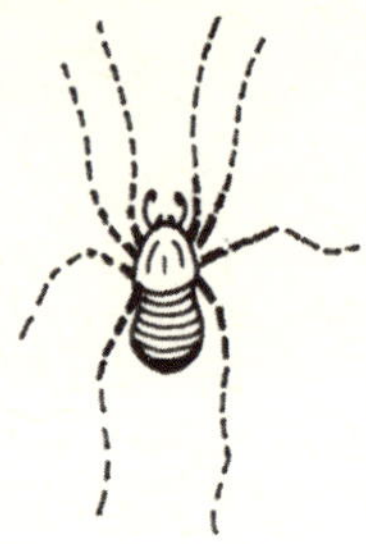

Wolfsspinne
8 mm

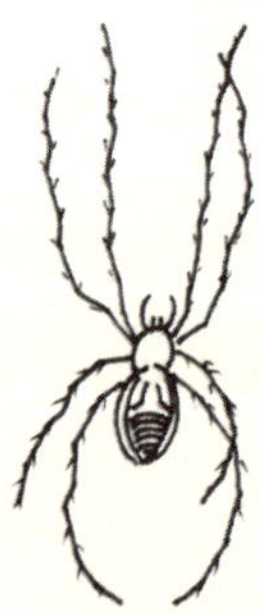

Baldachinspinne
7 mm

Springspinne
8 mm

<u>Spinnmilben</u> (kleiner als 1 mm)
Die Raubmilbe ist sehr nützlich. Sie ist der größte Feind der schädlichen Roten Spinne.

Rote Spinne
(schädling)
0,5 mm

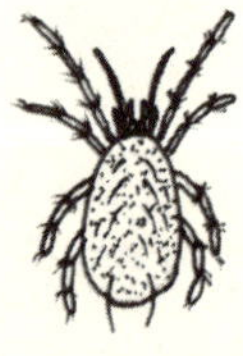

Raubmilbe
0,5 mm

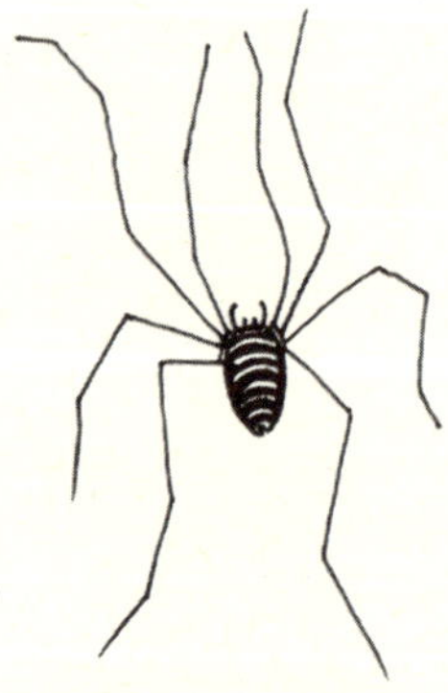

Weberknecht
7 mm

Vogelschutz ist Pflanzenschutz

Nistgelegenheiten dürfen in keinem Garten fehlen.

Vögel helfen uns bei der Schädlingsbekämpfung

Ein Meisenpaar mit Nachwuchs z.B. vertilgt im Jahr viele Kilogramm Schadinsekten.

Anbringung der Nistkästen

2 Stk. je Ar ($100 m^2$) – Abstand 10-15 m – Höhe 2-2,5 m – Flugloch nach Südosten

Katzen- und Marderschutz

für Bäume mit Nistkästen

Nistkasten für Höhlenbrüter

Kohlmeise – Blaumeise – Gartenrotschwanz – Kleiber u.a.

Flugloch-durchmesser für Kleinmeisen 26 mm, sonst 32 mm

Nistkasten für Nischenbrüter

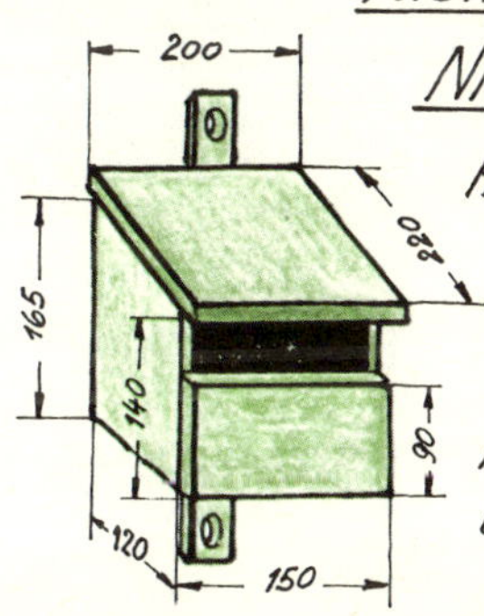

Hausrotschwanz – Bachstelze – Grauschnäpper – vereinzelt auch Rotkehlchen und Zaunkönig

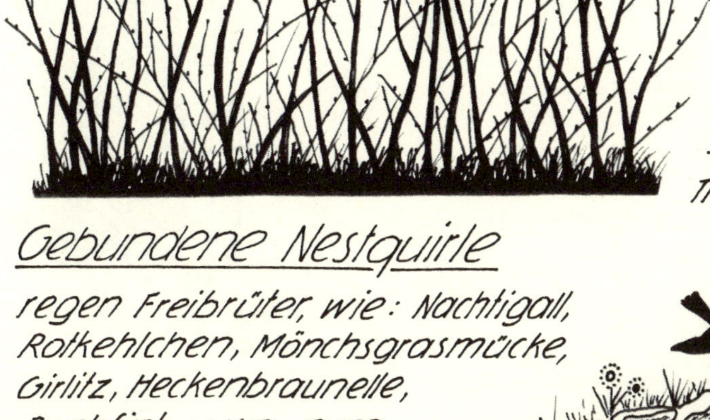

Gebundene Nestquirle

regen Freibrüter, wie: Nachtigall, Rotkehlchen, Mönchsgrasmücke, Girlitz, Heckenbraunelle, Buchfink u.v.a. zum Nestbau an.

Vogelbad und -tränke

Tiefe 6-8 cm, nach einer Seite hin flach auslaufen lassen. Kein Buschwerk in unmittelbarer Nähe. Katzen dürfen kein Versteck finden.

Unterkünfte für Nützlinge

Igelhaus

Das Dach ist abnehmbar, so daß das Nestmaterial im Schlafraum ausgewechselt werden kann.
Das Nestmaterial besteht aus Laub, Stroh, Heu, Reisig u.ä..

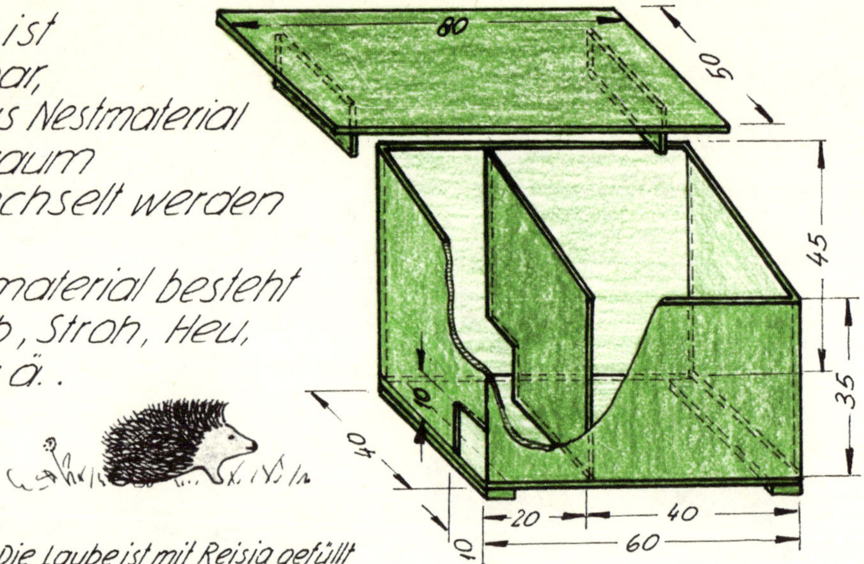

Die Laube ist mit Reisig gefüllt

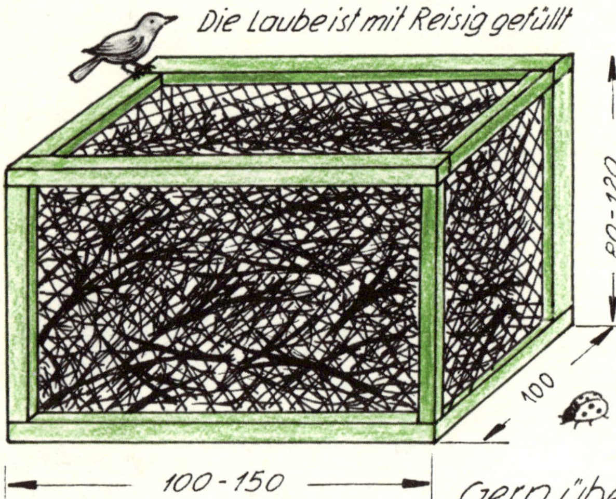

Maschenweite etwa 6-8cm

Vogellaube

Nisthilfe für Freibrüter (Rotkehlchen, Girlitz Garten-, Mönchsgrasmücke, Heckenbraunelle, Singdrossel und Buchfink).
Vögel können durch die Maschen schlüpfen, Katzen nicht.
Gern überwintern hier Marienkäfer.

Nistdose

Nistholz

Ausgefüllt mit Hohlstengeln

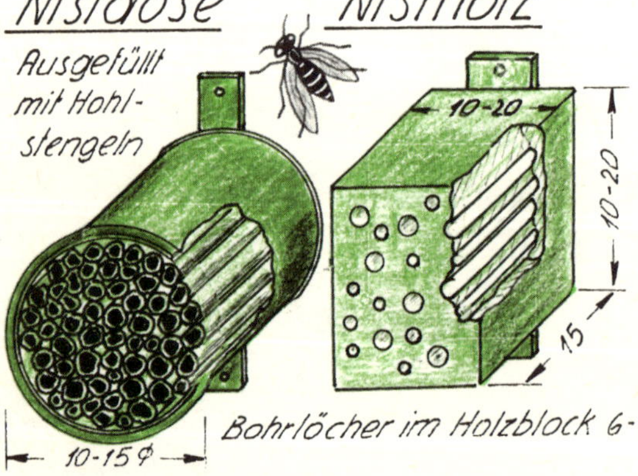

Bohrlöcher im Holzblock 6-12 mm Ø

Fledermausnistkasten

Die Vorderseite ist abnehmbar.

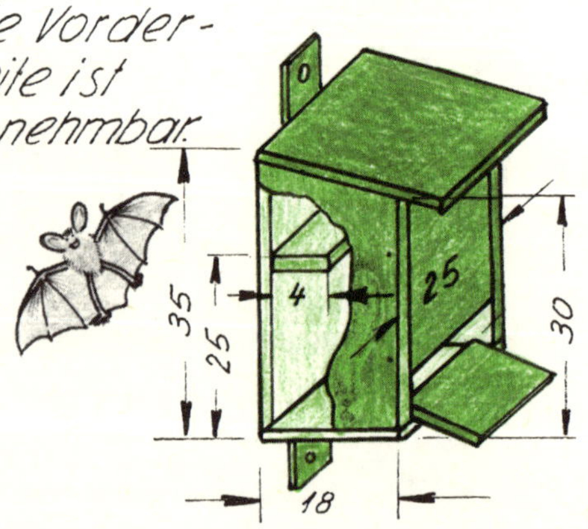

Unterschlupf für Hautflügler.
Schlupfwespe, Faltwespe, Schwebfliege u.v.a. nehmen dieses Wohnungsangebot gern an.

(Alle Maße in cm)

Hilfs- und Pflegemittel für die Pflanzen

Auf den vorstehenden Seiten berichten wir von den vielen Nützlingen, die Insekten und andere schädliche Tiere durch ihren Hunger dezimieren.
Außerdem stehen uns Pflanzenpflege- und -hilfsmittel in großer Zahl und erprobter Qualität zur Verfügung.
Zuerst nennen wir die bewährtesten und bekanntesten käuflichen Präparate.
Sie sind für Mensch und Haustier ungiftig und bestehen aus Naturprodukten.

Algifert
Konzentrat aus Meeresalgen, Auxinen und Enzymen mit zahlreichen Spurenelementen.
In 3-4 wöchigem Abstand von Mai bis Spätherbst anwenden.
In der Verdünnung von einem Teelöffel auf 10 l Wasser dient es der biologischen Blattdüngung und Stärkung der Widerstandskraft der Pflanzen.

Artanax
Dieses aus Heil- und Wildkräutern, Meeresalgen und Mineralien hergestellte Spritzmittel ist in der Mischung von 70 g auf 10 l Wasser für ein besseres Wachstum und als Schutz vor Insekten- und Pilzbefall für alle Kulturpflanzen einsetzbar.
„Artanax S" enthält zusätzlich Schwefel. Dieser ververstärkt die pilzhemmende Wirkung.

Bacillus Thuringiensis

Diese Sporenform des Bacillus wird für die gezielte Bekämpfung schädlicher Raupen im Obst-, Gemüse-, Wein-, Zierpflanzenanbau und im Forst verwendet. Keine Schädigung der Nützlinge und keine Wartezeiten.

10 g in 10 l Wasser gelöst töten die Raupen nach 3-4 Tagen.

Im Handel als „Dipel" oder „Neudorffs Raupenspritzmittel" erhältlich.

Bio-S

Aus einer Kombination von Kalk, silikonhaltigen Mineralien, Heilkräutern, Meeresalgen und Schwefel besteht dieses gegen Pilzbefall vorbeugende und pflanzenstärkende Mittel.

Bio-S wird hauptsächlich gegen Schorf und andere Pilzkrankheiten im Obst- und Gemüsebau in vierzehntägigem Abstand vorbeugend gespritzt. Man nimmt 70g auf 10 l Wasser.

Preicobakt

Dieses Präparat hat sich bei Obstgehölzen während des blattlosen Zustands als Vorbeugemittel gegen Moose, Flechten, Frostschäden und Knospenfraß durch Vögel bewährt.

Die Wundheilung bei Rindenschäden tritt schnell ein.

Außer zum Stammanstrich sollte es auch noch als Kronenspritzung verwendet werden.

Das aus wertvollen organischen und mineralischen Natursubstanzen bestehende Pulver wird als Stammanstrich im Mischungsverhältnis von 2 Kg auf 10 l Wasser und als Spritzmittel von 500 g auf 10 l Wasser eingesetzt.

Pyrethrum

Bei starkem Schadinsektenbefall greifen wir zu Pyrethrum, einem Pflanzengift, hergestellt aus einer Chrysanthemenart.
Es wirkt als Berührungsgift auf alle Insekten außer den Bienen (aber leider auch auf Schwebfliegen, Marienkäfer u.a.). Es baut sich schnell ab.
Für Mensch und Haustiere ist es ungiftig, jedoch nicht für Fische.
Es ist unter dem Namen „Spruzit", „Ledax-Insekt" oder „Parexan" im Handel erhältlich. Wir richten uns bei der Anwendung nach den Angaben der Hersteller.

Rotenon

Rotenon wird aus Wurzeln von Leguminosen (Derris, Lonchocarpus) gewonnen, die in den Tropen wachsen.
Es wirkt als Kontaktgift auf kleine Insekten tödlich, größere überleben meistens.
Noch stärker wirksam als Pyrethrum, sollte es nur eingesetzt werden, wenn wir uns anders der Schädlinge nicht erwehren können.
Bei Rotenon müssen Wartezeiten von 7 Tagen im Gemüse- und 20 Tagen im Obstbau eingehalten werden.
Es ist unter den Bezeichnungen „Deril", „Parexan", „Spruzit-nova", „Algozit" und „Sicide" im Handel erhältlich.

NAB-Plus-Mischung

Besteht zu je einem Drittel aus Netzschwefel, Algenkalk und Bentonit. Diese Mischung schützt in der Verdünnung von 100 g auf 10 l Wasser vor Schorfbefall an Obstbäumen und bringt die Gallmilben an schwarzen und roten Johannisbeeren zum Verschwinden.

SPS

Konzentrat aus Wildkräuterextrakten mit Protoanemonin. Pilz- und Virusvorbeugemittel mit hoher Wirksamkeit.
Es hat sich zur guten Stecklingsbewurzelung und zur Pflege von Aussaaten und pikierten Jungpflanzen gegen Keimlingspilze sehr bewährt.
Im allgemeinen besteht das Mischungsverhältnis aus 200 ml SPS auf 10 l weiches Wasser.

Wasserglas

Dieser verflüssigte Kiesel wirkt durch Verschmelzung mit Kalium und Natriumsalzen hochbasisch.
Auf unbelaubten Obstgehölzen eingesetzt wirkt es verklebend (500 ml in 10 l Wasser gerührt) auf die Eigelege der Schädlinge.
50 - 100 ml auf 10 l Wasser dienen der fleckenfreien Pilzregulierung.
Augen, Haut, Brillen und Fensterscheiben sollten nicht mit dem Mittel in Berührung kommen.

Auf den folgenden Seiten wird in Form einer tabellarischen Übersicht von Pflanzenjauchen und anderen selbsthergestellten Extrakten die Rede sein.
Warnen möchten wir vor übertriebenen Erwartungen an diese Mittel. Es sind Naturmittel und sie haben eine eher milde Wirkung.

Wenn der Boden hart und trocken ist, werden sich immer wieder Erdflöhe und Blattläuse einfinden, auch wenn wir kurz vorher einen Schub totgespritzt haben. Es gilt also zuerst, diesen Bodenzustand zu verbessern.

Im Frühjahr sollten wir als Wachstumsanregung Brennessel- oder die ähnlich wirkende Comfreyjauche in der genannten Verdünnung an Obstbäume und Beerenobstbüsche, beim Setzen von Pflänzlingen in die Pflanzlöcher und an unsere Zierpflanzen gießen.

Wer Jauche nicht mag, kann Brennesseln auch wie Tee aufbrühen und unverdünnt verwenden. Den Tee- und auch den Jauchesatz sollten wir an die Pflanzen legen.
Um die Frühjahrsherstellung der Jauchen und Brühen vornehmen zu können, müssen wir entweder getrocknete Ware kaufen oder die Pflanzen im Sommer des Vorjahres fleißig sammeln und trocknen.

Kräuterverwendung

Kaltwasserauszug	Brühe	Tee
Die frischen oder getrockneten Kräuter dürfen nicht vergären; maximal 12-24 Std. stehen lassen und dann durchseihen.	Frische oder getrocknete Kräuter 24 Std. einweichen, dann auf kleinem Feuer 20 Min. kochen und zugedeckt abkühlen lassen.	Frische oder getrocknete Kräuter in heißem Wasser einweichen und ca. 24 Std. stehen lassen (Schachtelhalmtee muß wie Brühe zubereitet werden).
Jauche	**Blütenextrakt**	**Saatbeize**
Grüne Pflanzenteile in einen mit Regenwasser gefüllten Behälter geben. Der Behälter muß mit einem Deckel so abgedeckt werden, daß Luft noch zirkulieren kann. Die Jauche muß täglich umgerührt werden. Zur Geruchsbindung Baldrian-Blütenextrakt zugeben. Wenn die Jauche nicht mehr schäumt, kann sie verwendet werden. Jauchen müssen verdünnt und nur im Wurzelbereich angewendet werden.	Verwendung finden sich gerade öffnende Blüten. Diese werden befeuchtet und zerkleinert. Der Blütenbrei wird durch ein feines Stoffsäckchen ausgepreßt. Der Extrakt ist gut verkorkt und kühl in Flaschen aufzubewahren.	Zur Vorbeugung gegen Schädlings- und Pilzbefall sowie zur Förderung der Keimung. Einige Tropfen Kräuterextrakt in 1 l Wasser geben und gut vermischen. Nach 24 Std. hängt man das Saatgut 10 - 15 Min. in die Lösung. Saatgut trocknen lassen und aussäen. Kamillentee oder -extrakt bei Erbsen, Bohnen, Rettich und Radieschen; Baldrian-Blütenextrakt bei Sellerie, Tomaten, Zwiebeln, Lauch und Kartoffeln.

Baldrian

Beim Jauchekübel am oberen Rand kleine Löcher anbringen

Beizen von Samen

Spritzplan für Jauchen u. Brühen aus Kräutern

Kräuter	Konzentration	Anwendung: Zeit	Anwendung: Ort	Anwendung: Zweck
Brennessel vergorene Jauche	1 Kg frische Brennessel in 5 l Wasser 20 fach verdünnen	Ganzjährig	Pflanze	Insektenabwehr und Kräftigung der Pflanzen
	10 fach verdünnen	Ganzjährig	Boden	
Gärende Jauche 4-5 Tage alt	1 Kg frische oder 250g getrocknete Brennessel auf 5 l Wasser 10 fach verdünnen	Ganzjährig	Pflanze	Bei Läusebefall oder auch als Beigabe zum Kompost (grüne Pflanzen sind wirksamer).
Acker-schachtelhalm Brühe oder Tee	1 Kg frischer oder 150g getrockneter Acker-Schachtelhalm in 10 l Wasser. 5 fach verdünnen. Auch in Kombination mit Brennessel möglich.	Im Frühjahr und mehrmals im Sommer, vormittags bei Sonne.	Pflanze	Stärkung der Pflanze. Bei Pilzkrankheiten wie Schorf, Rost, falschem und echtem Mehltau, Monilia, auch bei Kräuselkrankheit.
Rainfarn Jauche oder Brühe bzw. Tee	300g frisches Material auf 10 l Wasser unverdünnt	Winter Sommer	Pflanze Boden	Gegen Schädlinge wie z.B. Blattwespe, Erdbeerblütenstecher, Himbeerkäfer, Brombeermilbe u.a.
	2 fach verdünnt	Nachblüten-spritzung	Laub	
	1,5 fach verdünnt	Herbst-spritzung	Pflanze	
Farnkraut Jauche und Brühe	1 Kg frisches oder 100g trockenes Material in 10 l Wasser als Jauche oder Brühe, unverdünnt.	Winter Frühjahr Ganzjährig	Pflanze Pflanze Pflanze und Boden	Gegen Schild-, Schmier- und und Blutläuse.
Löwenzahn Jauche, Brühe oder Tee.	1,5 - 2 Kg frisches oder 150 - 200g getrocknetes Material in 10 l Wasser, unverdünnt.	Frühjahr und Herbst	Pflanze und Boden	Wachstumsanregung, Qualitätsverbesserung, auch als Beigabe zum Kompost.
Auch Zwiebelschalen, Kamille, Wermut u.v.a. können in ähnlicher Form verwendet werden.				

Kräuterbrühen und -jauchen

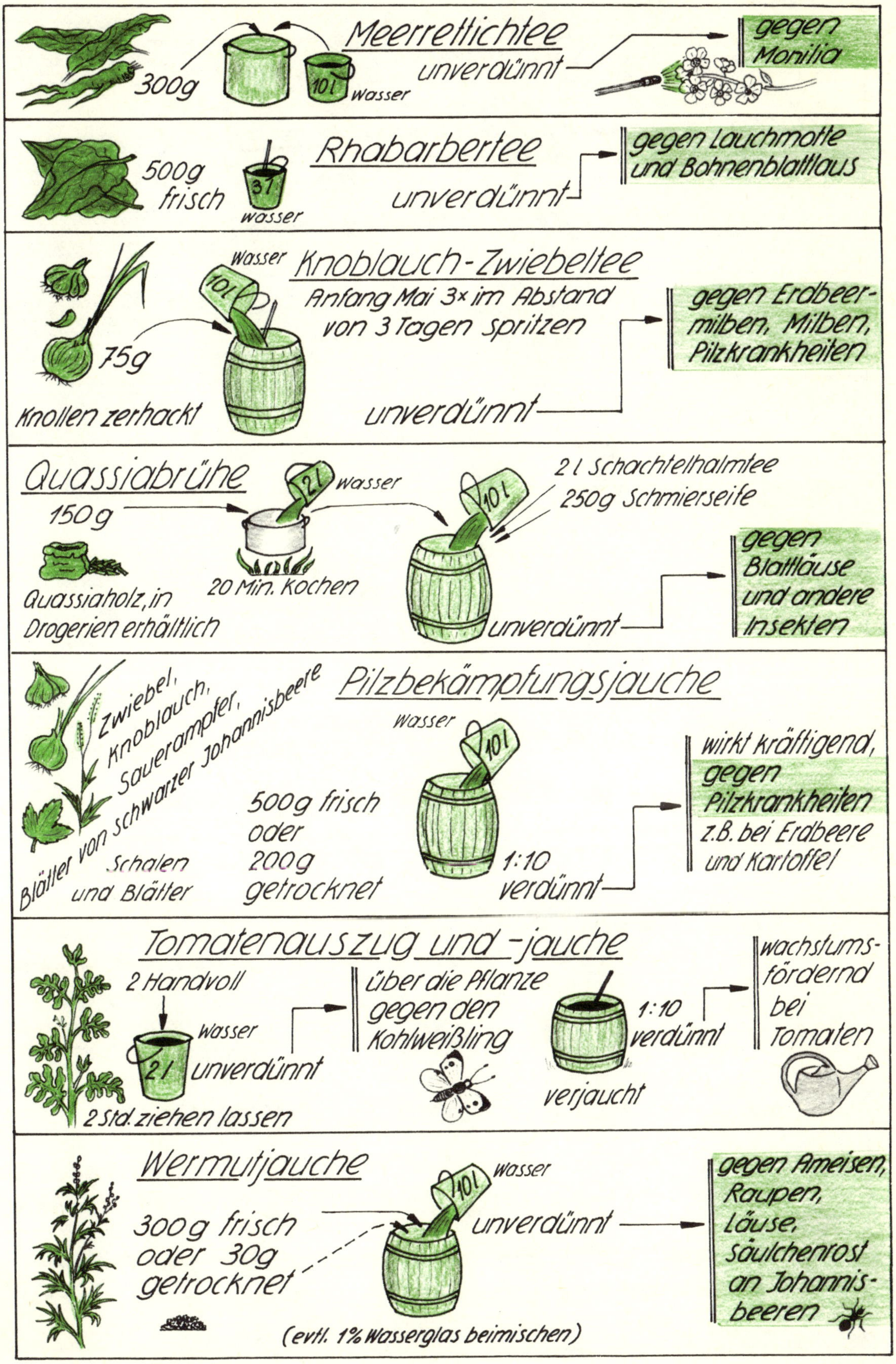
Meerrettichtee
300g
10 l
Wasser
unverdünnt
gegen Monilia
Rhabarbertee
500g frisch
3 l
Wasser
unverdünnt
gegen Lauchmotte und Bohnenblattlaus
Knoblauch-Zwiebeltee
Wasser
10 l
Anfang Mai 3× im Abstand von 3 Tagen spritzen
75g
Knollen zerhackt
unverdünnt
gegen Erdbeermilben, Milben, Pilzkrankheiten
Quassiabrühe
150g
2 l
Wasser
Quassiaholz, in Drogerien erhältlich
20 Min. Kochen
10 l
2 l Schachtelhalmtee
250g Schmierseife
unverdünnt
gegen Blattläuse und andere Insekten
Pilzbekämpfungsjauche
Zwiebel, Knoblauch, Sauerampfer, Blätter von schwarzer Johannisbeere
Schalen und Blätter
Wasser
10 l
500g frisch oder 200g getrocknet
1:10 verdünnt
wirkt kräftigend, gegen Pilzkrankheiten z.B. bei Erdbeere und Kartoffel
Tomatenauszug und -jauche
2 Handvoll
Wasser
2 l
unverdünnt
2 Std. ziehen lassen
über die Pflanze gegen den Kohlweißling
verjaucht
1:10 verdünnt
wachstumsfördernd bei Tomaten
Wermutjauche
300g frisch oder 30g getrocknet
10 l
Wasser
unverdünnt
(evtl. 1% Wasserglas beimischen)
gegen Ameisen, Raupen, Läuse, Säulchenrost an Johannisbeeren

Nichtpflanzliche schädlingsabwehrende Mittel

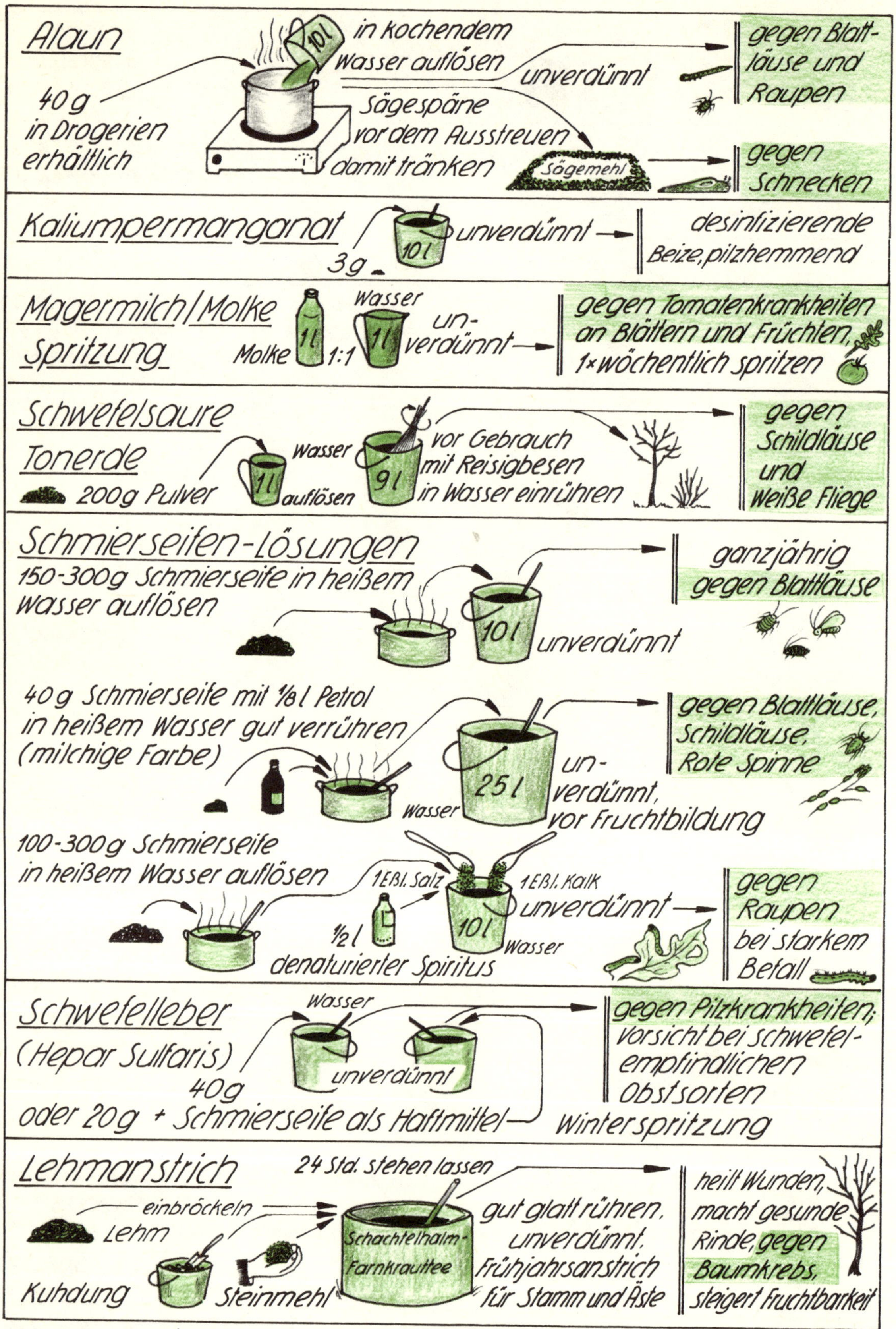

Die Theobald'sche Lösung wird ausführlich beim Baumanstrich erklärt.

Die biologisch-dynamische Wirtschaftsweise

Dargestellt werden der Ursprung und die praktische Anwendung der biologisch-dynamischen Wirtschaftsweise sowie die Nützlichkeit der Präparate 500–507.

Um die biologisch-dynamische Wirtschaftsweise begreifen zu können, müssen wir wissen, daß das Leben auf dieser Erde in Rhythmen verläuft. Sommer und Winter, Tag und Nacht, Ein- und Ausatmen fallen uns als einfache Beispiele ein.

Der Mond hat neben der Sonne einen starken Einfluß auf die Rhythmen. Ebbe und Flut sind immer wieder faszinierend.
Rudolf Steiner hat schon in den zwanziger Jahren in seinem „Landwirtschaftlichen Kurs" den Einfluß der Wandelsterne auf das Pflanzenleben beschrieben. Er empfahl seinen Anhängern: „Probiert es aus."
Sie begannen damit, und so wurde die biologisch-dynamische Richtung eine Form des „Biologischen Landbaus" des 20. Jahrhunderts.

Schon zwischen 1930–1940 wurden Mondrhythmen erforscht und Aussaatempfehlungen ausgesprochen.

1945 führten Franz Rulni und H. Schmidt die Arbeit

fort und gaben ihre Versuchsergebnisse und Erfahrungen an den damals noch kleinen Kreis interessierter Gärtner und Landwirte weiter.

Später begann Maria Thun mit umfangreichen Konstellationsforschungen (Stellung der Himmelskörper zueinander).
In zahllosen Anbauversuchen aller möglichen Kulturpflanzen wurde festgestellt, daß sich Pflanzen einer Art, an verschiedenen Tagen ausgesät, unterschiedlich entwickeln.
Am schnellsten lassen sich Ergebnisse beim Anbau von Radieschen ablesen.

Von M. Thun wurden Radiesaussaaten an verschiedenen Tagen vorgenommen und es zeigten sich größtenteils über 2, zuweilen auch über 3-4 Tage die gleichen Wuchsmerkmale.

Eine starke Knolle mit kleinen Blättern
Wurzeltyp

Riesige, mächtige Blätter mit (meist nur) Wurzelverdickung
Blatttyp

Blätter auf rotem Stengelansatz, starke Verzweigung, rasche Blütenbildung, kleine Knolle
Blütentyp

Eilige Blütenbildung, schnelle Samenbildung, kleine Knolle, kleine Blätter
Frucht-Samentyp

Zuordnung von Garten-Kulturpflanzen

Pflanzen werden in Blatt-, Frucht-, Blüten- und Wurzelpflanzen eingeteilt.

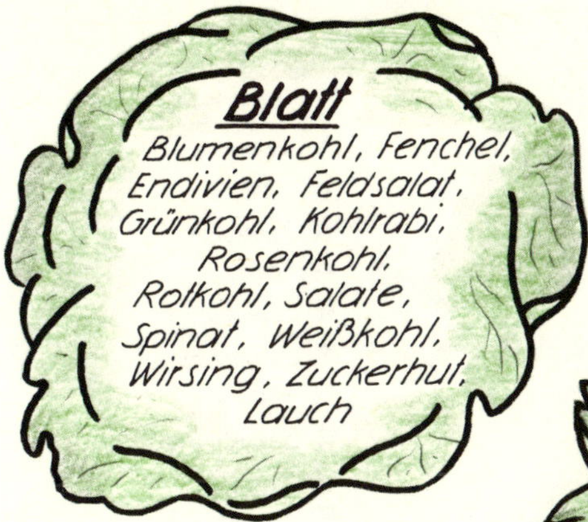

Wachstum und Ertrag unserer Kulturpflanzen werden gefördert, wenn wir sie an ihren bestimmten Tagen säen, pflanzen, mit Kompost versehen, hacken, mulchen und die Präparate spritzen.

Maria Thun gibt seit Jahren einen Kalender heraus, der den Durchlauf des siderischen Mondes durch die Sternbilder auf Stunden genau aufzeigt. Darüber hinaus werden Mondknoten und andere kosmische Störungen angegeben.

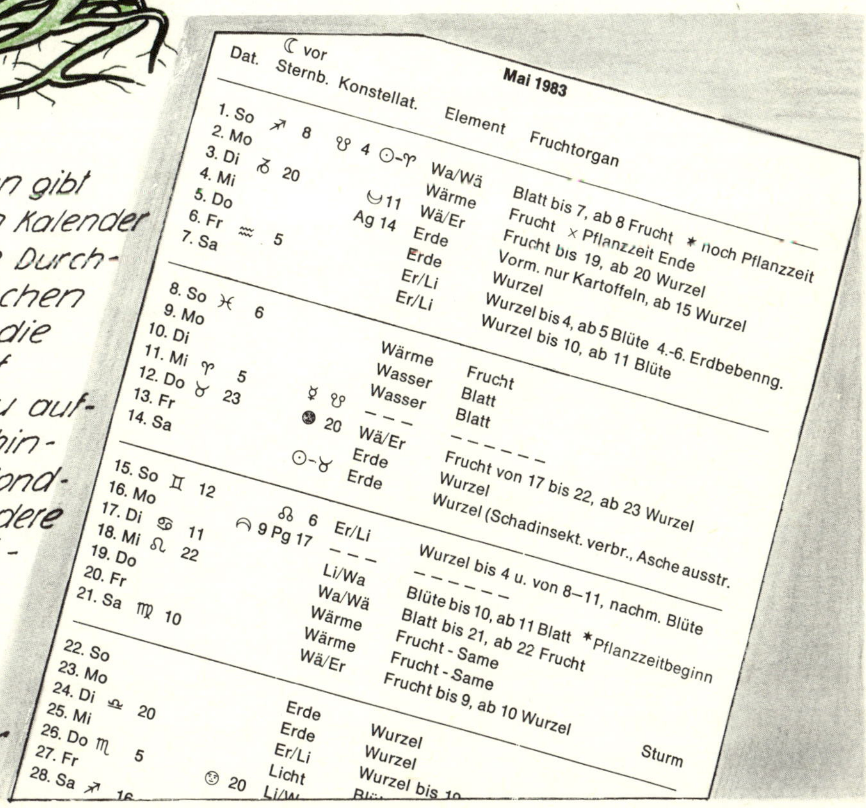
Dat. ☾ vor Sternb. Konstellat. Element Fruchtorgan

Mai 1983

1. So ♐ 8
2. Mo ☋ 4 ☉-♈ Wa/Wä
3. Di ♑ 20 Wärme Blatt bis 7, ab 8 Frucht ✶ noch Pflanzzeit
4. Mi ◡11 Wä/Er Frucht × Pflanzzeit Ende
5. Do Ag 14 Erde Frucht bis 19, ab 20 Wurzel
6. Fr ♒ 5 Erde Vorm. nur Kartoffeln, ab 15 Wurzel
7. Sa Er/Li Wurzel
Er/Li Wurzel bis 4, ab 5 Blüte 4.-6. Erdbebenng.
Wurzel bis 10, ab 11 Blüte

8. So ♓ 6
9. Mo
10. Di Wärme Frucht
11. Mi ♈ 5 Wasser Blatt
12. Do ♉ 23 ☿ ☋ Wasser Blatt
13. Fr – – –
14. Sa ● 20 Wä/Er – – – – – –
☉-♉ Erde Frucht von 17 bis 22, ab 23 Wurzel
Erde Wurzel
Wurzel (Schadinsekt. verbr., Asche ausstr.

15. So ♊ 12
16. Mo ☊ 6 Er/Li
17. Di ♋ 11 ⌒ 9 Pg 17 – – – Wurzel bis 4 u. von 8–11, nachm. Blüte
18. Mi ♌ 22 Li/Wa – – – – – –
19. Do Wa/Wä Blüte bis 10, ab 11 Blatt ✶ Pflanzzeitbeginn
20. Fr Wärme Blatt bis 21, ab 22 Frucht
21. Sa ♍ 10 Wärme Frucht - Same
Wä/Er Frucht - Same
Frucht bis 9, ab 10 Wurzel

22. So
23. Mo
24. Di ♎ 20 Erde Wurzel
25. Mi Erde Wurzel Sturm
26. Do ♏ 5 Er/Li Wurzel bis 10
27. Fr Licht Blü…
28. Sa ♐ 16 ☺ 20 Li/W…

Ausschnitt aus M. Thuns Kalender „Aussaattage"

In langen Versuchsserien an allen Kulturpflanzen kam Maria Thun zu folgenden Ergebnissen:
Der siderische Mond durchläuft in 27 Tagen und 7 Stunden die Sternbildregionen des Tierkreises.

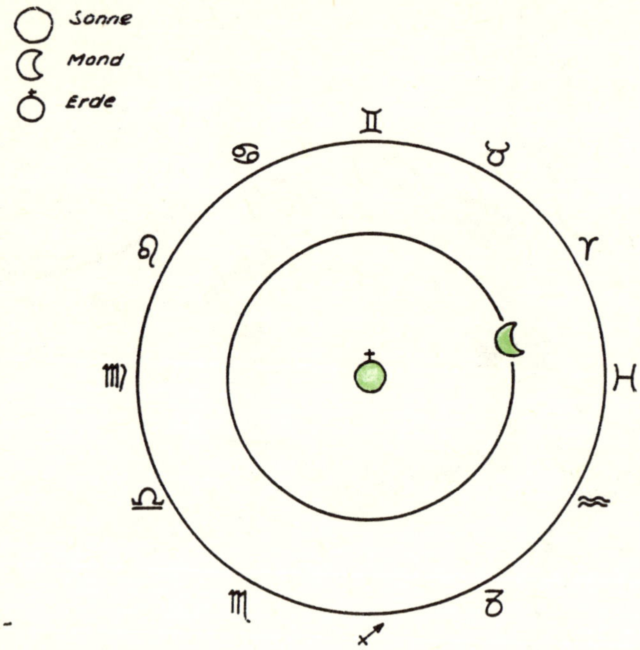

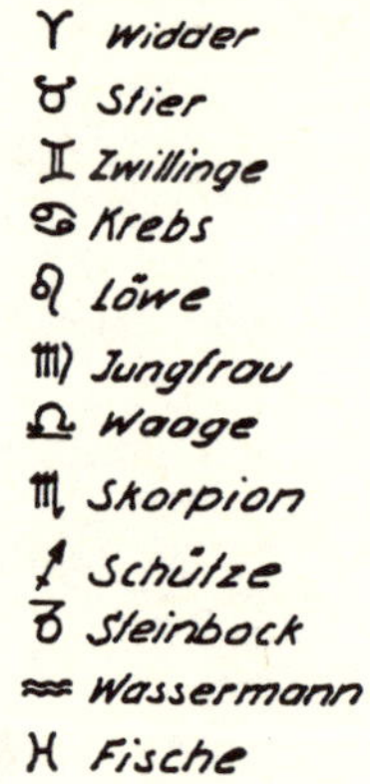

Der Weg des Mondes vor dem Hintergrund der Tierkreisbilder (Siderischer Umlauf).

In Anlehnung an Wachsmuth werden Pflanzen ihrer Hauptmerkmale wegen 4 Trigonen zugeordnet.

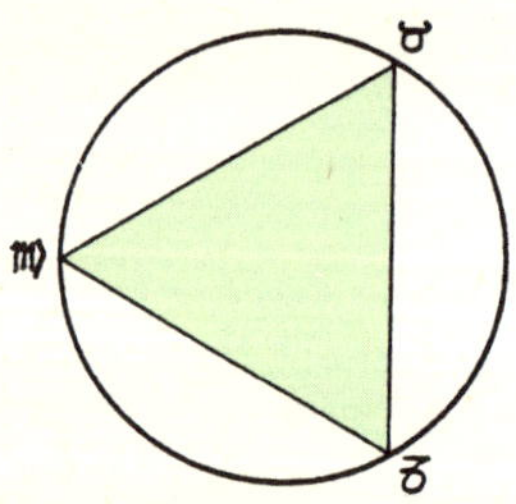

Erde-Wurzel

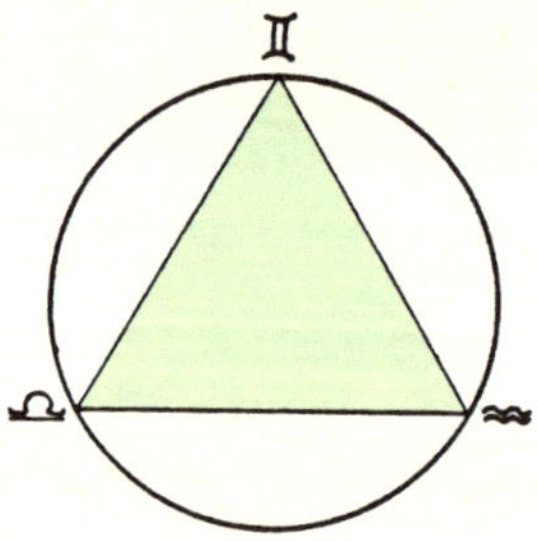

Licht-Blüte

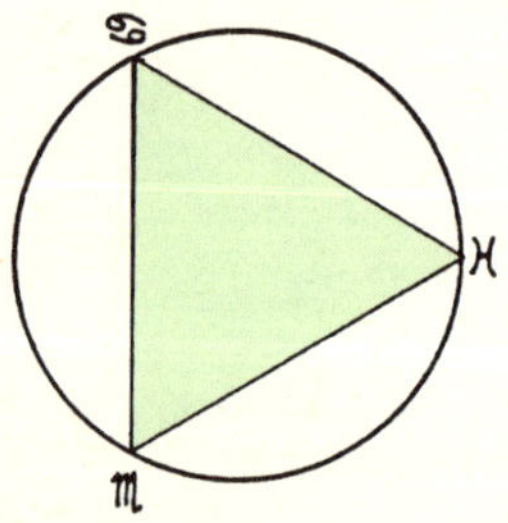

Wasser-Blatt

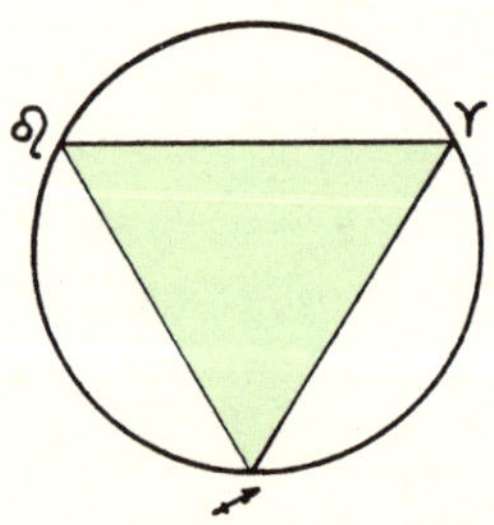

Wärme-Frucht-Same

Die vier Trigone mit den je drei Sternbildern gleicher Wirksamkeit.

Der ab- und aufsteigende Mond

Wissenswert sind auch Maria Thuns Untersuchungen über den ab- und aufsteigenden Mond. Wenn der Mond während seines monatlichen Erdumlaufs beim Sternbild Zwillinge ankommt, wird er absteigend.

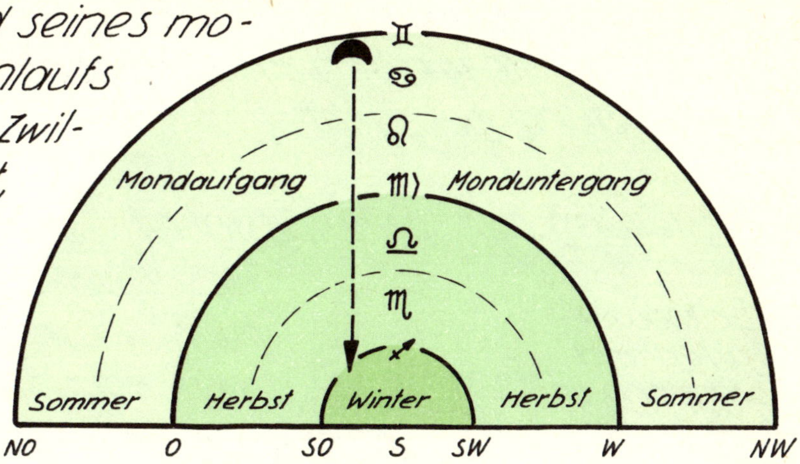

Seine Bögen am Südhimmel werden täglich niedriger. Die Aufgangsorte verschieben sich von Nordosten über Osten zum Südosten, gleichzeitig verschieben sich die Untergangsorte in Richtung Südwesten, bis die Region Schütze erreicht wird. In dieser Zeit bestocken und bewurzeln sich Pflanzen gut, die wir neu pflanzen oder umsetzen; darum nennt M. Thun diesen Zeitraum „Pflanzzeit."

Die Sonne beschreibt zum Jahreswechsel flache Bögen, die dann ab Jahresanfang größer werden und zur Jahresmitte ihren Höchstpunkt erreichen. Der Mond und alle anderen Wandler sind ebenfalls, von der Region Schütze an, aufsteigend.

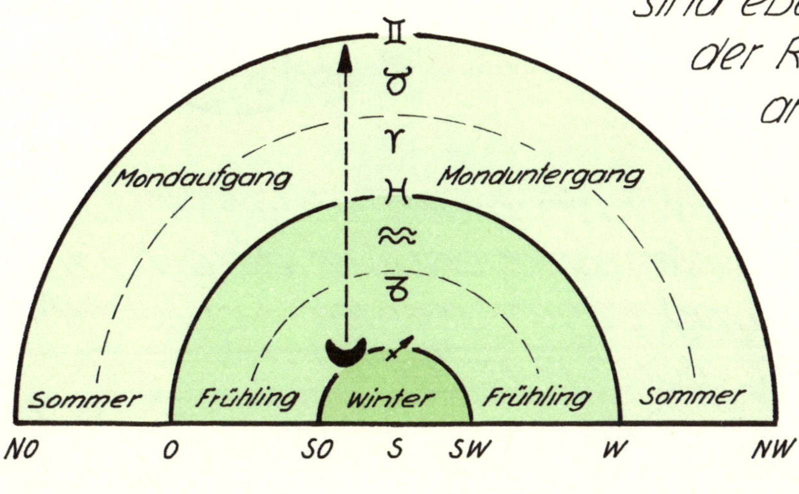

(Dieser Rhythmus hat nichts mit Mondphasen gemein).

Die Präparate

Wachstums- und gesundheitsfördernd wirken die Präparate 500 = Hornmist, 501 = Hornkiesel und die Kompostpräparate 502-507.
Alle Präparate werden in homöopathischer Dosis zur Anwendung gebracht.

Herstellung der Spritzflüssigkeit: Hornmist oder Hornkiesel werden in handwarmem Wasser in einem Gefäß aus Holz, Steingut, Emaille oder Kunststoff (kein Metall) 1 Std. lang gerührt. Wir rühren kräftig mit einem Reisigbesen oder einem Holzstab.

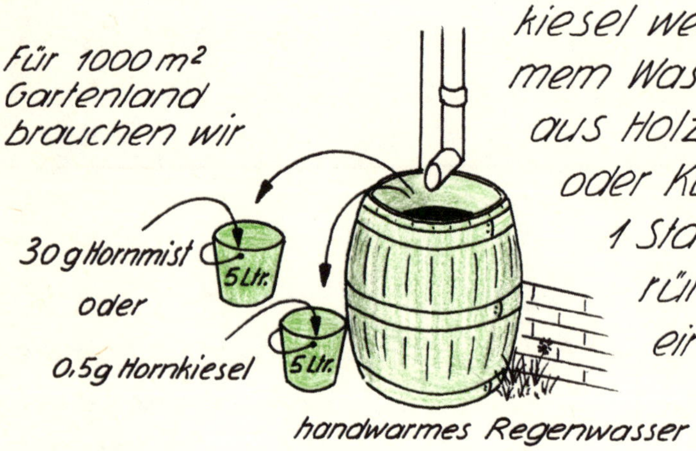

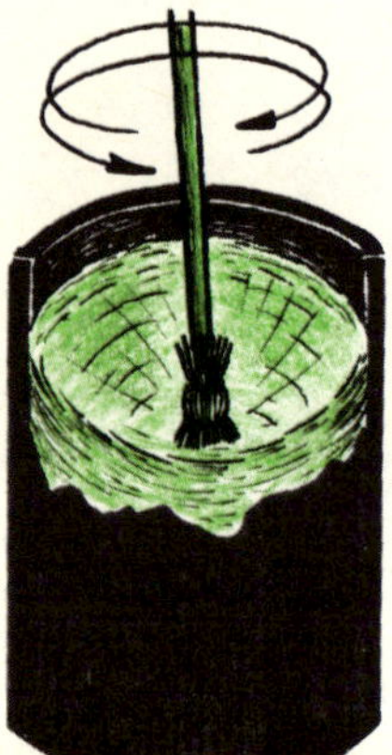

Wir rühren 1 Min. rechts, dann 1 Min. links herum.
Diesen Wechsel wiederholen wir während der ganzen Stunde.
Beim Rühren soll sich ein tiefer Flüssigkeitstrichter bilden, durch den mit der Luft kosmische Energie in die Flüssigkeit gelangt

Beim Hornkiesel werden in den letzten 10 Rührminuten ca. 12 Tropfen Baldrianblütenextrakt (zur Wärmeentwicklung gegen sehr leichten Nachtfrost und zur Blühanregung) mitgerührt.

Hornkiesel Sandkörnern können Pflanzen keine Kieselsäure entnehmen.

Quarzkristall

Quarzkristall muß sehr fein vermahlen sein

Erst durch Vermahlen und Zerreiben auf Glasplatten bis zu einem überfeinen Zustand und darauffolgendes Kompostieren in einem Kuhhorn (über Sommer in der Erde eingegraben) wird kristallisierter Quarz zu einem Mittel, das die Blüten-, Blatt- und Fruchtbildung positiv beeinflußt.

Das Kieselpräparat sollte am frühen Vormittag über solche Pflanzen neblig-fein verteilt werden, die erste kleine Früchte oder Wurzeln zeigen und über Salate oder Kohlpflanzen, die ihre Blätter nach innen zu drehen beginnen.
Es soll nicht frisch gesetzten Pflanzen gegeben werden, weil es diese schädigt.

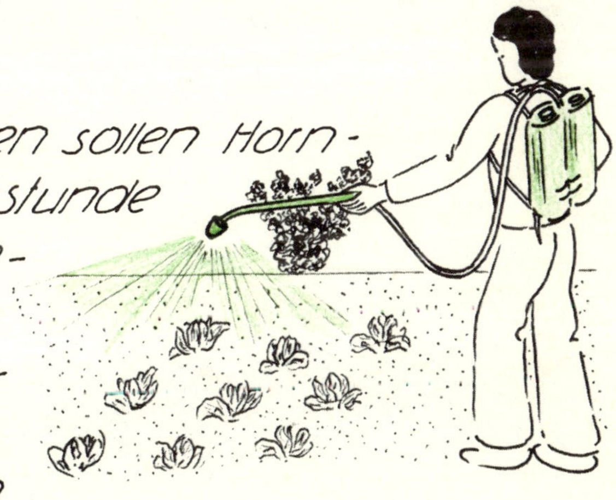

Fruchtgemüse und Erdbeeren sollen Hornkiesel in der frühen Morgenstunde bekommen, weil die gleichzeitig vorhandenen Blüten noch geschlossen oder taugeschützt sind.
Wir können Hornkiesel auch zum Ausreifen von Möhren, Baumobst, Erdbeer- und Brombeerpflanzen einsetzen. Es wirkt dann, nachmittags gesprüht, auf den Stoffwechselvorgang des Ausreifens ein.

Es gibt einige wissenschaftliche Untersuchungen über Erfolge der Hornkieselspritzungen:

- Erhöhung der Widerstandsfähigkeit gegen Schädlingsbefall
- Förderung des Wachstums
- Bessere Ausreifung der Früchte
- Höherer Gehalt an ätherischen Ölen
- Verbesserung in Geschmack und Haltbarkeit

Das Ausspritzen der beiden Präparate sollte an den der jeweiligen Pflanze zugeordneten Tagen (Blatt-, Frucht-, Blüten- oder Wurzeltagen) vorgenommen werden, denn die Präparate verstärken die kosmische Wirkung des jeweiligen Tages.

Hornmist

Kuhdung von Weidetieren wird im Herbst in die Hörner von Kühen gefüllt und über Winter in belebten Boden eingegraben.

Gerührter Hornmist dient der Anregung von Bodengare, Bodenatmung und Wurzeltätigkeit der Pflanzen.

Er wird 1× im Herbst und 1× vor der Bestellung des Landes oder bei Grasland 1× im Frühjahr und 1× nach dem 1. Schnitt am Spätnachmittag bei bedecktem Himmel tropfenweise auf das Land gespritzt (kleine Flächen mit einem Handfeger).

Kompostpräparate

Um dem laufenden Humusentzug entgegenzuwirken sollten wir dem Boden Kompost mit Heilpflanzenpräparaten zuführen. Diese Präparate verstärken die Aktivierung des Bodenlebens.

<u>Die Brennessel</u>

Die wunderbare Wirkung der Brennessel auf Blattwachstum und Chlorophyllbildung wird vielseitig genutzt.
Für das Kompostpräparat werden die Brennesseln blühend geerntet, angewelkt in dicker Schicht in Erdgruben gelegt und ein Jahr liegengelassen.
Die Brennesseln sind nach dieser Zeit schwarz, verrottet und fertiges Kompostpräparat.

<u>Die Schafgarbe</u>

Ihres reichen Kali- und Kalkgehaltes und ihrer Heilkräfte wegen zählt auch die Schafgarbe zu den Präparaten.

Schafgarbenblüten werden mit einem Auszug von Blättern dieser Pflanze befeuchtet und in die Harnblase des männlichen Edelhirsches gefüllt.
Während des Sommers läßt man die Blase in der Sonne hängen, im Winter wird sie in belebte Erde gebracht.

Im Frühjahr finden wir ein verrottetes Material vor: das verwendungsfähige Kompostpräparat.

Die Kamille

Die entzündungshemmende, fäulnisverhütende Kamille wächst auf kali- und kalkhaltigen Tonböden.
Ihre ganze Kraft geht in die Blüten. Die im Sommer gesammelten und getrockneten Blüten werden im Herbst mit Kamillenauszug angefeuchtet und in den Dünndarm des Rindes gefüllt. Den Winter über in belebten, möglichst schneebedeckten Boden gelegt, werden die präparierten Därme im Frühjahr gebrauchsfertig herausgenommen.

Die Eiche

Die stark kalkhaltige Rinde der Eiche stammt (im Gegensatz zu den Blütenpflanzen) aus verholzten, fast mineralischen Stoffen.
Ergänzend paßt hierzu der Schädel eines Haustieres.
Zerbröselte Eichenrinde wird in solch einen, vom Gehirn befreiten Schädel gefüllt und das Loch mit einem Knochensplitter verschlossen.

Im Herbst vergräbt man den Schädel in einer Grube oder durchlöcherten Tonne, gibt Pflanzenschlamm darüber und läßt Regenwasser durchlaufen.
Diese Maßnahmen führen zu einer guten Verrottung der Eichenrinde.

Im Frühjahr können wir die Rinde als Kompostpräparat verwenden.

Der Löwenzahn

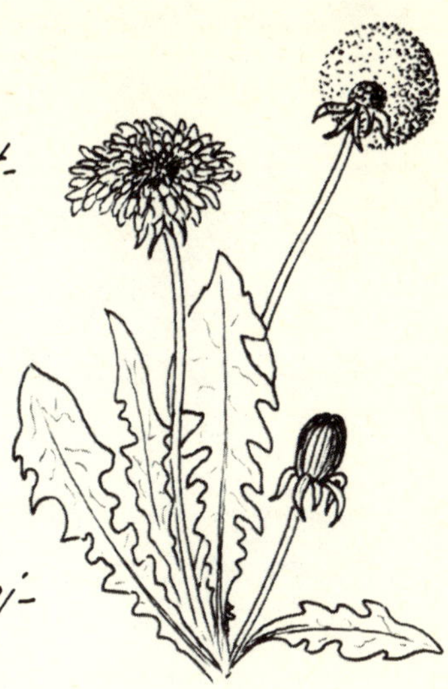

Der Stoffwechselkrankheiten heilende Löwenzahn enthält in seiner milchsaftführenden Wurzel viel Natron, Kali, Phosphor und Kiesel.
Er wächst auf leicht verdichteten stickstoffhaltigen Böden.
Wir sammeln die halberblühten Blüten zwischen 9^{00} und 11^{00} Uhr bei sonnigem Wetter und trocknen sie.
Im Herbst werden sie mit Blättertee angefeuchtet und in das Netz oder Gekröse des Rindes gefüllt, den Winter über vergraben und im Frühjahr als fertige Pflanzendroge aus der Erde geholt.

Der Baldrian

Sein starkes Phosphoraufschließungsvermögen bringt eine Fülle von Blüten hervor. Diese Blühfreudigkeit wird auf andere Pflanzen übertragen.

Wir pressen frische Baldrianblüten aus. Diesen Saft können wir in Fläschchen abfüllen und bei Bedarf verwenden. Ca. 20 Tropfen dieses Extraktes werden in 5 l Regenwasser 10 Min. gerührt und über die fertige Kompostmiete gesprüht.

Außerdem können wir den Baldrianblütenextrakt, fein versprüht, für Wärmeentwicklung und Blühanregung im Garten verwenden.

Die Verwendung der Kompostpräparate wird bei „Besondere Kompostierungsmethoden" ausführlich beschrieben.

Die Präparate werden einzeln, mit Torf umgeben, gelagert.

Ausstellungen und Dias

Um die wichtigen Themen dieses Buches recht vielen Menschen zugänglich zu machen, steht eine ganze Ausstellung mit Modellen und Schautafeln im Format DIN A3 zur Verfügung.
Wir führen die Ausstellungen durch und informieren über die Sachgebiete.
Auf Wunsch halten wir auch Vorträge über Themen des biologischen Gartenbaus.

Außerdem sind die didaktisch angelegten Zeichnungen aus diesem Buch einzeln als Farbdias (vierfarbig) erhältlich.

Anfragen sind zu richten an:

Annelore Bruns
Eichstraße 14
3201 Diekholzen

☎ (05121) 26 46 43

Literaturverzeichnis

Abtei Fulda:
„Beerenobst im naturgemäßen Anbau."
„Gemüseanbau auf naturgemäßer Grundlage."
„Obstbaukalender auf Biologischer Grundlage."

Bruce, M.E.: Waerland Verlag, Mannheim
„Gartenglück durch Schnellkompost."

Cremer/Aign/Elmadfa/Muskat/Schäfer:
Verlag Gräfe u. Unzer, München
„Die große Nährwert Tabelle."

Forschungsring für Biol.-Dynamische Wirtschaftsweise, Darmstadt:
„Anbauversuche über Zusammenhänge zwischen Mondstellungen im Tierkreis und Kulturpflanzen."
„Biol.-Dynamischer Gartenbau."

Franck, Gertrud: Südwest Verlag, München
„Gesunder Garten durch Mischkultur."

de Haas, P.G.: BLV Verlag, München
„Naturgemäßer Obstbaumschnitt."

Hennig, Erhard: Verlag T. Marczell, München
„Humus, Stickstoff, Urgesteinsmehl."

Kreuter, Marie-Luise: Heyne Verlag, München
„Gesundheit aus dem eigenen Garten."

Natur, Horst Stern's Umwelt-Magazin: Verlag Ringier u. Co., München.

Oppel, Helmut: Falken-Verlag, Niederhausen Ts.
„Mischkulturen im Nutzgarten."

Schmid/Henggeler: Verlag Wirz, Aarau
„Biologischer Pflanzenschutz im Garten."

Schuphan, Werner: Eden Stiftung, Bad Soden Ts.
„Mensch und Nahrungspflanze."

Thun, Maria: Eigenverlag, Biedenkopf
„Aussaattage"

Vogtmann, Hartmut: neuform Vereinigung Deutscher Reformhäuser
„Umweltschutz im Garten."

Voitl/Guggenberger, Willi: Verlag Orac Pietsch, Wien
„Das große Buch vom Biologischen Land- und Gartenbau."

von Heynitz/Merkens: Ulmer Verlag, Stuttgart
„Das biologische Gartenbuch."

Register

Livos
Pflanzenfarben
Für die lebendige und gesunde Wohnatmosphäre
• Klar- und Deckfarbe
• Bienenwachsbalsame
• Naturharzdispersion
• Heizkörperlack
• Caseinfarbe
• Grundieröl
• Naturkleber
• Boraximprägnierung
• Harzölimprägnierung
• Wandlasur-Pflanzenfarben
• Reinigungs- und Pflegemittel
• Künstleraquarell-Pflanzenfarben
Schutz und Pflege für Oberflächen aus Holz, Kork und Stein durch Produkte aus der Natur!
Die Erfahrung von 10 Jahren spricht für sich!
Selbstverständlich frei von Formaldehyd und anderen synthetischen Zusatzstoffen
Livos Pflanzenfarben, Postfach 108
3123 Bodenteich (05824) 1088-89

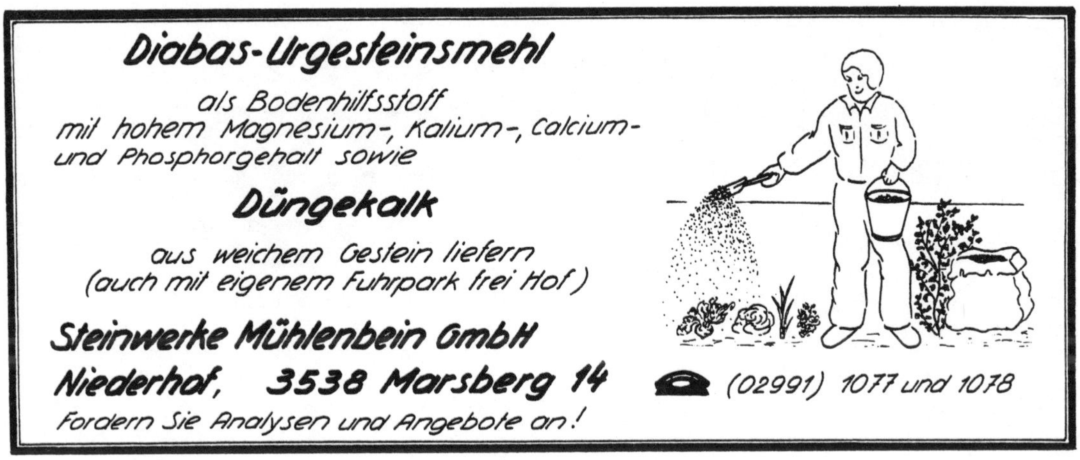
Diabas-Urgesteinsmehl
als Bodenhilfsstoff
mit hohem Magnesium-, Kalium-, Calcium- und Phosphorgehalt sowie
Düngekalk
aus weichem Gestein liefern
(auch mit eigenem Fuhrpark frei Hof)
Steinwerke Mühlenbein GmbH
Niederhof, 3538 Marsberg 14
(02991) 1077 und 1078
Fordern Sie Analysen und Angebote an!

Harsch
Steinzeugwerk
Hochwertiges Steinzeug mit lebensmittelechter Glasur – praktische, arbeitssparende Ausstattung und problemlose Pflege
Gesund ernähren
Gemüse gären
im Gärtopf original System Harsch
Wasser
Lake
Beschwerungs-stein
Füllgut
STEINZEUGWERK HARSCH GMBH & CO.KG
POSTFACH 1280 · 7518 BRETTEN
TELEFON 07252/77-0 · TELEX 78531